虚无主义批判
译丛

刘森林 主编

Stanley Rosen

Nihilism: A Philosophical Essay

虚无主义：哲学反思

［美］斯坦利·罗森 著

马津 译

华东师范大学出版社

华东师范大学出版社六点分社 策划

总　序

　　虚无主义是现代性的精神本质。

　　按照尼采的说法,虚无主义是一位站在现代社会门口的"最神秘的客人",也应该是"最可怕的客人"。长期以来,这位神秘客人已多次来敲门,我们或听不见她起初并不大的声响,或不知晓这位神秘客人的来意,因而听不出敲门声的寓意,判断不出它的来源,也推敲不出它在现代时空中能传到多远,能有怎么样的影响与效果。直到它以猛烈的力量推开现代性的大门,制造出忧人的声调,刺激甚至伤害着我们的身心,危及我们的各项建设,我们才不得不仔细聆听着它奇怪的声调,不得不严肃认真地开始凝视它。

　　她起初是一位来自现代欧洲的神秘客人。随着现代文明的世界性传播,她的幽灵游荡于世界的角角落落。时隐时见,久而久之,她俨然像个主人似的,开始招摇过市、大摇大摆,甚至开始被视为见怪不怪的存在。然而,面目似乎熟悉的她,其身世、使命、影响、结局,我们都还不甚清楚。至于其来源、发展脉络、各种类型、表现形式、在各国的不同状况、甚至在中国的独特情况等,我们了解得也明显不够。要看清她的面目,了解她的身世,明白她的使命,周遭可用的有效信息甚少。翻译外文文献,对于深入研究这一思潮应当是一项必需的基础性工作。因为随着中国现代化成就的不断取得,现代性问题的日益展现,虚无主义在当今中国受到的关注不断提升,新世纪以来更是如此。但中国学界对其研究显然不足。原因之一应该就是资料和资源的短缺。

现代虚无主义思潮是外来的,作为现代性问题伴随着现代化沿着亚欧大陆由西向东传播而来。按照我的理解,现代虚无主义尤其对于后来、因为外部原因被迫启动现代化的国家至关重要,这些国家在急迫引入的现代文明与原有传统之间感受到了明显的张力,甚至剧烈的冲突,引发了价值体系调整、重构所产生的动荡、空缺、阵痛,促使敏锐的思想家们作出艰辛的思考。这样的国家首先是以深厚思想传统与西方现代文明产生冲突的德国与俄国,随后是日本与中国。德国思想家从 1799 年雅各比致费希特的信开始(起初个别的法国思想家差不多同时),俄国思想家从 19 世纪上半叶开始,日本和中国思想家从 20 世纪初开始,英美思想家从 20 世纪特别是二战结束之后开始,哲学维度上的现代虚无主义问题的思考积累了大量的思想成果,值得我们予以规整、梳理和总结。

人们关注现代虚无主义问题,首先是因为它带来的价值紊乱、失序、低俗。它表现为尼采所谓"上帝之死",诺瓦利斯所谓"真神死后,魔鬼横行",德勒兹所谓"反对超感性价值,否定它们的存在,取消它们的一切有效性",陀思妥耶夫斯基笔下伊凡·克拉马佐夫所谓"既然没有永恒的上帝,就无所谓道德,也就根本不需要道德,因而就什么都可以做",或者艾略特的"老鼠盘踞在大厦底"、"穿着皮衣的暴发户",加缪的"荒诞",穆齐尔的"没有个性的人"。但是,现代虚无主义是诞生于自由主义的平庸和相对主义,还是源自于关联着全能上帝的人的那种无限的意志创造力量?现代虚无主义是存在于平庸、无聊、僵化的制度中,还是存在于撇开既定一切的无限创造之中?现代技术、机器、制度之中蕴含着一股虚无主义力量,还是蕴含着遏制、约束虚无主义发生的力量?人们对虚无主义忧心忡忡,对如何遏制虚无、避免虚无主义结局殚思竭虑,重心该放在那里？

然而，现代虚无主义问题不仅仅是意味着价值体系的危机与重构，同时也伴随着哲学思考的转型，伴随着思维方式的调整。如果说，以前人们对世界和自身的思考是基于完满之神，人的使命及其所面对问题的解决在于模仿这种神灵，那么，在"上帝之死"的背景下，基于大地的"现实的人"的思考如何合理地展开？使"现实的人"成为"现实"的"现实"包含着哪些规定性？"存在"、"大地"、"天空"、"内在现实"如何在其中获得自己的地位？形而上学死了，还是需要重构？什么样的"形而上学"死了，什么样的"形而上学"必须重构？甚至于，"上帝"真死了吗？能真死了吗？什么样的"上帝"会死，而且必死无疑？什么样的"上帝"并没有死，反而转化为另一种方式活得挺滋润？上帝之死肯定是一个积极事件吗？如果是，我们如何努力确保将其推进成一个积极事件？

自从现代中国遭遇虚无主义问题以来，我们已经对其进行了两次思考。这两次思考分别发生在刚经历过的两个世纪之初。20世纪初是个理想高扬的时代，在那个靠各种"主义"、理想的张扬消解苦闷的时代，现代虚无主义问题多半并不受重视，反而很容易被埋没。这"埋没"既可以采取朱谦之那样视虚无主义为最高境界的少见形式，也可以采取鲁迅兄弟隐而不露的隐晦方式，更可以采取不予理睬、以多种理想覆盖之的常见形式。在那一次思考中，陈独秀立足于经日本中介的俄国虚无党和德国形而上学，并联系中国传统的"空"、"无"对中国虚无主义的分析思考就显得较为宝贵。这种宝贵因为昙花一现更加重了其分量。如果说现代中国初遇虚无主义问题的第一次思考先天不足，那么相比之下，进入21世纪，中国再次思考在中国现代化成就突出、现代性问题凸显的时代应该是一个更好的展开时机。早已经历了道德沦陷、躲避崇高、人文精神大讨论、现代犬儒主义登台之后，经历了浪漫主义、自由主义的冲击以及对它们的反思之后，思考、求解现代虚无主义的中国时刻已经到来。现代虚无主义的中国应对方案,将在这个时刻被激活、被孕育、被发现。伴随着现代虚无主义问题的求解所发生的,应该是一种崭新文明的建构和提升。

希望本译丛的出版有助于此项事业。

作为编者、译者,我们满怀期待;

作为研究者,我们愿与同仁一起努力。

刘森林

2019年6月9日

于泉城兴隆山

谨以此书献给弗朗索瓦和尼古拉

致　谢

完成手稿之后不久,我知悉我的良师益友——亚力山大·科耶夫(Alexandre Kojève)与世长辞。本文是长期思考的结果,而这一切皆受益于这位超群绝伦的大师,对他的怀念永存我心,他的缺席无法取代。我同样要感激我的另一位恩师,列奥·斯特劳斯(Leo Strauss),他为我指明前行的方向。

我要再次感谢耶鲁大学出版社简·伊赛(Jan Isay)女士的帮助。本文的终稿是在宾夕法尼亚州立大学批准的一次学术休假期间写成的,我非常感谢各位的成全。第四章的内容早前曾以不同形式发表于《社会研究》(1968年夏季),题目为"哲学与意识形态"。写第六章时,我改编了发表于《形而上学述评》(1962年12月)题为"智慧"的内容,以及发表于《人与世界》(1968年2月)题为"关于虚无主义的思考"的内容。非常感谢这些期刊的编辑允许这些内容再次发表。

目　录

前言 /3

第一章　维特根斯坦和日常语言 /1
第二章　从日常语言到本体论 /25
第三章　历史和虚无主义 /50
第四章　历史性和政治虚无主义 /85
第五章　善 /127
第六章　智慧 /179

索引 /211

任何时代的哲学家都是在建造空中楼阁;但是,无论这种建筑结构以前拥有什么样的技巧和声望,或许这些技巧和声望还在持续,都是如此,甚至当苏格拉底悬吊在篮子里沉思的时候,他也不例外;我想,随着工期将至,他们要承受两种困难。其一,地基打得太高,常常看不到,听不见。其二,材料不耐用,很大程度上受到恶劣空气的影响,尤其是在西北地区。

乔纳森·斯威夫特
《木桶的故事》

前　言

一

尼采将虚无主义定义为"一切皆被允许"的情况。如果一切皆被允许,那么我们做什么事情都无所谓,也没有什么事情值得做。当然,我们可以通过任意的决定来赋予价值,但这样的行为仍旧是无中生有(*ex nihilo*),或者说,我们自作主张地定义其重要性,会因同样的方式被否定。更具体地说,在这种情况下,既没有理由选择最初假定的价值,也没有理由选择被否定的价值,言说"理由"无异于沉默。对于那些不是神的人来说,诉诸于从无到有(*ex nihilo*)的创造,不论是以复杂的公理来掩饰,还是以正直的诗性来伪装,都是将言语的意义或重要性等同于沉默,将理性化简为无意义。本书对虚无主义的研究基于尼采的定义以及海德格尔后来的阐述,同时也见诸于维特根斯坦及其追随者等哲学家们的学说。刚才对原因已作了简要说明,并将在后面几页中详细展开,虚无主义看似有多种形式,实际上最终不外乎归为一种。同样地,在虚无主义的背景下,各种形式的沉默最终只会归为一种,或者更准确地说是无形(formlessness)。由于沉默是通过言语表达出来的,并且从话语意识的反塑中获得了形式的多样化,当它被视为意义的源泉时,它就会失去这种清晰性。尽管我谈到了哲学史上的很多时期,但本书志不在撰史,而是一篇关于当代理性危机的哲学论文。历史是分析这场危机的一个重要组成部分,如果人们不能理解当代的观点,当然也就不能理解当代对于过去的看法,也就对现在和过去的关联一无所知。尽管哲学试图用真理取代观点,但除非它能够准确地识别过去和现在的观点,尤其能够识别目前伪装成真理的过去观点,否则哲学不会成功。

哲学论文不可避免地包含辩论成分。本书既然是对理性的辩护,必然会对理性的敌人进行抨击。我认为,尽管虚无主义的危险是人类永恒的可能性,但实际上,今天普遍存在的虚无主义是由于过去一系列具体的哲学决定而造成的。这些决定的最终结果是使我们对什么是合理的概念急剧恶化。更具体地说,"理性"的概念已经脱离了它与"善"这一概念的传统联系。它已经成为一种几乎一致的信条,无论是表面支持理性,还是公开反对理性,人们可以合理地谈论推理的逻辑模式或"经验可证实的事实"(这是一种含糊不清的说法),但却不谈论什么是好的。任何当代后果的唯一例外——实际上极具影响力——是"历史主义"的各种变体。基于此,我的观点是关于善的理性言论只有在历史意义上才有可能。但是,将"善"与"所发生的事"(无论是在本体[ontological]意义上,还是在实体[ontic]意义上)等同起来,就会导致一种宿命论,以及对事实性(the factic)的服从,与实证主义难以区分。① 然而,它比实证主义更糟糕,实证主义在任何意义上,尤其在任何历史意义上,都拒绝赋予善以理性价值,因此实证主义能够通过灌输对美

---

① 在此处和全书中,我所说的"本体(ontological)"和"实体(ontic)"之间的区别,就是海德格尔关于存在(Being)的言语和关于存在者(beings)的言语的区分。同样,"事实性(factic)"源于海德格尔,表明时间给予性(givenness)的根本偶然性(contingency)。

德的诉求来抵抗暴政和卑鄙——这是一种用历史反对历史、荒谬但有益的诉求。

理性的朋友们把"合理"与"善"区分开来,使人们无法断言理性的善。事实上,他们使理性的敌人更容易断言理性的恶。如果理性完全由数学模型构想出来,如果数学本身只能用牛顿学说而非毕达哥拉斯学说来理解,那么断言理性的善是不可能的,这是明显的理性之恶的极端例子。理性(我们被告知)客观化,具体化,异化;它贬低或摧毁真正的人类。它通过叠加数学本体论的僵化、非人性以及人造范畴,模糊了人类实存的意义。通过对柏拉图理式的超感世界、神秘的数字领域以及自主的技术的错误投射,人已经脱离了自己的真实或创造性存在,这是"理性主义"当代的历史表现,将毁灭人类或让人类成为机器的奴隶。理性即机器,或类似机器;最终,是一首乏味的诗或人类的创造。难怪今天有这么多的人在荒谬和疯狂的领域里寻找具有启发性的诗歌。

现代理性主义与历史主义的联系归根结底在于"合理"与"善"的分离。在很大程度上,由于数学和基督教(积极和消极的意义上)的共同影响,善被认为超出了这个世界理性研究的范围。笛卡尔式的我思(*ego cogitans*)已经成为人类依靠自己和数学来主宰世界这一过程的象征。不管笛卡尔自己如何看待这一脉相承的伟业,结果还是出现了著名的"主观主义"或"主观性"问题。如果自我可以独立地感知独立的数学秩序,即如果自我的理性本质上是数学的,那么秩序的善性问题就会立即出现。然而,如果自我可以投射或创造其数学定义,那么掌握世界的过程似乎同时是一项创造世界的伟业。从这个角度看,数学秩序是一首诗——不仅仅是一首排除了善的问题的诗,而且它本身的善也是一种纯粹的"主观的"或非理性的东西。

在传统形式上,笛卡尔留给现代哲学的问题被称为"二元论(dualism)"。二元论主要是指身体与灵魂或心智的区别。为了把数学物理从基督教强加的理论和实践障碍中解放出来,笛卡尔及其同仁使用了基督教的区分,从而将理性限制在上帝的创造或世界事物中。数学物理研究身体;形而上学研究灵魂。不过,数学物理的影响导致了形而上学的"世俗化",将形而上学转化为历史哲学,而历史的影响以及数学自我(ego)的自主倾向导致了数学物理的历史化。因此,现代哲学的伟大革命,以确定性的名义反对古人的迷信和空谈,却矛盾地终结在极端历史性的哲学中,在诗歌而不是数学的哲学中。那些自诩为硬汉的"数学家",为了避免诗歌的温柔和矛盾,拒绝用任何非元数学术语来谈论他们思想的起源或基础。再多的技术天才也掩盖不了这种努力的哲学虚无(emptiness),它甚至通过用美学术语来赞美自己而原形毕露:数学艺术作品悬挂在太阳和洞穴这两个被轻视的柏拉图范畴之间的空洞(void)地带。

因此,虚无主义研究的根本问题是将历史主义的本体论语言与人类创造的相关学说相分离。硬汉骨子里是柔软的;无论是理性的朋友,还是敌人,哲学和诗歌的区别如今已经消失。因此,当代最重要的思想家无疑是海德格尔,因为只有他以远见卓识和详尽严谨的笔触,阐述了本体-诗性历史主义(onto-poetic historicism)是构成当代哲学最具分歧的表象之下的基础。如果本书被认为是当代论战,那么对手就是海德格尔;我试图呈现,他如何比那些轻视他的人更好地阐明了后黑格尔哲学世界的虚无主义含义,同时说明他的陈述在哪些方面不够充分,或者说,它本身是对虚无主义的一种表达,而不是一种克服。对于那些不了解海德格尔思想的人来说,海德格尔永远无法被充分地"驳斥",当然也不会被那些自称理性主义者的人充分地"驳斥",他们不知道海德格尔所陈述的,远比他们自己的假设更有力。一个人不会拒绝谈论非理性来为理性辩护;也不会拒绝谈论理性而为其辩护。当下为理性辩护的时髦方式是沉默。当然,这一点必须加以讨论,但更重要的是证明海德格尔所说的"言语"本身与沉默无异。

二

我试图从虚无主义问题的角度来为理性辩护。在这样做的过程中,我义无反顾地抨击当时最流行的教条。我恳请哲学读者信守对智慧的热爱,与我一起思考,揭露假道学的真面目。本书不是以反动的手段来反对现代或当代世界。没有一个热爱哲学的人会浪费时间希望历史倒退,即便未来希望渺茫,他也宁愿投身于打破现在的局面。反动分子,就是激进的革新者,是历史的奴隶;而撰写本书就是为了反对这种奴役。对现在的执着永远不会受到此时此地(*hic et nunc*)枷锁的束缚。今天,理性去本质化所带来的虚无主义后果使哲学和历史实存都受到威胁,而这种改变显然是对其本质的净化。在虚无的深渊面前没有时间装腔作势,也没有时间对荒谬的威胁肆意妄为。我相信,撰写本书时,我未敢忘记,苏格拉底曾经笑过,但从来没有哭过。从这个意义上说,我是柏拉图派;而且这个意义上的柏拉图派,认为哲学和美好生活并无二致。请读者谨记,美好的生活只能活在当下。

如果这些评论是中肯的,那么任何反对当代教条的辩论,若不能超越纯粹的辩论,都不可能有效或有价值。就其整体而言,本书包含关于哲学本质的理性论述,因此,正如我在前面提到的,本书也会探讨隐含在人性中的虚无主义问题。我很清楚,每一章都可以扩展成一卷,但如果我这样做了,这本书肯定写不成;非常坦率地说,这本书,或者类似的书,需要有人来写。我恳请那些认为有必要为理性辩护的读者,那些认为有必要系统阐明什么是理性的读者,跟我一起,不是与同时代进行简单的交流,而是在详细的对话中,拓展并改进本书所包含的介绍性内容,或代之以更清晰的表述。

我用几句话再谈一谈本书的结构,来结束这篇序言。我的研究以分析"日常语言哲学"即当代最通俗的认识论开始。① 哲学界中有人将虚无主义视为一种从欧洲大陆传入的文学神经官能症,为了引起这些人的注意,我认为,阐明这种以严谨和盎格鲁撒克逊式的冷静而自命不凡的哲学思辨模式及其虚无主义后果不无裨益。更为正当的理由是,虚无主义实际上首先是一种理论,其次才是一种实践或文化现象。因此,在第二章中,我转向"基本本体论",即当代哲学双面硬币的反面。上述两章的论点是,在每一种情况下,学说(teaching)的原则,当用它们各自导师认可的术语进行正确连贯的表述时,就会导致对原则的否定,或沉默;而无法与沉默区分的言语就是虚无主义。在第三章中,我提供了一个历史框架,以便理解前两章分析的思维模式的共同起源。第四章是对前三章的"扬弃",或试图展开历史主义本体论的政治后果。因此,通过讲解本体论和历史的基础结构,第一章到第四章从认识论转向政治学。在第五章中,针对前文中备受批评的理性与善的关系,我提出了一种不同的说法。这一提法可以在柏拉图的对话录中找到。我专注于《理想国》中所讨论的善的形象,并认为其中所包含的学说在任何时候都有效。接受这一点并不违背对现代性的忠诚,毕竟,现代性并没有从根本上脱离柏拉图的思想,也不会让我的建议变得反动。在最后第六章中,我将结合人性的辩证结构,以及哲学内在的言语和沉默的辩证关系,来讨论虚无主义。

从某种意义上说,前四章是批判性的,最后两章更具建设性。

---

① 有些人可能会以美国流行的基于数学逻辑的语言分析(或"理想"语言的研究)来反驳这种说法。然而,这个学派的成员似乎都同意他们的逻辑由他们的本体论决定,在目前的语境中,这正是我所关注的本体论。对存疑的本体论进行考察,通常要么把它简化为数学唯美主义,要么把它简化为庸俗经验主义,得到自然科学威望(未经检验)的支持。无论哪种情况,它都没有独立的哲学地位。"没有形而上学的逻辑"常常意味着"以意识形态为基础的认识论",这是当代哲学的悲剧。

但是,如果过于较真的话,这句话难免有失偏颇,且有两种不同的含义。第一,对错误和危险的学说进行批判分析,除非在每一阶段都呈现出作者认为是正确的或优于他所批评的那些学说,否则就无法成功地进行。第二,我并没有假设"解决"虚无主义的困境,如果所谓的解决方案就是消灭不希望出现的现象的话。再重复一遍,虚无主义是人类长期存在的危险:没有人性的瓦解,它就无法"消解"。不过,人们肯定可以提出建议,减轻这种常年瘟疫的致命后果。由于该病是多年生的,且在不同的历史时期以不同的形式出现,因此保护性接种必须同时考虑它的永久结构和局部感染。这是哲学医学的任务,也是本书的意图所在。

州立大学,宾夕法尼亚
1968 年 7 月 16 日

第一章 维特根斯坦和日常语言

一

在本章中,我将主要关注与"日常语言分析"或"日常语言哲学"相关的某一运动或一系列运动,涉及哲学假设及其发展过程。目的非常明确:揭示在什么意义上这场哲学运动是虚无主义的翻版。鉴于维特根斯坦被认定为该传统中举足轻重的人物,我在介绍自己观点之余,将粗略谈谈对他两本主要作品的看法。这一点必须明确,我请读者们自始至终谨记在心。我认为"哲学终结于虚无主义"这种主张代表了基本的批判立场,但这并不是说,如果这种主张被证实,就必须否定被定罪学说的所有印迹。一个哲学家也许会对一般的事情不甚了了,但对某些具体的事情却不会如此。同理,对哲学本质没有形成清晰的一般构想不妨碍在某一特定历史时期自有其效用。维特根斯坦的许多拥趸在提到他时都说过类似的话。他们拒绝接受维特根斯坦的观点,即哲学或关于哲学的一般理论是不可能的,因此拒绝接受维特根斯坦对自己作品的诠释,但却坚持认为其作品中的细节至关重要、影响深远。我的做法不同,但与此相关。维特根斯坦学说所展现的细节也好,其学生和追随者所运用的技巧也好,他们所宣称的结果也好,只要能够阐明维特根斯坦关于哲学本质的一般构想,于我而言都是关注点。那些技巧及其结果或许可有可无;我的观点是,无论它们拥有什么样的合理性或吸引力,都不能用哲学的一般构想来解释。这些结果,如果能称其为结果的话,有必要对自身的重要性和价值保持沉默。

问题的引入要从维特根斯坦的论点开始,即哲学理论是不可能的或无意义的。如果我们同意维特根斯坦的观点,我们马上就会陷入到黑夜中,所有的牛都是黑色的。如果我们不同意他的观点,却希望保留他的专业创新和成果,那么有必要对其重要性作出全新的解释。维特根斯坦很多追随者在这一关键点上欠缺连贯性。他们尽管认识到维特根斯坦作品的正面价值,但却不能或不愿在理论层面给出一般性的理据,他们躲在"做[实践]哲学"(do philosophy)的庇护下,而不去谈论哲学。表面上用这种方式来"做[实践]哲学"会产生广泛的后果,这就等于一边正面肯定维特根斯坦关于哲学本质的学说,一边拒绝承认这一学说可以被断言。一个人不可能"做[实践]哲学",除非他知道自己正在做什么,或者知道哲学化(以维特根斯坦式的正确方式)意味着什么。所谓正确的哲学程序,据说应该借助于日常语言的规范功能而得到证明。然而,对于说日常语言的人而言,哲学要么从未出现,要么即便出现,也会从传统哲学话语的整体框架中衍生出各种各样的退化形态。如果有人声称,日常语言,因为不受哲学悖论所困或非常行之有效,是裁定哲学争端的标准,那么结果是矛盾的。首先,如果从日常意义上来看日常语言,那么可以说它包含了引起各种传统哲学流派的所有困惑和悖论。如果哲学的出现是为了解决语法谜题,那么就不能以谜题的来源作为标准来判断谜题何时被正确解决了,但除此之外,通过将日常语言抬高到哲学标准的地位,人们就会陷入到一种普通人从来不会这样说话的话语模式。这相当于,既主张对哲学作出解释,同时又认为对哲学作出解释不能成立。

上述矛盾在一定程度上被体现在日常使用中的常识魅力所掩盖,但要屈服于常识魅力意味着,要么拒绝哲学化,要么将常识等同于哲学。如果我们拒绝哲学化,那么我们就会受制于无休止的争论或无休止的沉默,陷入到诡辩论或神秘论。如果我们把日常语言中所体现的常识与哲学等同起来,那么我们就提出了一种关于哲学本质的理论,因为它永远不能由日常语言构成,所以它实际上也不是由哲学构成的。也就是说,不论"做[实践]的哲学"(doing of philosophy)引发了多少议论,哲学并未真正出现或发生。我们本质上是完全沉默的,纯粹是滑稽的表演者或严肃的讽刺家。在维特根斯坦的学说中,唯一的选择是寻求一种关于哲学本质的理论,这隐含在我们希望保留的那部分学说中。这就提出了一个问题,即我们应该用什么标准去选取或摒弃大师作品中的细枝末节(*disjecta membra*)。如果这些标准本身从作品内部派生出来,那么它们必须摆脱维特根斯坦对哲学本质负面信念的影响。可以说,至少存在两个维特根斯坦(我并不是指早期和晚期的维特根斯坦),即正面的和负面的维特根斯坦。不过,我们区分正面和负面的标准并不能完全来自维特根斯坦;他本人并没有在自己的学说中作这样的划分,而我们要这样做,就需要在他的学说之外寻求某种标准。哲学可以是一项自我描述的理论工程,我们一定要相信这种可能性,事实上,这种可能性在维特根斯坦自己的成就中就可以被察觉到。然而,这些成就的意义是超出维特根斯坦的。要想在维特根斯坦思想的黑暗中保留光明,就必须求助于他没有完全提供的工具。

现在应该很清楚,这些工具唯一可能的来源就是哲学,在广泛、自由、传统的意义上所讲的哲学事业。要认真对待维特根斯坦,无论正面,还是负面,必须首先拒绝他的主张,即他"解决"了哲学本质的问题,他的信徒对此深信不疑、反复强调。维特根斯坦并没有将"传统"哲学视为无稽之谈,因为只有通过传统意义上的哲学思考,我们才能理解和评价他的学说。维特根斯坦的作品之所以意义重大,仅仅是因为它试图回答一个传统的问题:什么是哲学?他拒绝了继任者给出的答案,这一事实本身就是他传统主义的一个标志。不过,无论我们是否接受维特根斯坦的沉默,是否接受继任者的(矛盾的)言论,如果没有哲学论证,我们的接受是毫无价值的,这意味着要跟该传统问题的其他答案进行辩论。哲学必须具有辩证性和辩论性,因为它寻求的是对整体的解释,甚至是在否定意义上规定理性言语的限度。除非驳倒或消灭了对手,否则对整体的描述是不完整的。因此,我反对日常语言哲学的辩论特点,或者反对它对"形而上学"和"传统哲学"的攻击,并不是因为它具有辩论性,而是因为它无法胜任。

在初步的评论中,我试图用基本的方式确立主旨。日常语言哲学家们要么知道自己在做什么,要么根本不知道。如果真是后者,我们可以完全无视他们。如果他们确实知道自己在做什么,那么他们一定能够告诉我们,在他们的预设之外还有什么。人们不会通过诉诸日常使用来超越这些预设的主张,如果仅仅因为对"日常"使用的每种描述已经是语言超常使用的一个例子。为了区分超常使用的对立情况,需要一个超常标准。正如我将在整本书中所讨论的,这个超常的标准就是智慧,或者至少是某人声称说出了完整的、理性的言语。这样的主张可能无法实现,但无损它作为哲学之目的和标准的有效性。

二

维特根斯坦在《逻辑哲学论》中提出的早期学说,已经被认为是对虚无主义的控诉。古斯塔夫·伯格曼(Gustav Bergmann)认为这种虚无主义是对哲学命题的否定。"那些命题被认为既不是真的,也不是假的,实际上,是胡说八道。"①对伯格曼来说,关键在于否定逻辑形式的本体论地位,或者在于断言"一个表达同义重复(逻辑真理)的句子实际上什么都没有说,因此根本就不是一个句子"。② 如果没有命题能说明任何命题的逻辑形式,那么当然,《逻辑哲学论》的所有命题本身就是无意义的。事实是没有真理,即没有可言说的或理性的真理;因此,甚至理性真理的缺失也无法言说。似乎早期的维特根斯坦与后来的海德格尔心有灵犀,认为存在(Being,即真理)通过呈现自身的方式而变得不可见。这种与海德格尔的比较还可以延伸。例如,《逻辑哲学论》的世界是一个事实的过程,类似于海德格尔的事实性(facticity)概念,没有价值或意义,除了作为虚无或沉默的显现,作为我们碰巧洞察言语的不足。更准确地说,《逻辑哲学论》所指出的沉默是维特根斯坦对海德格尔所说的"本体"言语进行的类比。不过,就目前而言,让我们先把与海德格尔的比较放在一边。我的问题是:维特根斯坦后期的学说,正如在《哲学研究》中所勾勒出的,是否避免了将言语还原为沉默,从而避免了虚无主义的指控?

　　安东尼·昆顿(Anthony Quinton)等人曾指出,哲学的不可能性这一论点在《哲学研究》中还是有所体现的,其形式是"哲学无需提出理论,而只需要描述关于语言的已知事实,编排这些熟悉的描述,以打破我们对哲学的困惑和矛盾"。③ 昆顿的语言表明,理论存在着矛盾之处,它排除了类型理论的可能性,同时又举实例说明。尽管如此,昆顿跟很多人一样,认为这种对哲学本质的否定或(我应该说)自我抵消的观点可以与维特根斯坦作品的积极方面分开

---

① "The Glory and the Misery of Ludwig Wittgenstein", in *Logic and Reality*, Madison, The University of Wisconsin Press, 1964, p. 226.
② Ibid., p. 228.
③ "Excerpt from 'Contemporary British Philosophy'", in *Wittgenstein*, ed. G. Pitcher, Garden City, Doubleday, 1966, p. 9.

来看。我个人对此持怀疑态度。在我看来,维特根斯坦的所有作品都弥漫着某种对沉默的渴望,这在《逻辑哲学论》的后半部分相当明显,并且在《哲学研究》中也有迹可循。渴望源于对理性概念的不满,这一概念把理性等同于逻辑计算加上对事实的科学验证。维特根斯坦清楚地看到,这种理性的概念,本质上是由17世纪的科学哲学家们提出的,除了在工具性和偶然性意义上,无法断言其自身的价值或合理性。理性指向的目的本身不能被证明是合理的。它们是偶然的事实,碰巧发生的情况,更糟的是,有些人希望或相信情况如此。因此,理性的使用本身就是偶然的事实,是主观愿望、倾向或习惯的非理性结果。不幸的是,维特根斯坦相信理性的数学科学理论的准确性;只有超越理性,才能消除他的不满。理性实际上就是言语;也就是说,它是形式的话语表征。维特根斯坦针对(话语)理性不足的最初解决方法是把它看作梯子,人可以向上攀登超越言语,到达逻辑形式的沉默直觉或视野。照这样推测,一旦人达到了沉默直觉的境界,他就能满足自己的伦理和宗教渴望,在沉默中找到"存在的意义(the sense of Being)"的无声表达。

在传统语言中,《逻辑哲学论》的维特根斯坦追求无推理(dianoia)之纯理(noēsis),或无言语之视野。《逻辑哲学论》的目的不是为了实现莱布尼兹(和罗素)关于普遍理性语言的梦想,而是为了揭示语言的局限性,证明普遍理性的不可能。为此,维特根斯坦发展了逻辑形式理论,这一理论尽管被认为对逻辑或认识论有所贡献,但其重要性只是次要的。从这些角度来看待维特根斯坦,可以说是从内部视角来观察他的世界。因此,将维特根斯坦的事业称为"康德式的"①,虽然有一定帮助,但未免有些言过其辞。康德认为,尽管人们可能对本体(noumenal)一无所知,但在生命的终

---

① 出自斯特纽斯(Stenius)对《逻辑哲学论》的评论。关于《逻辑哲学论》我看过的最佳评论是福尔霍尔特(Favrholdt)写的。

极意义上,存在着实践理性或理性参与。维特根斯坦认为,尽管理性作为一种活动是"实践性的",但这种活动的作用是阻止我们参与到整体意义或价值的本源中。也就是说,推理活动是人类渴望真理和圆满的内在表象:超验的表面是无声的视野。

因此,维特根斯坦一开始并没有表现为通过逻辑禁欲主义追求神秘主义的特例。在《哲学研究》中,他似乎呈现出完全不同、截然相反的情况。然而,依我之见,外表具有欺骗性。当然,《逻辑哲学论》和《哲学研究》两本书确实存在差异,可以表述如下:后来的维特根斯坦似乎放弃了他早先对沉默的渴望,因而否定了传统意义上对形式的直接理解以及纯理的可能性。这位哲学家似乎有意让自己完全专注于推理。在这些术语中,我们很容易理解从"理想"语言到"自然"语言的认识论转变。纯理从一开始就有这种偏见,即把数学归为推理范式。柏拉图的逻各斯(logos)当然不是罗素所说的逻辑,但我们可能记得,在《理想国》中,数学最接近于对理式(Ideas)的纯理感知,纯粹地进行推理。数学形式(和逻辑形式)似乎给我们提供了一个最好的例子,坚定而又完美地接近一般而言的理性形式。如果真的存在非语言的或非间接的直觉,那么它难道不应该是永恒的、不变的和自我同一的吗?

我们可以把后期维特根斯坦对推理的痴迷,与处于伦理、政治和修辞写作中的亚里士多德进行比较,而不是与苏格拉底指向理式的辩证法进行比较。作为一名语言治疗师,后期的维特根斯坦试图在每一种情况下,通过特定的习规背景(即规则[*nomos*]或常识[*doxa*])对言语或行为进行一种中介的、话语的(如此公开的)叙述,来取代对直接的(如此私人的)直觉或精神体验的主张。斯特劳森(P. F. Strawson)在对《哲学研究》的评论中清楚地表达了这一点:

> 的确,有思想并不等同于任何特定的言语、写作或行动的外在过程;也不等同于内在的言语或其他意象。思想的产生

并不是上述事情的发生;也不是其他任何事情的发生。它是上述事情在特定背景、特定情况下的发生。要想了解什么样的背景、什么样的情况与此相关,我们必须考虑将思想归于人的过程中使用了什么样的标准。

后面还有一段话,"思维的概念需要一般模式作为思想发生的背景。在这一点上,我称之为他对直接性原则的敌意,维特根斯坦肯定是正确的"。①

这种"对直接性原则的敌意"类似于我所说的对纯理的明显排斥;将思维解释成依赖于"行动和事件的一般模式",反过来这些行动和事件又通过使用或共识被赋予确定的意义,这相当于在规则或常识的意义上把思维看成推理。思考意味着什么,意义意味着什么,取决于一门已知语言的背景,更具体地说,是处于特定历史阶段、包含所有意图的语言,它必须被认可为分析或使用规范的基础——生活形式(Lebensform)。维特根斯坦所说的生活形式相当于19世纪世界观(Weltanschauung)的概念,他曾用这个词来质疑,它是否"指定了我们叙述的形式,我们看待事物的方式"。② 无法对生活形式进行理论评价,这取代了之前无法对逻辑形式进行言说。在本例中,生活形式等同于语言或语言游戏,③即习惯或使用。维特根斯坦在前后两个阶段都否认了对言语进行逻各斯解释或理论解释的可能性,因为他认为言语领域是一个人必须保持沉默的领域。然而,在过去,人们不得不对逻辑形式或所谓的世界自然秩序保持沉默。现在人们必须对根基保持沉默——因为世界没有自然秩序。就哲学而言,没有自然(*physis*),只有规则(*nomos*)。

---

① "Review of Wittgenstein's *Philosophical Investigations*", in Pitcher, pp. 50—51.
② *Philosophical Investigations*, I, par. 122.
③ Ibid., I, par. 19,23; II. xi, p. 226.

因此，维特根斯坦学说的变化，等于拒绝"无推理之纯理（noēsis without dianoia）"，而支持"无纯理之推理（dianoia without noēsis）"。但是，如果认为用喋喋不休取代沉默是完整的或连贯的，那就错了。纯理继续以智力活动的形式潜伏在背景中。以"语言游戏"这一关键概念为例。假定我们总是能够识别游戏，并且只要言语可能，识别一项适当的游戏，但是我们永远不能对所有游戏的共同形式进行理性的言说。维特根斯坦否认存在这样的共同形式，这在实践中与游戏之为游戏的可见性相矛盾。共同形式是存在的，非常接近柏拉图式的理式。① 然而，每一次言说都是一个游戏的实例，而不是该共同形式的实例；因此，每一次言说都掩盖了使言语得以具体地表现出来的共同形式：又一次，与海德格尔的相似性不容置疑。存在（Being/Sein）是由相关的语言游戏在特定的情况下定义的。因此，一个人既不能承认也不能否认，存在是语言游戏本身或是语言游戏的范式。② 语言游戏是存在的源泉，即意义的源泉。人类，这种会说话的动物，是语言游戏的源头。正如海德格尔所言，人类，是"语言之家"，赋予存在。意义或存在的前语言视域，对两位哲学家来说，是人类活动。"做/实践"（doing）在《哲学研究》中等同于纯理直觉（noetic intuition）。③

三

《哲学研究》中存在着两个基本且密切相关的缺陷，它们无处不在，足以影响日常语言哲学的整个事业。第一个缺陷是试图忽

---

① 参见 R. Bambrough, "Universals and Family Resemblances", in Pitcher 一文。
② Investigations, I, par. 50.
③ 参见 Investigations, I, par. 620: "做本身似乎没有任何经验。它像是一个无延伸性的点……等等。"我很怀疑维特根斯坦是否像我一样对这段文字有所解释，但就这段文字本身，我觉得他应该跟我在文中的观点差不多。

略言语从实践(doing)的前智力中派生出来;维特根斯坦在这里似乎坚持不去理会自己言辞的后果。他实际上是在宣扬一种观点,一种后黑格尔德国哲学的典型观点,即人创造意义,在人类共识之外,没有任何基础来区分意义和无意义。正如持这一观点的鼻祖霍布斯和洛克所言,我们只理解我们所创造的。后世的思想家们仍需明确提出这一命题的推论:人没有创造出来的东西是毫无意义的。正如《逻辑哲学论》所示,维特根斯坦理解这一原则的自我毁灭性。因为,要有意义,它必须是人类的建构。但是,正因为如此,就理性而言,无法证明人类理性建构是有意义的或有价值的。这是一个偶然的、任意的事实,淹没在虚无的沉默之中。毫无疑问,阻碍早期维特根斯坦发展"存在主义式"荒谬主义哲学的原因是他认为逻辑形式独立于人类的建设性活动。和胡塞尔和弗雷格一样,维特根斯坦也是心理主义(psychologism)的反对者,但由于他与传统的理性主义者不同,认为逻辑形式是无法用语言表达的,因此结果就是神秘主义。

《哲学研究》并没有否定神秘主义,而是展现了对沉默问题的新的回应。在《逻辑哲学论》中,沉默是哲学的目标,而现在要不惜一切代价避免沉默。言语之前被理解为指向并指出(展示)逻辑形式的沉默,而现在同样的逻辑形式被认为是言语不确定多种形式中的一种,所有这些都源于人类实践(praxis)的沉默,是偶然的但又不可逾越、不容置疑的生活形式,①是历史主义者对康德先验主体的分解版本。为什么维特根斯坦的思想会发生这样的变化? 如果真理和意义是话语性的,而话语是事实的偶然性,那么人类就不可能"看到"逻辑形式的真理独立于话语思维。《逻辑哲学论》的整个视觉维度不过是一种视觉错觉。即便对沉默的召唤也是关于沉默的言语。如果《逻辑哲学论》中的观点真的正确,那么它甚至不

---

① *Investigations*, II. xi, p. 226. 这里的意思是说哲学让一切如此(I, par. 124)。

能被说出。不过,只有话语思维才能说明观点是"正确的";《逻辑哲学论》的观点是正确的,这完全匪夷所思。《逻辑哲学论》的真正后果是,一个人无论对自己还是对别人,都不能说出言语的缺点。人作为说话者,言语没有缺点。正如维特根斯坦后来所说,"日常语言都对"。

这就引出了《哲学研究》第二个无处不在的缺陷。维特根斯坦通过将逻辑形式降级为言语产物,在言语之标准或目的的古典意义上摧毁了"自然"的最后一丝痕迹。"自然"一词很少出现在《哲学研究》中,要么它实际上相当于"习惯"——人类事务中通常发生的事,我们习惯做的事,要么它是未经检验的"自然科学"和"自然法则"。但是,科学家所赋予"自然"的意义,作为言语的产物,本身必然是一种约定俗成。"自然事实"之所以有意义,只是因为人们以习惯的方式谈论它们;因此,我们不能通过指向自然事实来验证我们习惯的说话方式所具有的意义。语言惯例是规范性的,而事实不是。① 因此,维特根斯坦认为,"我们不是在做自然科学;也不是自然历史——因为我们也可以为自身目的而虚构自然历史"。② 同理适用于人的欲望、意志或目的。它们的意义是在行为和言语的特定语境中由话语决定的,而语境本身是由生活形式决定的,或者更确切地说,是生活形式的应用;而正如我们已经看到的,生活形式是历史的语言化身。

---

① 试图为维特根斯坦这一观点辩护的日常语言哲学家所面临的问题,在斯坦利·卡维尔(Stanley Cavell)的一篇文章中得到了很好的体现:"言必所指?" *Inquiry*, 1 (1958)。根据卡维尔的说法,对正常行动不能提出任何问题。或许因为"正常"是一个"范畴"术语,是关于我们如何使用语言的陈述的一部分,"关于总体(überhaupt)行动的概念"或者是先验逻辑的一部分,而不是形式逻辑。因此,先验逻辑与经验或偶然事实性相同(参见 pp. 81—86)。下面这段话很明显体现了这一论断产生的尴尬:"一般来说,我们不需要证据对第一人称复数形式的陈述进行证明,这并不意味着我们对所做的事情或对所说的事情不会犯错,只不过如果我们(通常)错了,那将是非同寻常的"(p. 87)。

② *Investigations*, II. xii.

除了作为一种语言惯例或建构之外,"自然"在任何意义上的缺失都会使维特根斯坦后来的学说沦为历史主义或约定主义(conventionalism)。这可以通过简短考察吉尔伯特·赖尔(Gilbert Ryle)关于"使用(use)"和"用法(usage)"的区别来加以说明。区别的关键就在于将维特根斯坦从约定主义中拯救出来,而不用提及"柏拉图式实体",即外在于语词本身所指的事物。① 不愿提及柏拉图式实体并不能证明它们的缺席。维特根斯坦后继者们的集体失声只是反映了大师对"禁言"的无声指令,或者永远不要提及那些表面上无法言说的实体。无论如何,赖尔将"用法"定义为"一种习惯、实践、时尚或流行",换句话说,是一种语言惯例。"对用法的描述是以对使用的描述为前提的,使用即做某事的方式或技巧,或多或少广泛流行的构成用法的实践。"他又说道:

> 完美地掌握使用并不是要了解一个用法的全部,甚至更多,即使掌握那种使用确实需要了解其他人的一些做法。我们在托儿所学到如何掌握很多词语;但没有学到关于这些词语使用者的任何历史或社会通则。这是后来才出现的,如果它真的出现了的话。②

我们必须回应赖尔,对历史的无知不是借口。问题在于,我们在托儿所学到的东西本身是否是历史或社会通则。维特根斯坦本人很清楚,一个词或短语的意思或意义在于它在生活形式特定环境中的使用。③ 但一个词或短语的使用方式恰恰取决于其语言历史。斯特劳森在先前引用的一篇文章中对《哲学研究》I. 84—87

---

① G. Ryle, "Ordinary Language", in *Ordinary Language, Essays in Philosophical Method*, ed. V. C. Chappell, Englewood Cliffs, N. J., Prentice-Hall, 1964, p. 29.
② Ibid., pp. 31, 32.
③ 参见以下段落 I, par. 208, 421, and 430(the usually cited passage is I, par. 43)。

这样总结道:"决定规则是否足够精确,或者对规则是否有充分解释,在于这个概念是否被成功使用,并达成一致意见。"①作为用法基础的使用是一种总结或共识,或者是一种语言惯例,它是解释习惯中普遍相似(如果不是同一性的话)的结果。因此,赖尔和维特根斯坦要想摆脱约定主义的指责,唯一的办法就是准确地参照某种柏拉图式的实体或正常使用的自然标准。本森·梅兹(Benson Mates)在对赖尔论文的批评中说,这种讨论"似乎表明,对他来说,关于日常使用的断言中有某种规范性因素。如果使用的对立面是误用,那么使用必须是对的、恰当的或正确的"。② 这一点虽然说得不错,但可能会变得尖锐。赖尔把实践(doing)的前语言智力默认为前技术语言的秩序、意义或可理解性的来源。然而,作为前语言,话语是不可及的;我们只有话语作为它自己的理据。这就是为什么意义取决于约定(agreement);维特根斯坦是认识论之"社会契约"理论的支持者,因为在他看来,"自然状态"没有为人类生存提供基础。事实上,自然状态本身就是一种语言惯例:自然如果不是处于特定生活形式中的说话者先前所达成的一致结果,那么自然也无从谈起。

"使用"和"用法"之间的区别只是一种有限的或暂时的意义:"使用"是从"用法"中结晶出来对主体间确定性最新和最佳的近似。我们不能指向事实,因为在语言约定之前没有事实,所以也没有指示物(pointer)。因此,在我看来,维特根斯坦的约定主义思想阻碍了他的发展,妨碍了他认识到自己已经发展出的一种关于言语的理论。甚至当他指出言语的"自然"原因,如痛苦、欲望或其他行为模式时,他已经完全游走在自己的教义之外。如果说对自然环境的生理反应意义上的行为是言语的来源,那么与维特根斯

---

① Pitcher, p. 33.
② "On the Verification of Statements about Ordinary Language", in Chappell, p. 67.

坦所引用的观点相反,日常语言是自然科学的一个分支,并且依赖于自然科学。然而,忠实于维特根斯坦学说,会导致或者应该导致,将自然科学解释为一种语言惯例。我们所说的生理反应是哲学的相关因素,而我们所说的话是事实——一个偶然的语言"发生事件(happening)"。《逻辑哲学论》中世界的事实性继续存在于《哲学研究》中,只不过它被扩展为包括逻辑形式。总之,使用要么按规则,要么按自然。如果按规则,它是约定俗成的;无论习规惯例是否被形式化,都是如此。不过,如果使用是按自然——无论是在柏拉图式实体还是在逻辑形式的意义上——那么日常语言哲学就会被化简为亚里士多德的政治审慎或修辞学,也就是说,它必须服从传统哲学(其中包括对"理想"语言的所有严肃的理论论证)。

如果以前不曾说,无法说,那我们如何开始说话的?维特根斯坦简直是物理学和政治学中亚里士多德式的人物。维特根斯坦对个人语言提出的异议同样有助于破坏公共语言的可能性。个人语言之所以被排除在外,是因为它依赖于纯理直觉——对我们所言说的形式的直接理解,尽管它本身是沉默的。因此,维特根斯坦反复强调,在个人语言中,个体无法用任何标准来判断该语言中某个词的使用是否正确。我不能通过记得自己同意用"X"这个词来称呼一种特定的体验或感觉从而证实它,因为没有什么能保证我的记忆是正确的。我决定把一种体验称为"X",比如"同样的",这是很随意的,因为它完全取决于我高兴;而且,如果我可以随心所欲地称呼事物,那么同样没有标准来区分正确和错误的名称、规则或解释。

我认为,这是维特根斯坦拒绝个人语言的两个核心观点。它们想当然地认为,除了主体间的确定性之外,没有依据能证明规则和记住名称。然而,如果真是这样的话,那么根据什么标准,我能知道词典释义中体现的语言惯例本身是基于正确习得和既定规则的呢?如果我在字典中查找我邻居"现场说的话(living speech)"

的定义，(a)我怎么知道他们停下来不说话之后的一分钟里，我已经完全记住了他们刚刚说过的话，或者(b)如果我确实记得，而且可以跟上并继续与之对话，那我怎么知道他们(我们)说的话正确反映了对经验的标准回应或构建语言规则的程序？"a"的情况没有答案；这种情况甚至比维特根斯坦所说的还要糟糕，他认为注意力集中只能发现"我现在是什么情况"。① 因为正在发生的事情在时间上有延伸，因此只能保留在记忆中。否则，"现在"必须指非时间的瞬间，只能凭直觉即时获得，尽管维特根斯坦并不相信即时性。至于"b"的情况，要么是我们听任别人说什么，都是闲言碎语；要么是我们必须把他们说的话和事实进行对照，但是没有事实独立于人们所说的话。总之，没有理由说我们对公共话语的记忆比对个人话语的记忆更可信；而且，即使我们确实相信自己对词语的记忆，公共言语的公共证据本身也还是公共言语，这就是一种循环往复，将公共言语转化为逻辑上的废话或沉默。

四

维特根斯坦和他的哲学后辈是虚无主义者，因为他们无法区分言语和沉默。让我们来看看什么是至关重要的问题。如果理性是话语性的，那就没有理由说话而不保持沉默。如果我们随心所欲地开始说话，仅仅因为"这就是我们所做的"，就不可能合理地谈论我们所做的事情的价值或善意(goodness)。对于"理性有什么善意"这个问题，理性似乎无话可说。如果这件事本身只能以一种常规或非理性的方式被称为"善"，那么区分和收集"善"这个词的各种意义就毫无意义可言。在这一节中，我想重新考虑上面关于维特根斯坦的结论，尤其针对理性与善的关系。

---

① Invesligalions, II. xi, p. 219.

日常语言哲学家声称,使用的事实与这一事实的哲学合理性是一致的。然而,很容易看出这不可能是真的。说 X 是一个合理的使用不意味着在使用 X,而是在概括 X 和非 X 的区别,指的是一个普遍的意义框架或理论。① 当日常语言的哲学分析家和日常说话者都在问:"当我们说'X'的时候,我们指的是什么?",他们问的不是一回事。对于日常说话者来说,无论 X 的语言范围多么丰富和含混,它的意义总是在特定的情况下由特定的环境决定的,这些环境决定了 X 的范围,从而获得语言上满意的具体实例。如果我们让日常说话者提出这个问题,"当我们说'X'的时候,我们指的是什么?",来反思 X 的范围,他将以一系列具体的例子开始,使用日常语言的陈述来阐明我们正在问的这句话的意思。这是日常语言哲学家在分析陈述的意义时认为自己会遵循的程序。然而,事实并非如此。

假设有人在日常语言哲学家的听力范围内说,"约翰是个好人"。如果哲学家问道:"你说的'好人'是什么意思?",说话者可能会这样回答:"我的意思是,他是诚实的",或是"对他的家人好",或是"一个真正的男人"或"一个你可以在半夜跟着一起去井边的人",等等。只要日常说话者以日常方式使用日常语言,他就不会询问或提及"'好'的逻辑";也就是说,他不会超越"好"的日常含义给出这个概念的逻辑定义——除非他被那位哲学家不纯粹的语言腐蚀了。这种腐蚀的结果就是得出"好"的定义,而这个定义从"约翰是个好人"这个意义上来说本身并不好。因此,无论"好"的定义为该词的各种使用提供的共识有多好,但从日常语言使用者的观点来看,在其意图不是句法或字典式的所有情况下,这个定义并不好。日常说话者称约翰为好人时,并不是参考逻辑概念,而是参考善意(good-

---

① 这其实是维特根斯坦隐晦说法"我所寻找的是语法上的差异"(*Investigations*, II. viii, p. 185)的真正结果。

ness)。如果"好"的逻辑概念本身是好的,那么绝不是仅仅因为该概念的使用为我们提供了对该概念各种用法的可用解释。

提问"'好'有什么善意"的人没有受到日常语言混乱的影响,这种混乱有可能会被维特根斯坦式语言治疗所消除。相反,这个问题的提出是因为说话人已经明白接受这种语言治疗作为对日常语言的解释有多么可怕,也就是说,作为一种解释,它并没有将自身与日常语言的使用准确区分开来。理论家所说的"使用事实"包含了对"使用"的意义以及"意义"的意义在理论上的默认解释。在下面的例子中可以很容易看到这一点。在日常语言中,人们经常发现诸如"好"等词语有不同含义,于是从观察中得出结论:日常语言哲学话语中的陈述似乎是一种口语表达。我指的是普通人得出的共同结论:"好就是我们所说的一切。"不过,也有许多普通人谴责这种说法是"道德相对主义",甚至是"虚无主义";他们的断言是相反的,可以概括为"好就是X",其中"X"的意思是"除了'我们所说的一切'以外的东西"。这个争论能否在日常语言的权威范围内解决?如果日常语言的意义就是它的用法,那肯定不能解决,因为"好"的用法可以是相反的,甚至是矛盾的。在实践中,只有通过对日常语言的超越,语言治疗师才能解决这个难题。对使用中差别的经验描述被某一特定使用或某一组特定使用之善(健全、有效)的决定所超越;这一决定不是、也不能通过对日常使用的经验观察来证明。这本身当然不会令人反感;如果令人反感的话,那么所有的哲学思考或元功利主义思考都是令人反感的。真正令人反感的是,对使用之善的决定的理论前提缺乏自我意识。

从目前的例子来看,虚无主义可以被定义为这样一种观点,即我们说什么都没有差别,因为"差别"的每个定义本身就是我们所说的。正确的言语遵循游戏规则,但如果我们追问,为什么我们应该玩这个游戏,或者为什么这个游戏比另一个更好,那么我们将会面临分析"应该"和"更好"的逻辑,或在逻辑上否定自我表述的有效性之余,探讨如何通过运用沉默的语言来自证完美。因此,我们会被告知,假定"更好(better)"一词有 b1 和 b2 有两种用法,如果 b1 比 b2 更符合使用惯例,那么 b1 比 b2"更好"(委婉地称为"概念的逻辑")。既然使用惯例决定了"更好"一词的意义,那么我们区分 b1 和 b2 所凭借的概念就是自我证明。用常规或惯常的方式说话更好,因为"更好(better)"的意思是"常规或惯常的言语"。针对"为什么用常规的方式比用非常规的方式说话更好"这个问题,答案是"因为'更好'和'常规'是一样的"。因此,诉诸于一种超越惯例的标准来确定惯例的正确或善意是毫无意义的。"法律就是法律",奥登(W. H. Auden)在一个类似的观点中如是说。我们不可能(从理性的角度或方式上)为"更好"一词的使用找到一个比我们如何使用"更好"一词不同的或更好的理由。这就像是在问:"为什么'更好'比'更糟'更好?"总而言之,阐述"更好"一词的逻辑或我们如何使用该词,本身要比阐述"更好"一词更好,后者以自身之外的标准来评判其用法。如果你想要的是对这个概念进行理性的话语分析或证明,则没有其他的标准。

因此,事实上,"为什么'更好'比'更糟'更好?"这个问题是有答案的。那就是:"更好"比"更糟"更好,因为我们用"比……更好"表示"更符合常规使用","更好"的意思是"更常规"。因此,更常规的东西比不太常规的东西更符合常规使用。而且,对得体的言语进行理性的话语分析,就能引导建议说出通常所说的话。即使我们假设,对通常所说的话存在自我反思式的广泛共识,某个危险的激进分子可能会忍不住发问:"我们通常所说的话有什么善意?"这个人不知何故遗憾地从旋转木马上摔了下来;我们可以通过重复刚刚记录的咒语,即通过把善简化为"好"或者我们所说的话,让他再上去。他拒绝继续转圈(la ronde)显然不讲道理,因为"讲道理"的意思是"以惯常的方式说话",等等,等等,直到无穷。我顺便指出,这一认识论的政治影响是巨大的,但据我所知,日常语言哲学的支持者并没有充分认识和阐明这些政治影响,因为他们认为"认识论的问题主要是学术性的。因此,实际的因果关系并不重要"。①

简言之,这就是日常语言哲学的荒谬(absurdisme),或者是当代存在主义的语言学分支。语言荒谬主义者(有意或无意地)否认对理性进行理性辩护的可能性,或声称理性是善的可能性,在任何意义上都不能将"善"与"概念的逻辑"等同起来。我们说理性是好的,因为我们喜欢它,或者因为它使生活成为可能,让我们能够满足自己的欲望,这种使用"好"的方式跟"理性的主张是好的"这类陈述中使用该词的方式是不同的。在后一种情况中,我们会发现,"好"的意思是"符合常规使用规则",但在前一种情况中,它的含义完全不清楚;按照对意义的常规解释,人们会怀疑这个词是否有任何意义。以"理性是好的,因为我喜欢它"为例。假设"理性"指的是"符合关于如何断言事实的常规陈述的言语",而"好"则被假定为在上下文中具有表面上的通常意义,或"符合常规使用规则"。通过适当的替换,我们得到下面的陈述:"符合关于如何断言事实的常规陈述的言语是符合常规使用规则的(言语),因为我喜欢它",如果我们通过删掉同义反复来简化这一陈述,我们就会得到"言语符合常规使用,因为我喜欢它",但是不管我们是否进行这个简化,这类陈述仍然是同义反复。下面是对"我喜欢它"的分析。

"我喜欢它"既可以指理性言语,也可以指我们所说的实际情况。在第一种情况下,"我喜欢它"只能意味着"我承认它符合常规使用规则"。因为,如果我喜欢一个不那么符合常规的言语,却又把它作为"为什么理性是好的"这个问题的答案,那我就是违反了

---

① Margaret Macdonald, "The Language of Political Theory", in *Logic and Language*, ed. A. Flew, *1*, New York, Philosophical Library, 1951, p. 170. 参见我的论文 "Political Philosophy and Epistemology", in *Philosophy and Phenomenological Research*, *20*, June 1960, pp. 453—468.

游戏规则,而且是在说废话。我实际上是在说"因为'无意义(nonsense)',所以'有意义(sense)'",即"N→S",但这相当于说"意义对意义(S v S)"。我想说什么就说什么,以此为基础来推断什么是"意义"。"有意义"的证据是"无意义","无意义"的证据是"有意义"。这就是我所说的虚无主义。

在第二种情况下,"我喜欢它"指的是我们所说的实际情况。这种情况不能被假设为语言的或理性的,而是由我的生理或心理物理反应构成:血液中的含糖量、满足或不满的情绪、性欲、厌倦、对荣誉的热爱等等。我们可以将这些反应带入理性话语的领域,但只能是以一种常规的方式,作为便于言说的事实。谈论该事实或任何其他事实的常规方式当然是正确地断言,这意味着与实际情况相符。那实际情况又是什么呢?会有生理反应,例如,"我的血糖水平很高"。那么,使用这个例子,"我喜欢它"除了作为常规上适当的表达方式"它提高(降低、维持)我的血糖水平"之外,没有任何理性的意义。"我喜欢它"除了作为一组反应的代码之外,没有任何理性的意义,也就是说,我们不能理性地讨论这些反应是好是坏,因为"好"意味着"我喜欢它",而"我喜欢它"意味着"我作出如下反应",就这样周而复始。

五

我对虚无主义的研究首先从认识论的主题开始,因为在我看来,强调虚无主义问题其次才是道德问题,这一点很重要。第二的位置也是很高的;我并不是要贬低道德,而是要指出,所谓道德是我们理性观念的衍生物。因为即使我们应该坚持道德的完全非理性特征,这也要取决于我们认为理性观念是非道德的。例如,在当代哲学中,理性与善的关系问题经常以"伦理自然主义"或"自然提供了区分善与恶的标准"的观点来讨论。但是,"自然"通常被争论的双方理解为科学或经验事实的领域,并且只有在能够确定实际情况的意义上,即通过逻辑、数学、观察、实验等诸如此类的方法,才能可见于理性。理性陈述是对事实的陈述;事实要么按自然,要么按常规,或者更确切地说,按照惯例,一致同意自然事实是由经验科学建立的关于"实际情况是什么"的陈述对象。既然伦理自然主义者通常与其对手持有相同的意义理论,也就是说,既然科学事实超出其事实性之外没有任何"价值",既然就像耶和华(Jaweh)一样事实就是事实,那么难怪伦理自然主义者在提出有说服力的事实时如此困难。

当代反自然主义者,我称之为上述观点的批评者,被告知 X 是事实且 X 是好的,他明智地认为,"好"在这里是一个未经分析的术语,或者坚持认为,考虑一个事实,逻辑上不会去考虑它相对于另一个事实在道德上的善或完美。批评到此为止,因为(或只要)争论的双方都同意"事实"的意义,实际上也都同意"理性"的意义。我会试着用黑尔(R. M. Hare)的研究来说明这里涉及的问题。黑尔提出了两种与当前讨论相关的假设,至少可以说,这两种假设都有问题。首先,黑尔经常假设道德术语先于哲学分析,具有典型的道德性,不是事实。这使得他(想必也包括我们)能够选择特定的词或句子作为道德话语(utterances),例如,在区分道德命令和非道德命令时。① 黑尔这样说道:

> 价值术语在语言中具有特殊的功能,即赞美功能;所以价值术语显然不能用那些无法执行此功能的词语来定义;因为如果这样做了,我们就被剥夺了执行此功能的手段。②

---

① *The Language of Morals*, Oxford, Oxford University Press, 1952, p. 36.
② Ibid., p. 91; cf. p. 12 and Hare, *Freedom and Reason*, Oxford, Oxford University Press, 1963, p. 89.

总之，我们必须先知道一个道德术语，然后才能评估它的逻辑。我们必须先了解道德现象，然后才能谈论它，而这是黑尔没有提及的。

然而，关于道德术语的知识的前分析状态完全模糊不清。如果这种知识仅仅是常规的，那么由此得到的分析也是常规的，无论技术上多么熟练；我们又陷入了上一节的困境。如果知识不是常规的，而是（通过假设）前分析的，那么它只能是直觉的，即对自然道德状况的直接精神理解。在这种情况下，伦理自然主义的主张被重新确立，与此相关的要求是我们重新定义之前分析过的关键术语——"理性"、"事实"、"好"。自然主义本身并没有被重新确立，而是需要发展一个更合理的自然观念，如果我们要避免将道德语言降低到无意义的地位。换言之，黑尔本人隐晦地证明：除非回到约定主义，事实是我们的本性凭直觉知道道德命令，即我们凭直觉知道其重要性是后续分析的必要基础。可惜，黑尔并没有这么说，因为尽管他对日常经验有"分析式"的关注，但他并没有注意到前分析情况本身的特殊复杂性。相反，他从简化版的日常经验开始，该日常经验适用于其分析观念所包含的理论。他分析的不是日常经验，而是披着专业的外衣被分析家们通常理解的经验。因此，他反驳伦理自然主义的唯一合法方式，不是用约定主义取代它，而是用一种不同的自然观念取代它。

黑尔并没有对理性和善之间的关系发表任何有意义的评论。这在下面一段话中得到证明：

> 因此，对一个决定进行完整的论证将包括对其效果、对其观察到的原则以及观察这些原则的效果进行完整的说明……因此，如果要完全证明一个决定的正当性，我们必须对它所处的生活方式给出完整的说明。这个完整的说明在实践中是不可能给出的；最接近的尝试是由伟大宗教给出的……然而，假

设我们可以给出完整的说明。如果询问者接着问"我为什么应该那样生活",那么就没有进一步的答案可以给他,因为我们已经,根据假设(*ex hypothesi*),说出了包含在这个进一步答案中的所有内容。我们只能请他自己决定他应该怎样生活;因为归根结底,一切取决于这样的原则决定。①

黑尔所说的"生活方式(way of life)"非常类似于维特根斯坦所说的生活形式(Lebensform)。在这两种情况下,我们发现自己处于理性言语的边缘。黑尔的第二个假设是:道德是原则问题,关于原则之间的选择不可言说,这对于黑尔来说等于否定了这种选择的理性特征。但是,他没有承认这一假设,而是立即否认:

> 之所以把这些最终决定描述为任意的,是因为**根据假设**,一切正当理由已经包含在决定中,这就好比说对宇宙的完整描述是毫无根据的,因为没有进一步的事实可以证明它。②

黑尔所说的"描述"指的是"事实描述",即"已确定为事实的说明"。这个说明可以分为两部分:事物或事件,以及人类对事物和事件的评价。事物和事件,当被正确描述时,没有道德品质;它们就是本身。因此,完整描述的道德内容只能来自人类的评价。但人类的评价本身是语言的解释,或者是对自然道德形式的直觉的、先于语言的理解,或者两者的某种结合。黑尔从不提及道德直觉,虽然他会无意识地,有必要地使用道德直觉。和维特根斯坦一样,他或多或少明确地致力于推理(dianoia)。黑尔认可的道德话语终结于宇宙中所有事实的列表以及个体从列表中"推断"出的道德原则,但

---

① *The Language of Morals*, p. 69; cf. *Freedom and Reason*, pp. 89, 151, 224.
② Hare, *The Language of Morals*, p. 69.

没有提供合理的依据来进行有关的"推论(inference)"。作为理性,推论依赖于事实,而事实不仅不是原则,而且在逻辑上与原则截然不同。用黑尔自己的话来说,对宇宙进行完整的描述,如果它是理性的,就不能声称是好的,或者不可以说描述一个好的宇宙(这里没有真正的区别,因为描述必然是宇宙中的一个"事实")。在这些术语中,原则上只有一个对宇宙的完整描述,但是有许多道德原则,每一个都声称是好的或定义好的行为。事实不能让我们理性地决定哪个原则是最好的,除非这个原则被假定为道德三段论的命题;因此,尽管黑尔反唇相讥,他的道德哲学却以荒谬(absurdisme)告终。

完全事实的描述,无论是对宇宙,还是对人类行为,都无权定义"善",而这恰恰是道德原则的诉求。而且,要么道德原则不是理性的,要么"有理性"不仅仅意味着"断言事实真相",要么最终,会有更多的事实真相,比理性代言人所想象的要多。因此,理性与善之间的关系问题比道德本质的问题更为深刻。因为除非理性是好的,否则我冒昧地说,道德是没有本质的,它只是约定俗成的,或者可以把意义任意地归于无意义。更糟糕的是,理性的"选择",无论多么坚定或真诚,其本身就是把无意义证明为有意义的价值基础,这就是虚无主义。

第二章 从日常语言到本体论

一

我以维特根斯坦为例,介绍了虚无主义的问题,这出于几个原因。首先,维特根斯坦的思想仍然是当今英语世界大多数哲学讨论的基础。在他的追随者中,我盘点了那些对《逻辑哲学论》或《哲学研究》进行研究的人,无论他们是否对大师有所批评。维特根斯坦的追随者要么忽视,要么蔑视虚无主义这一主题。在很大程度上,他们把虚无主义排除在真正的哲学话题之外,而这些话题实际上与认识论的话题是一致的。这样看来,虚无主义似乎是"欧陆胡说八道"的极端产物,或者至多是文化历史学家、文学家和精神病学家的关注。因此,有必要论证日常语言哲学的认识论前提所带来的虚无主义后果。警告(Caveat emptor):如果没有什么能够缓解日常语言哲学教授们的冷血,人们至少希望向潜在的哲学家展示清醒和天真之间的区别。日常语言哲学与日常语言互不相容,或者无法区分言语和沉默。因为人是会说话的动物,如果把日常语言哲学加以刻苦实践,将会使人类的生活变得不可能。作为一项学术事业,日常语言哲学,并非不可能,是一种命定(fatality),类似于尼采谈论自己的方式。日常语言哲学家不是用大锤教我们哲学,而是用指甲锉教我们哲学。他没有说,"我是炸药",而是说,"我是厨房里的火柴"。工具是不同的,但历史模式是相同的。在这两种情况下,莱奥帕尔迪(Leopardi)的话恰如其分:"理性是光;自然但愿被理性照亮,而不是被点燃。"①

近年来,指出维特根斯坦与海德格尔的相似之处,以及二者共同的本体论关怀,已成为一种时尚。我已经指出两位思想家之间有一些惊人的相似之处,同时连带地,表明尼采可以被看作日常语言哲学和基本本体论的鼻祖。上述关系的本质在于事实的"无价值(valuelessness)"和历史作为人类创造力的重要性。维特根斯坦和海德格尔代表了该运动的高潮,若对其历史发展进行详细分析需要几卷书。为了理解虚无主义的哲学问题,我们将必须在其历史发展中穿插一些片段。然而,本章的任务更为具体,即对"存在的语言(the language of Being)"的虚无主义后果进行典型分析,以补充前面对日常语言哲学的论述。维特根斯坦和海德格尔确实有一个共同的缺陷,那就是,对言语理论的阐述本身否定了该理论可以被表述或完全阐明。海德格尔区分"本体(ontologcial)"和"实体(ontic)"的结果,用他早期的术语来说,就是沉默。

让我们先简要回顾一下"本体论"的词源意义。这个词大约200年前在德国发明,是希腊语 λόγος τοῦ ὄντος 的合成词。乍一看,这个短语似乎可以被翻译成英语,"关于在者的言语(speech about being)"。不过,这样的翻译没有传达出任何清晰或重要的内容,而且我们可能还会争论这个翻译是否是最好的一种。例如,λόγος 是应该翻译成"言语"、"理性"、"科学",还是其他术语? 而且,我写的是"关于在者(about being)",而不是"在者的(of being)"或"存在的(of Being)"。它是指在说话的在者(being)(或存在 Being),

---

① G. Leopardi, *Zibaldone di Pensieri*, ed. F. Flora, Opere, Mondadori, 1949, 1, 32.

还是指在谈论在者（或存在）的其他东西？如果不是指在说话的在者（或存在），那还存有什么？非在者（或非存在）会说话吗？τοῦ ὄντος 究竟是单数存在者的所有格，还是指存在者的存在（Being of beings）？看来，"本体论"一词的定义必须等同于有关在者的本体论或论述。然而，当一个人连"在者（being）"的意义都不知道，他又如何可能开始谈论在者？于是，我们不知不觉陷入了著名的本体论循环。如果本体论论述是可能的，那么它必须基于前本体论意识，或者换句话说，基于日常语言。

日常语言哲学的缺陷源于未能涉足本体论，或未能提供关于整体的论述。我们现在似乎已经发现，由于未能涉足日常语言而导致本体论缺陷。日常语言哲学家将他们对日常语言的哲学解释与日常语言的使用混为一谈，因为他们坚持独立于直觉的话语推理。对他们来说，哲学始于话语，作为话语开始，如果日常语言是合理的，那么本质上必须与哲学语言相同："开始亦是结束。"这种本质上的同一性不是也不能通过诸如使用和提及、语言和元语言之类的技术区别来克服，因为这些技术的基本原理与日常话语的合理性是相同的。与此同时，不是日常话语宣称其合理性，而是技术话语证明日常语言。这种混乱影响深远。尽管哲学分析是根据日常言语的假设进行的，但贯穿哲学分析意义的观念使得哲学分析不可能与日常言语存在明显的区别。"日常言语的哲学分析"中的"的（of）"一词与"在者的言语"中的"的（of）"一词，一模一样，含混不清。它必然可以同时充当主观和客观的所有格。哲学分析不是哲学家的言语，而是在说话的日常言语，用一种日常言语无法言说的方式。

谨记忠告，我们抵制住了诱惑，避免将本体论完全看作虚无主义幽灵所诱发的无知（niaiserie）。让我们再来看看希腊语 λόγος τοῦ ὄντος。本体论，最简单最接近的翻译是"关于在者的言语（speech about being）"。这一点必须由我们的前本体论意识来阐明,而这个翻译中"在者"这个词比"言语"更麻烦。我们不仅对"要说什么"有一个前技术的理解,而且在技术意义上,本体论显然是某些存在者即"本体论者"的言论,而不是对"在者"这个词的解释。许多人,包括哲学家在内,当听到本体论时,意识到言语正在发生,但他们仍然坚持无法理解本体论所谈论的那个"在者"。另一方面,如果我们不理解"在者"是什么意思,或者我们假设"在者"什么意思也没有,那么我们可能会误解我们所听到的那种言论,或者弄错"言语"在"关于在者的言语"中的意思。因此,无论"言语"的意思是显而易见,还是似是而非,我们从"在者",即 τὸ ὄν, 开始本体论研究似乎是明智的。

希腊语 ὄν 是动词 εἰμί 即"我是(I am)"中性单数分词,动词原形是 εἶναι。它通常代表"事物"之意义上的"在者",或任何我们愿意谈论的个体的存在。一事物可以通过使其成为一体的形状或形式来识别,该形状或形式将此事物与其他形状的事物区分开来;此外,形状的合成功能至少是将该事物与同一形状的其他事物相分离的一个因素。事物表现出的形状可以通过不同的标准集合并划分:例如,人类、猴子和狗是与石头、星星和气体完全不同的事物,而这两种事物又都与棒球或飞机这类事物不同。另外,还有公正,数字,关系,等等之类的事物。到目前为止,一切顺利:有许多种类或类别,而且这些类别中有许多成员。"事物(thing)"似乎可以意味着"任何事物"。严格说来,这是一个循环定义,因为"事物"在定义中反复出现,但这也正是本体论者坚持的观点,即我们对"事物"的意义有一种前技术或前本体论的意识:类似于直觉,绝不是完全脱离言语,而是先于技术言语、分析言语、解释言语之前作为其基础。后一种言语必须处理一些棘手的问题,比如形状的结构,事物的形状和形成的东西之间的确切关系,各种形状之间的联系等等。但是,从初步分析和充分分析的意义上,如果我们没有"看到"事物是什么,那么这一切都是不可能的。

二

对"在者"的仓促考察似乎与我们先前对ὄν或"在者"的模糊含义的印象不符。一个"在者"是一个事物,而"事物"是任何事物,对此我们所有人都有前本体论意识。"本体论"则是探讨事物共同属性的言语;它所作的论述(希望)对"任何事物"都成立,但这种仓促达成的清晰性消失得同样迅速。如果"本体论"是关于在者的论述,而"在者"是作为个体的"事物",那么"任何事物"都是一种与石头、人、神、人工制品或道德原则相同的ὄν(在者)吗?让我们重新考虑一下。关于人类的论述,我们可以说,是"人类学";关于上帝的论述,是"神学";关于星星的论述,是"天文学";对于每种事物的论述,都可以找到相似的词汇。鉴于事物的特殊性,难道论述就不能有类似的特殊性吗?哪种事物是"任何事物",哪种论述是"关于任何事物的论述"?如果一句话对任何事物都是真的,那它怎么会是假的?如果一句话永远不能被证伪,那么就它而言,真与假、意义与无意义之间就没有区别了。这难道不是虚无主义吗?

那么,问题是找到对任何事物都成立的陈述。首先,浮现在我脑海的可能是:"万物皆有在者(things have being)"。当然,就目前的情况,这是不可接受的,因为"在者"已经被定义为"事物"。那么,说出"万物皆有其物(things have thing)"毫无意义。但是,这种流产的说法(也包括"万物存在"或"万物皆是")表明,在我们对"本体论"含义的最初反思中,我们可能误译了ὄν。更进一步而言,虽然ὄν通常用来指"事物",但在哲学文献中,τὸ ὄν可以解释为事物的共性,或事物的本质。因此,尽管忠言逆耳,我们必须大胆断言,日常语言并非全对,我们必须把ὄν翻译成"物性(thinghood)"。我们的错误是在最初的翻译中忽略了定冠词τὸ。τὸ ὄν可能意味着"该事物(the thing)",但在本体论中,它意味着"作为物性的存在"。换句话说,在本体论中,我们必须说"存在(Being)",而不是具体的"在者(being)"。

经过这一修正,对所有事物均成立的陈述是"万物皆有物性(things have thinghood)",或者"万物皆有存在(things have Being)"。这一陈述永远不可能是假的,但它传达了某种意义。有人可能会倾向于说,从不为假的陈述必须在分析上为真,或是同义反复。如果本体论是这样一种学说,所有陈述都是同义反复,那它有什么用呢?每一个同义反复都有逻辑形式 A = A,因此它本身与 A 的断言是相同的。如果说"万物皆有物性"是同义反复,那为什么不只说"万物"?以此类推,我们仅仅通过说出一些词或用词来命名:"人!星星!桔子!东西!",就可以成为本体论者。若是这样,本体论就成了一种达达主义,而最深刻或最系统的言语就成了虚无主义的断言;又或者它成了数学,同义反复的表达,或对等式 A = A 的无休止追求。在这种情况下,作为同义反复的纯粹符号表征,就具体事物及其本身的意义而言,本体论与沉默无异。或许本体论陈述,虽然是普遍真理,但并不是同义反复,而是康德所说的"综合先验命题",或类似的说法。或许当我们说"万物皆有物性"时,我们在"任何事物"的意义上对"事物"的意识增添了新信息,即永远为真却不能简化为 A = A。为了用不同的方式表达同样的观点,或许我们误以为 $(A = A) = A$。难道等式的左边没有比右边传递更多的信息吗?

这样又我们回到了"万物皆有物性"。现在的问题是:"物性(thinghood)"是什么意思?当然,我们不可能给出一个完整的答案,因为这样做需要拥有完整而真实的本体论言语。我们的任务比这简单多了。既然每次说话时一次只能说一个句子,我们可以从(一个)最初的本体论陈述开始。"万物皆有物性"这句话已经作为标题的第一候选,但这最多算是一个本体论命题;它不可能是第一个,因为它的意义不仅依赖于我们对"事物"的前本体论意识,还依赖于我们对"物性"的理解。我们必须对这个词的意思有足够的了解,才能在分析过程的陈述中使用它,即断言关于事物的普遍真理,而仅凭"事物"的断言并不能说明这一点。因此,我们的陈述本身至少依赖于这样一个优先的陈述:"'物性'代表所有事物的共性。"我们现在才算处于本体论之中了。我们的前本体论意识告诉我们事物大概是什么,但没有告诉我们它们究竟是什么。可以说,它告诉我们,事物有共同的"东西",但没有说这些"东西"是什么,或者事物和"东西"之间的区别是什么。如果我们把"是(are)"和"东西(things)"当作不完整的符号,来指代本体论学者所称的存在(Being),那么就会是下面的结果。本体论研究事物的共性,我们可以把共性称为物性或存在(Being)。进行这项研究的方法是研究事物,因为如果我们不了解事物本身,我们就不可能谈论它们的共同属性。

不过,目前,就像灵光乍现一样,我们突然发现遇到了极大的困难。上述结果虽然可能适用于"传统"本体论,但对卢卡奇(Lukacs)和海德格尔之后的当代基本本体论学者来说,尤其是那些追随海德格尔的学者,这些结果是对存在的客观化或具体化,他们拒绝接受。让我们先大致了解一下。尽管我们把"在者(being)"修正为"存在(Being)",但我们把前者的本质延伸到后者。存在不是一个事物(本体论学者说),而是所有事物的本源(source)。把这个本源说成是所有事物共同属性的总和,相当于把所有事物的本源还原为从所有事物派生的抽象。让所有事物成为存在的本源,这简直是对真理的荒谬逆转!关于事物的言语是实体的言语(ontic speech),就这样,它分散了我们对存在(Being)的注意力;实体言语施展的诱惑使基本本体论变得不可能。存在不是一种抽象,因为抽象由具体殊相派生或构建;存在不是一种结构,而是所有可能结构的本源,因此它不是抽象的,而是最具体的。最后,抽象本身仍然是特殊的事物,而存在作为殊相的起源或基础,不是特殊的事物。存在不是一个事物;与其称它为"任何事物",不如说存在就是无(nothing)。本体论是关于无物(no thing)的论述,关于无的论述。更进一步,因为人类言语必然是且依据于(实体[ontic]意义上的)事物,所以本体论言语也就是无的言语:是虚无(nothingness)在言说自身,这是虚无给人类的礼物,但人类自己的实体言语,甚至在承认、接受或尝试揭示它的行为中,却遮蔽了这一礼物。

对本体论的解释始于我们对 τὸ ὄν 的前本体论意识,但最终以虚无告终。然而,当代本体论学者的动机是要明确回归"事物本身"。胡塞尔未能成功地将柏拉图式或数学对事物的可见纯理形式(noetic form)观念与笛卡尔式或康德式的先验自我或主体性学说相结合,这一失败预示着为事物本身伸张正义的最终命运。胡塞尔把纯理形式定义为先于主体性的表象或在场,进而定义为内在于主体性的在场。胡塞尔的现象很快就被主体性的时间性所渗透,这让人不禁想起笛卡尔关于主体性构想的历史命运。从永恒性到时间性的关键转折发生在海德格尔的《存在与时间》中。海德格尔表面上超越了胡塞尔思想中柏拉图(客观)和笛卡尔(主观)的双重维度,将永恒性完全排除在人类实存的视野之外。因此,把现象与存在等同起来,对于海德格尔来说,不过是比迄今为止所建立的历史主义更为激进的一种主张。这种现象并不是日常生活中表面的事实,而是隐藏的存在,事物的意义或基础。人类只有在时间性的范畴内才能获得这个隐藏的基础。① 在这一背景下,"就其本身而言,存在是什么"的问题被"当它将自身呈现给人类,存在是什么"的问题所取代。从一开始,海德格尔就把存在的时间性或历史性与其隐蔽性或不在场等同起来。因此,真正的本体论学说,不是关于事物的,而是关于被事物所隐藏的,即时间性本身的维度。对

---

① *Sein und Zeit*, 7th ed., Max Niemayer Verlag, Tübingen, 1953, pp. 17, 34—36.

存在结构的讨论占据了《存在和时间》的大部分篇幅,这些只是过渡性的论述,在我们前本体论意识的基础上,为最终的本体论学说做准备,但这最终的本体论学说却从未出现,从海德格尔的思想来看,它永远也不会出现了。

因此,《存在与时间》的后半部分,或者说,对时间性的讨论,跟前半部分的存在分析比起来令人非常失望。越来越明显的是,海德格尔不会也不可能实现他为自己设定的目标。海德格尔思想中所谓的转向,可以简单地理解为他对这种不可能性的默认。《存在和时间》中隐藏的现象不会也不可能出现,或者不可言说。因此,海德格尔早期学说的虚无跟不在场的存在的沉默越来越纠缠在一起。当然,也越来越跟海德格尔自己从本体论到预见性的习语转变纠缠在一起。海德格尔的预言是一种超越有声言语的尝试,或唤起存在的沉默过程。有声言语,无论是前本体论的,还是后本体论的,都是由事物或殊相组成,也就是那些不仅本身是个体而且可以指明个体的词语,不管这些词语被理解为意义还是"真实"的对象。对言语最令人信服的解释是它是实体的(ontic):因此,本体论论文中关于存在的非实体特性的章节都是用语言学家所说的"自然"语言写成的,这些语言由句法规则排列的语词或指定事物的事物所组成。如果这仅仅是对本体论言语中语言情境的一种实体的、不充分的解释,那么很明显,仅仅用一种实体言语来代替另一种实体言语是无法奏效的。

如果 X 是一个关于存在的、实体且错误的言语,我不能用另一个论述 Y 来消除这个错误,并且说"X 是一个关于存在的、实体且错误的言语因为 Y"。为了修正 X,Y 本身必须是实体的。如果对确定性的否定是按照通常的理解在言语中表达出来的,那么它本身就必须是确定性的。如果要否定 X,Y,Z,就必须说到非 X,非 Y,非 Z。情况难道不是关于虚无的言语永远都是实体的吗,即用确定性的陈述进行讨论,比如"虚无是非 X"或者"虚无是 Y"?

另一方面，如果本体论是虚无本身的言语，那么它难道不是沉默吗？本体论，或非实体言语，似乎根本不是言语。如果它是沉默，或是无声的言语，或是关于无的无，难道它不是虚无主义吗？对这一否定结论的肯定似乎是一种神秘主义，或是否定理性言语，以及对理性与善之间联系的可能性。但是，再说一次，关于基本本体论的论文是用有声言语而非无声言语来写的。如果论文不是自我否定的论述，那么两种选择之一必须成立。要么这些论述证明了本体论的不可能性，正如维特根斯坦在《逻辑哲学论》中所宣称的那样，要么本体论学者发现了一种新的语言，就像海德格尔自己所宣称的那样。

三

我很清楚，本体论学者主张使用实体言语以引出存在的前语言体验。就其论述而言，他们似乎并未领会，或至少没有说明这一主张的全部含义。这意味着本体论，一种言语模式，实际上是实体学（ontics），而前本体论，在前语言经验的意义上，是真正的本体论。我认为这就是下面这段话在萨特的《存在与虚无》中的真正含义，《存在与虚无》是对海德格尔的《存在与时间》的通俗化，使某些主题比原作更加明显："唯一的知识是直觉。演绎和话语，不恰当地被称为各种知识，仅仅是通往直觉的工具。"① 换句话说，基本本体论，在我们所研究的学派内，试图实现无推理（dianoia）之纯理（noēsis），虽然仍旧通过推理的方式。② 然而，在这里，纯理是以存

---

① *L'être et le néant*, Paris, Gallimard, 1955; orig. pub. 1943, p. 220. 这个观点本质上来说是尼采式的；cf. *Götzen-Dämmerung in Werke*, ed. K. Schlechta, Munich, Carl Hanser Verlag, 1955, 2, par. 26, p. 1005。

② 在某种程度上，它类似于新柏拉图主义努力实现对神圣基督再临（parousia）的纯粹冥想，就像存在生出存在者类似于新柏拉图主义思想中的一生万物。

在的、经验的意义来理解的,而不是以传统意义上确定形式的直觉来理解的。推理理性(discursive reason)既有助于激发直觉,也会为发现直觉设置障碍。这是海德格尔的主张,某种程度上道出了他自己事业的困境。但我们不能就此止步。由于这种主张是用实体言语来陈述的,它不仅"模糊"了对存在的揭示,而且保证了这一揭示是不可能的。没有所谓的基本本体论,也不可能有所谓的基本本体论。最多只能有基本实体学(ontics),或基本本体论不可能的证据。

必须强调的是,对一种新言语的主张是在旧言语中提出的,实际上是在一种最古老的崇高言语——诗学预言中提出的。据说,前语言(前实体)经验或本体论经验是以一种有声言语无法表达的方式跟存在的人"说话",就像在虚无的经验中。从某种意义上讲,对言语的抨击在另一种意义上是对言语作为"存在之家"的超常认同。海德格尔及其追随者并没有像柏拉图那样间接地提及,虽然纯理是沉默形式本身的前语言直觉,但我们仍然能够,而且实际上必须,用话语说出我们的所见。相反,他们声称我们的"直觉"本身就是以前语言的方式在言说,而"直觉"(新的思维方式)是对"言语"的前语言聆听或理解。有声言语是关于前语言存在的实体(ontic)表现形式。如果理解得当,它能让我们"听到"其中的存在,但是如果我们倾听作为有声或实体的有声言语,我们就听不到存在;存在之音被事物之音"消音"或扭曲。

根据海德格尔的说法,之所以事物之音"消除"存在之音,是因为它阻止我们听到存在之音的沉默。同时海德格尔也会说,在实体(有声)言语的误导性声音中,存在"消除"或掩盖自身。关键在于沉默的本体论优先性。下面这段话很好地说明了这一点:

> 作为世界四重整体的开辟道路者,道说把一切聚集入相互面对之切近中,而且是无声无闻地,就像时间时间化、空间

空间化那样寂静,就像时间——游戏——空间开展游戏那样寂静。道说作为这种无声地召唤着的聚集而为世界关系开辟道路。这种无声地召唤着的聚集,我们把它命名为寂静之音。它就是:本质的语言。

在与斯蒂芬格奥尔格诗歌的近邻关系中,我们曾听到如下道说:

词语破碎处,无物可存在。

我们已经看到,这首诗作中留下某种值得思的东西,那就是:什么叫"一物存在"。同样值得我们思的是那种因为并不缺失而宣露出来的词语与"存在"(ist)的关系。于是,在与诗意词语的近邻关系中有所运思之际,我们就可以猜度说:

词语崩解处,一个"存在"出现。

在这里,"崩解"意味着:宣露出来的词语返回到无声之中,返回到它由之获得允诺的地方中去,也就是返回到寂静之音中去——作为道说,寂静之音为世界四重整体诸地带开辟道路,而让诸地带进入它们的切近之中。

这种词语之崩解乃是返回到思想之道路的真正步伐。①

我保留了这段话的德语原文,是因为译文讲不清楚其中的意思,即便翻译出了海德格尔自创的新用法,也还是需要把它再翻译成"日常"英语。让我试着解释一下这段话。

在海德格尔看来,存在是一个无声的过程,通过这个过程,世界将自身划分为四个维度或四个区域:天和地,神和人——"世界游戏(das Weltspiel)"。② 它是事物显现的过程,这个过程作为事

---

① *Unterwegs zur Sprache*, Pfullingen, G. Neske Verlag, 1959, pp. 215—216. 译注:参见海德格尔,《在通向语言的途中》,孙周兴译,商务印书馆 2005 年,第 212、213 页。

② Ibid., p. 214.

物的源头,也是事物本质的起源。然而,作为过程,存在给予事物的,并不是传统形而上学意义上的本质,而是海德格尔在这段文字里提到的开路者(das Be-wëgende)以及在别的地方提到的本质(wësen)。这些新用法旨在传达存在出场的时间性。本质不是静止的形式或性质,而是一种移动的方式——一种出现的方式。在事物的言语中,存在是"无声的召唤"。存在这个概念,与中国的道没有什么不同,可以比喻为海德格尔关于存在的统一场论(unified field theory)。不过,为了理解统一场,我们不能用方程式或随意的话语来理解它的形式:存在没有公式,因为存在是形式显现的本源。因此,我们必须"打破"实体词语,或通过基础思维在有声言语之内与"寂静之声"合而为一。本体论的思维方式是进入到存在过程(Being-process)的"变化方式(bewaying)"。这种打破有声言语的需要,是海德格尔后来在《存在与时间》一书中力求从根本上摧毁西方形而上学传统这一需要的重新表述。

后面的章节会讲到海德格尔此项破坏性工程的虚无主义后果。这里,他只是例子中的例子。本章的任务是从整体上说明海德格尔所提出的本体和实体的区别是不可能的。之所以不可能,是因为无论前语言经验的性质和启示能力如何,这种启示的意义只能用话语来表达。如果存在的声音是无声的或前语言的,那么本体论学说对于实体世界的事物就没有任何意义。尽管基础思维谴责理论的"旁观"观念,并坚持认为它超越了理论和实践之间的实体区别,但与实证主义一样,基础思维相当于对"实际情况"的颂扬。如果承认显现过程的启示依赖于人类的思维,那么从这个意义上讲,颂扬是积极的,而非消极的,或是主动的,而非被动的。人是处于显现过程的存在者,同时是存在呈现自身的对象,但人所做的,或"应该"做的,是让存在顺其自然。我们在后面会看到一些细节,本体论的泰然任之(Gelassenheit)意思是接受或服从历史,现在称为"历史性"。既然存在以历史性的形式对人"说话",那么人就不能干涉存在的天赋,也不能把自己的实体偏见强加于显现的本体动态过程。本体后果是劝告人们屈服于人类历史上占统治地位的任何力量;尼采所说的具有创造力的超人变成了被动的旁观者,不是类似的永恒回归,而是时间性的永恒回归。

因此,本体和实体之间的区别,本身就是它所宣称已经克服的二元论的精确化身——存在(历史性)和历史(实体)实存这两个世界之间的分裂。无论传统二元论有什么缺点,新的本体论都是无比危险的,因为它没有意识到自己的本质。这种意识缺失是由更深层或更内在的一元论引起的结果;存在与存在者两个世界跟时间及其时刻一样。然而,既然形式本身是时间性的结果,那么时间及其时刻之间不可能有根本的区别。关于形式的言语不是关于时间的言语;正如我们所看到的,不可能有关于时间的言语。总之,基本本体论是虚无主义,因为它使得存在的表面言语与人类行为无关。当然,它的实践者告诉我们,对于道德和政治方面的建议,人们必须求助于牧师、政治学家等等,而不能求助于真正的哲学家,这一观点与日常语言哲学家的观点不谋而合。其结果是促使人们回归到当代实体言语的约定主义和实证主义,或者切断作为理性更高形式的"思维"与善之间的联系。本体论,知道何为是,在两层意义上告诫作为道德和政治动物的人何为不是:第一,顺从于虚无的沉默,第二,服从于实体言语。它告诫人类,假如历史性规定人类必须放弃本体论,那么人类必须照做。没有本体论的理由能够解释为什么人作为实体存在,应该倾向本体言语甚于实体言语。

四

"关于……的理由"是话语陈述,或是有声表达,是对事物的实体解释。如果本体论不是关于事物的言语,那么就没有本体论言

第二章 从日常语言到本体论

语。同样的观点来自于基本本体论者表面上对理性主义的局限和扭曲的超越。给出理由的人既诉诸"事物本来面目",又诉诸文字作为事物和思想之间逻辑上连贯的桥梁。无论从证据到推理的思维转换有多迅速,即便证据是直观的,理由都是具有"Y 因为 X"一般形式的陈述。本体论者对理由-陈述的需求可以从休谟批评因果推理的自我否定特征中看出端倪。"因为"是不能被质疑的,除非因为对纯理推论理性模式的观察,通过话语来表达。无论如何,现象学学派的本体论者在很大程度上是从休谟的形而上学认识论中派生出来的;粗略来讲,一个人所看到的或呈现出来的东西,跟事物之间"真实"或实体的联系无关。本体论的困难在于"Y 因为 X"的内部结构。假设"Y 因为 X"是一个本体论命题,表达的是存在(Being)的情况,而不是存在者(beings)的情况。鉴于 Y 和 X 是事物或事物的串联,本体论的特征必须内在于整个陈述的本质中。"因为"的力量或者任何代替它的东西,一定会打破 X 和 Y 的实体外壳,从而使我们听到其中存在的声音。当且仅当"因为"已经是存在的声音、是存在的冲击力时,这才有可能。这就是困难所在。如果因为"因为","Y 因为 X"是本体论的,那么为什么需要 Y 和 X 呢?既然"因为"已经是存在的声音,我们难道不能只关注它吗?更进一步说,如果我们无法这样关注它,但是"因为"需要 Y 和 X 来弄清楚它自己的意义以及 Y 和 X 的相对无意义,那么显然本体论言语是不可能的。如果 Y 和 X 不是实体的,那么它们之间就无法相互区分,它们和"因为"也无法区分。如果它们是实体的,那么本体论陈述就总是关于事物的。如果"因为"是本体论的,而 Y 和 X 不是,那么"因为"没有内部结构;我的意思是,它的意义不能用话语再现,也不能被有 Y 或 X 形式的陈述所取代。因此,无论它的本体论力量如何,它在话语上都是无意义的或无声的。由于"Y 因为 X",通过 Y 和 X 的性质,内在于实体领域——本体论者可以与朋友或敌人沟通的唯一领域——"因为"没有任何价值,可以省略。那么本体陈述的有效结果是 Y，X，这样的陈述不如实体陈述有意义，因为它们不能解释 Y 和 X 之间的关系，而实体言语可以给"因为"提供实体意义。最后，如果 Y，X，和"因为"都是本体论的，那么本体陈述就无法与实体陈述区分开来，因为 Y，X，和"因为"都是词语，或词语的序列，等等，其意义都来源于所命名或象征的其他东西。

任何本体论言语的意义都依赖于，并取决于它不可分割的实体成分。这跟柏拉图和亚里士多德的著作中经常出现的一句话是一样的，即"是/存在（to be）"就是成为"某物"。很明显，本体论者坚持要把这个例子改成"X 是 Y"，却一无所获。如果本体论，作为言语，不仅仅是在说"是（is）"，那么刚才提到的所有困难仍然存在。此外，如果"是"赋予存在以声音，并带有"X 是"和"Y 是"的含义——即内在于 X 和 Y 的实体外壳中的"是"——那么本体论言语可能被翻译成"'X 是'是'Y 是'"。这究竟是什么意思？只有三种可能性。第一种可能性是，"是"被断言为存在的声音用自己的人称想要表达的一切，基于实体环境的粗俗，但对事实真相的普遍肯定只是一种特别含混不清的实证主义，或者说，"是"跟"不是"无法区分。第二种可能性是，"'X 是'是'Y 是'"是一种同义反复，可以简化为"X 是 Y 且 Y = X"，或者"X = X"，或者"X"，这跟"是"一样具有启发性。当然，如果我们坚持认为，同义反复的意义在于用尽可能多的不同方式来表达，以便阐明存在-过程的终极一元性（monadicity），那么本体论就只是数学逻辑的无能替代品。如果终极本体论是数学逻辑的言语，这是我想说的第三种可能性的否定版本。也就是说，"'X 是'是'Y 是'"是对事物的基本或一般属性的理性论述的一种不完全表述和不合理模仿。为了弄清楚"X 是 Y"的意思，我们需要依赖于 X，"是"和 Y，它们都有一个内部结构或理性形式，即使最初凭直觉，然后可以用话语的方式向我们自己和我们的对话者描述；否则，我们就不知道我们在谈论什么。不过，如果我们确实知道我们在谈论什么，或者至少可以用话语描述我们认为自己知道的事情,那么本体论就是本体的(ontical),或者,言如其名,"关于事物的言语"。

我一直在论证,从遵循海德格尔对本体和实体进行区分的意义上讲,本体论言语实际上是沉默。遵循这一区分的本体论者希望谈论存在时可以把它与存在者区别开来,而言语根本不允许这样做。如果这是言语的缺陷,且在最深层的终极意义上言语的重要性与沉默有关,那么我们说什么或者我们是否言说,除了事实,就没有任何理由,虽然同样没有理由要保持沉默。其结果是荒谬主义或虚无主义。因此,没有任何理由能证明我们陷入如此绝望的困境是合理的。这种受到质疑的基本本体论学说不仅自我否定,而且自我消解。这就好像基本本体论者从来没有说过话(除了其言语的实际效果)。然而,当然,基本本体论者确实为其信念给出了理由。我已经详细地讨论过主要原因——存在不是存在者,也不是抽象或虚词表达。跟基本本体论者强调直觉的说法有点不同,我说的是存在就是过程。这种提法还有一个好处,显示了新本体论与两大最古老的哲学传统之一的联系。此处没有必要对各种过程哲学进行历史考察。一言以蔽之,基本本体论的出发点是对柏拉图思想的批判,或对(自亚里士多德时代起归属于柏拉图的)以下观点的批判,即认为存在两种现实——起源的时空世界和分离的、永恒的、不变的原型世界。但是,人们大可不必为了坚持可理解的言语是解释事物的形式结构的言语,而成为柏拉图主义者。

我们不难将 λόγος 定义为一种理性的事物-言语,它对于传统柏拉图主义最令人费解的特征而言是中立的。例如,λόγος 是一种话语描述,具有某一或某些事物可用话语分析的结构,凭借内部联结结构,每一事物都是可见的,可描述的;因此,由于其自身的结构异质性,这种描述试图展示所讨论的事物的结构,即这些事物如何"结合在一起"或如何用这样的方式呈现自身。人们可以很容易写出长篇大论解释这个定义。于我而言,我认为再谈谈"结构

(structure)"这个词就足够了。这个词对形式概念进行非柏拉图式的分析时特别有用。它来自于拉丁语"*struo*"、"*struxi*"、"*structum*"——连接、构建、排列或整理。*struo* 与"*sterno*"相关,因此与希腊语 στόρνυμι 相关,表示平稳或均衡地传播。结构是一种"有序传播",是连接部分的排列,构成统一的平稳或均衡的集成体(manifold);而关于统一的原则却只字未提。它可能是上帝的创造能力,是对超验自我的综合理解,或者,就此而言,是存在自己发声成为内在复杂性的单位。结构,无论是由上帝、人、自然,还是历史使之结合为一个统一集成体,都是由其排列的具体形状、图案或顺序结合而成,且与其他结构相区别。这个顺序是就是它的 μορφή 或 εἶδος,它的形式。λόγος(多亏其自身的结构)展示了结构的形式,因此可以有助于呈现所讨论事物的物性。对 λόγος 的叙述与海德格尔阐释的主要特征并不矛盾,除了它强调"聚合"或"启示"对确定形状的依赖。可以说,海德格尔把言语行为"还原"为存在活动(例如,收获时节的收割);① 他没有明确指出聚集在一起的东西的可见性取决于它的结构。因此,他不能清楚地区分言语的结构化和话语的结构。

很明显,前文所述带来了诸多困难。主要难点在于言语结构与事物结构之间的关系。语言本体论,无论是来自海德格尔,还是维特根斯坦,都渴望克服这两种结构的论题中固有的二元论(dualism),但他们所付出的代价是回到一元论(monism),从而走向沉默。可能问题永远无法解决,或者可能需要三个结构,而不是两个或一个结构。无论如何,这样的问题超出了本研究的范围。我的观点是:如果要有理性的言语,就必须从根本上区分言语的结构和事物的结构,或者更简单地说,区分言语和事物。言语不能被认为是事物得以产生的存在。人不能为存在代言因为他不是神,因

---

① Cf. *Vorträge und Aufsätze*, Pfullingen, G. Neske Verlag, 1954, pp. 207—230.

此他必须为所说之言给出一个理由（λόγον διδόναι）。如果理由没有外在的"物体/客观（objective）"参照，而完全是自我证明，那么理由就是武断的话语，缺乏正当性或人类价值。所谓的人类自主的创造性自由，可能会被当作自欺欺人的喋喋不休。

在我看来，赋予"本体论"唯一可理解的意义是解释事物结构（形式）的言语。有且仅有通过这种言语，人们才能说明他们的所知、所见、所闻；只有通过这样的叙述，他们才能显示出自己拥有我们可以依靠（count on）的知识或洞察力。我在道德和数学-认识论意义上使用"依靠"这个短语。在这里，我顺便指出了稍后将更详细地讨论的内容：数学与政治或道德美德之间的联系，恰恰植根于结构的本质——即事物紧密相连，从而为我们组织言语提供了一个框架。正是非语言结构和语言结构之间的区别，使我们能够对"本体论"作出合理的解释，而这种区别既不是由日常语言分析家，也不是由基本本体论者确定的。我们现在至少可以指出，两种言语之间，并不像本体和实体之间的区别那么鲜明，存在着某种可想象的调和。本体论既言说，又不言说事物。的确，言语是与事物密切相连的，因为词语是事物，也因为它们谈论事物，但是本体论的言语使用事物-词语（thing-words）来指代事物的形式结构，而不是指仅仅作为事物的形式实例。

我已经提及三个独立但相关的现实领域——言语，非语言事物，以及形式结构。日常语言分析家不能区分言语和形式结构；基本本体论者将这一缺陷更进一步。他们不能区分言语和非语言事物。在上述两种情况下，尽管路线略有不同，但目的地是相同的：事物出现，其过程可见却无法解释；同理，对过程的叙述，无法证明其合理性，因为无法把叙述和过程区分开来。传统上，这种结果被称为"历史主义（historicism）"。在本章的最后一节，我将总结一下到目前为止所讲的内容，并为下一章做准备，试图阐明日常语言分析和基本本体论在何种意义上是历史主义两个不同的版本。

五

乍一看，前面讨论的两种运动似乎不相容。我已澄清两者之间的差异，日常语言分析致力于无纯理之推理，基本本体论则为无推理之纯理而奋斗。不过，第一种情况的结果是在"规则"意义上没有任何的"日常"标准，"日常"的另一种解释所产生的矛盾不会影响这种"规则"。"日常语言哲学"这一名称名不副实，如果我可以打个比方，因为它的数字是基数，而不是序数。这一事实最严重的后果是，没有对日常语言分析的基础或程序的正当性形成统一的理论解释。其实践者就像对语言功能有神圣直觉的人，但却拒绝承认直觉的可能性。无限的具体分析永远无法穷尽对直觉进行描述的渴求，直觉描述绝不是表面的话语分析或相应的具体分析。日常语言分析要么是一种传统主义，尽管它不愿承认，但又确实亏欠数学科学太多，而且缺乏公理化的胆量，要么它就是存在一种不自觉的天赋。①

在基本本体论中，推理思维（dianoia）只是被用来表达自身的无关性。既然关于存在无话可说，那么对这种不可能性的话语表述本身也是无关紧要的，或者更确切地说，歪曲了保持沉默的需求。任何形式的有声言语都可能被理解为对不可接近的特殊天赋的非本真回应。然而，也许由于存在的不可接近性，本体论者的论述比日常语言分析者更加丰富（而且，我得补充一点，他们也更清楚这两种运动之间的联系）。鉴于只有存在能为言论（speeches）优劣提供衡量标准，而且存在又缺席，那么一种言论就会变得与另

---

① 上面最后一句，参见 J. Urmson 的评论 *La Philosophie analytique*, Cahiers de Royaumont, Philosophie, No. IV, Paris, Les de Minuit, 1962, p. 39：用纯牛津方法进行语言分析永远不可能完成。"即便英语已经完成了，但仍需要确定其结论在多大程度上可以适用于其他语言……"对于某些语言来说，比如古希腊语，这完全不可能。

一种言论一样好——在日常语言分析中就是这种情况。在这两种情况下，我们都具有言语的连续体，纯属偶然地内部联结。我必须在下面更准确地说明这是什么意思。

日常语言分析从不同的言语连续体，或人类思想的"自然"媒介开始。我把"自然"一词放在引号里是为了表明从一开始，它就构成了不可逾越的困难。如果人天生是会说话的动物，那么关于人性的科学不仅仅是使用的问题，而是事实。自然这一事实必须对言语进行规范，或者以一种非语言学使用的方式不断接近言语。如果自然这一事实是语言学使用的功能，那么事实也会随着使用而改变，毕竟，这是局部的或历史的。然而，这意味着，人可以通过改变自己的说话习惯来改变自己的本性：举例来说，拒绝说话，至少口头上拒绝说话，他就可以成为一个坚定的基本本体论者。在这种情况下，言语连续体不再是意义的媒介。人们也不能简单地通过把科学真理当作是日常语言的既定事实来回避这个问题。科学语言不仅是超乎寻常的，而且正因为这样，它需要一个超乎寻常的正当理由——即事实对言语进行规范。不过，我只是顺带一提。假定言语从某种意义上说是思想和意义的媒介，那么分析人员通过人类目的从语言连续体中筛选出殊相。我们说的话取决于我们在玩什么样的游戏。正如我们在第一章中所看到的，这一人类目的的学说出现在维特根斯坦所论述的生活形式（Lebensform）和世界观（Weltanschauung）的概念中；对此，我们可以补充说，语言建构从属于人类目的也是实证主义的一个特征，至少在它的一些表述中是如此。①

---

① 例如，卡尔纳普（R. Carnap）的论文"Empiricism, Semantics and Ontology", in *Semantics and the Philosophy of Language*, ed. L. Linsky, Urbana, University of Illinois Press, 1952, p. 219：我们决定基于纯粹实用的立场接受语言学框架，即基于"或多或少的权宜之计,富有成效,有利于语言的特定目的"，参见 Wittgenstein, *Investigations*, I, par. 16, 17, 19, 23, 122, 199, 241, 655。

然而，维特根斯坦（就像实证主义者一样）在讨论"目的"或"意图"作为一种心智或意识的特征时前后并不连贯。毫无疑问，他希望避免陷入心智和身体的二元论；然而，结果是说话的人和说出的话之间的区别并没有得到解释。如果真要避免二元论，可以通过一元论来实现。意识，就像它的对象一样，被看作是对语言连续体的一种修正，是某种程度上的自我区分。吊诡的是，连续体的异质性取决于目的，而目的只有在建立异质性模式之后才能出现。①

让我们对"分析"一词进行简要的语法分析，它隐含在自我区分或自我分析的连续体概念中。"分析"一词源于希腊语：$άνάλυσις$ 是指通过松动或分解的方式"展开（spread out）"，可以被描述为"向上"运动，但更可能是向所有方向或维度的渗透。很明显，"分析"一词与"结构"一词密切相关，我们此前已经发现后者是指"连接，排列"，从而"平稳，均衡地传播"。我说过，一个结构是有序的传播或各相连部分的排列，构成一个平稳、完美、均衡的集成体。任何一种传播的排列或有序都是它的形状或形式，即 $εἶδος$。"分析"就是把已经被平稳传播或连接在一起的东西展开或分解。因此，"逻辑分析"就是试图对形式的排列进行叙述（$λόγον διδόναι$），或者将某种无声结构的模仿放入言语中。在任何情况下，"分析"都发生在对形式的直觉理解之后（恰恰是胡塞尔所说的直觉，"建立在"感知基础上，但又不能简化为感知）。

对形式的任何叙述，最基本的就是要对其内部连接方式进行解释，或者对构成其表达方式的要素的结合方式进行解释。它们是由自然赋予的，还是由先验自我合成的，抑或由历史过程汇集在一起的？我们没有选择上述任何一个问题来提出疑问，究竟"联合（standing together）"原则或者说适用于分析的综合（syn-

---

① 参见 Plato, *Philebus* 18b6 ff. , 其中内在于一元"声音"的发音（字母）由叫特乌斯（Theuth）的神区分出来。对于维特根斯坦和海德格尔来说，神不可得。

thesis)原则是什么？我斗胆论断，在这一点上，维特根斯坦的《哲学研究》是德国唯心主义的无意识延续，只不过是我们拥有语言连续体，而不是绝对自我拥有语言连续体。语言连续体通过自我区分的过程，就其自身的计划或目的进行自我分析。在这里，毫无疑问，与唯心主义的类比被打破了，因为这些目的是语言的偶然事件，相当于事情是如何碰巧发生的。总之，由于不同的目的会对之前综合所定位的东西造成不同的松动或分解，而不同的目的本身源自连续体的不同的松动，这归功于综合对松动处的"固定"或"定位"，很明显，日常语言分析的基本概念是差异（difference）。重复一下之前对维特根斯坦的引用，"我所寻找的是语法上的差异"。①

差异的概念本身既有肯定，也有否定，尽管分析者对肯定有着不假思索的偏心，但语法因素已经告诉我们，"分析"这一名称更接近于消极的而非积极的精神活动。松动的地方会失去它的形状，像水一样蔓延开去，从而像蒸汽一样蒸发，或"向上"移动消散于无形。分析过程，或者说，将连续体区分为异质殊相（主观和客观属格"的"）过程，实际上只是对连续体的同质性的重新确认。日常语言分析的"逻辑"往往会消解于闲谈或沉默中。连续体本质上是巴门尼德所说的一元体（monad）；因为其根本的统一性不可言说，其明显的异质性自然不可言说。就像在基本本体论中一样，分析的言语是一种听觉上的幻觉。差异中的否定性战胜了肯定性。我在这里所说的语言连续体，类似于海德格尔讲过的"存在的发光过程"（the lighting-process of Being）。上述两种情况都有一种内在的运动连续体，在运动进行过程中会自我否定。在上述两种情况下，自我运动的言语（即黑格尔绝对精神自我运动[Selbstbewegung]的派生物）成为使人和物得以显露的媒介，因此，在上述两

---

① *Investigations*, II. viii.

种情况下,都不可能区分说话者及其言语。在这两种情况下,分析和综合之间并没有真正的区别,唯有随着固定而不断松动的差异。①

总之,不论我们称连续体为语言还是存在,它与时间性或历史性是相同的。在这两种情况下,时间性的"差异"或"他性"都是否定。人们可以通过观察这种可能性是先于现实性(actuality),还是比现实性更为根本。换句话说,作为时间上可见的差异,其事实性没有任何的基础或原则,除非是从无到有(ex nihilo)的自我表现或创造。这一点或许可以通过与亚里士多德的简短对比得到加强,亚里士多德关于 ἐνέργεια(能量[energy])的观念在某种程度上为海德格尔关于存在的观念做好了准备。在《形而上学》第八卷中,亚里士多德把"差异"跟 τήν ὡς ἐνέργειαν οὐσίαν τῶν αἰσθητῶν,即可感事物的起作用性存在(the being-at-work)放到一起讨论。他得出结论:"it is(它是)"可以用很多不同的方式说出来,就像各种属和种之间存在很多差异。也就是说,物质是由形式来区分的,而形式之间是由 διαφοράς(差异)来互相区分的。② 这类似于语言连续体是由目的或语言环境来区分的,而这些目的或语言环境与计划或存在-历史情境的本体概念相同。然而,对亚里士多德来说,差异之属是存在的原则,也就是 οὐσίαι(物质[substance])存在的方式。③ Οὐσία(物质)主要是指形式,这和差异是不同的。④ 我的意

---

① 参见 Heidegger, *Identität und Differenz*, Pfullingen, G. Neske Verlag, 1957, pp. 62–63;"在解蔽着的袭来意义上的存在和在自行庇护着的到达意义上的存在者之为存在者,作为从同一者即区一分(Unter-Schied)而来的如此这般有区分的东西而成其本质。"译注:海德格尔,《同一与差异》,孙周兴、陈小文、余明峰译,商务印书馆 2014 年,第 77 页。
② 1043b10 ff. 我只能说,此处讨论的段落彰显出"个体化原则"(即物质)和"区别性原则"(即形式)之间的区别。这一术语是我自己使用的,但它符合亚里士多德的论点,评论者们并未对此予以充分重视。
③ 1042b31. Cf. 1043a2 ff.
④ 1043b10 ff.

思是说,差异指出了形式的"方式",因此与形式相关,并从属于形式。

亚里士多德可以谈及存在 being(这里我使用小写的 being 是为了区别于基本本体论中大写的"Being"存在),是因为他认为现实性优先于可能性,或者通过形式的差异可以对可能性进行(部分)确定,以及通过纯理直觉让形式可以接近言语。我不认为亚里士多德会接受我的观点,我下面会再复述一遍。当代一元论哲学所面临的主要困难是对差异(异质性)进行阐述。要做到这一点而不放弃一元论(monism),唯一的办法就是让一元体(monad)(语言,存在)自我区分,而这反过来又要求将一元体定义为过程或过程域(processive field)。以过程为特征的出现,与倒退、分解或消失是无法区分的,因为不能诉诸于某种外在于或超越过程域本身的出现原则。因此,一元体,有意或无意地,被构想为时间性,或者被构想为过程,在此过程中所处位置等同于否定。当然,我们也可以通过拒绝讨论来避免这种后果,要么是通过语言惯例,要么或多或少把存在认定为虚无。无论哪种情况,结果都是虚无主义,或拒绝用理性思考和理性自我思考的可能性。在所谓的亚里士多德传统中,虚无是差异的组成部分,或是纯理形式领域的结构组成,在一种形式与另一种形式的差异中可以被察觉,但又不同于这些形式,因为每种形式都像它所积极呈现的那样,自我同一或固定不变;然而,"差异"并没有积极的或自我同一的固定性,本质上只有作为同一性的缺席才能被察觉。虚无的可见性依赖于我称之为"某物性(somethingness)"的可见性,尽管这两者的重要性是它们不可分割、相互交织的结果。因此,沉默同样依赖于言语,而且与言语的意义相关。不管是有意义的,还是无意义的,没有沉默的区分功能,一切都不可言说。另一方面,无可以被言说,其意义可以被听到,只因为它本身跟差异并无二致。

第三章 历史和虚无主义

一

到目前为止,我一直试着用言简意赅的方式,来说明我们这个时代最具影响力的两大哲学运动所暗示的虚无主义。这两大运动有一个严重的缺陷,我称之为"历史主义",即无法区分存在和时间。在本章中,我将重新开始,集中讨论尼采和海德格尔思想中历史与虚无主义之间的联系。尽管前两章致力于认识论和本体论,但历史的主题必然引导我们进行更实际的考虑。正如我前面已经指出,我并没有从这些实际的考虑开始,因为我想说明它们是如何由纯粹的理论决定强加给我们的。在作为例证的运动中,最重要的决定是忽视实践而支持理论,同时把理论当作一种实践。这一双重决定是现代哲学的典型代表,它要对过去 300 年间哲学教义的最主要特点先验性负责。理性被认为是一项人类工程或人类工程的工具,但无论哪种情况,它都来自于前理性的欲望层,本质上想要掌控自然。无论我们多么成功地在某些方面满足了这种欲望,但在其他更重要的方面,我们已经彻底失败了。我们无法用理性的方式向自己解释成功的关键,因此也无法解释成功与失败的区别。

第三章 历史和虚无主义

当代人类迫切需要用理性解释理性。然而，人们已经被赋予了认识论，或者是关于理性如何运作的专门讨论。只不过这些专门讨论，即便闪耀着天才的光辉，还是会因为不能追问理性为什么在起作用而在理论上不得不妥协。我们面临这样一种荒谬的景象，理性的代言人既不理解，也不愿承认，在现实的公理方法、科学实验或逻辑建构的基础上，存在着极其复杂的理论和实践假设的网络，而仅仅给出三个例子。他们假设这些方法（techniques）能够自我证明，或者通过进一步阐述认识论方法而得到证明，这简直不可理喻。说这些方法"起作用"相当于什么都没说，除非能够解释前面所说的作用是好是坏，是合理，还是不合理。知识很可能是权力，但权力既可以被明智地运用，也可以被愚蠢地运用。人类对智慧的自然之爱，即对智慧的渴求，以及当代理性主义者常常对这种渴求所表现出的非自然之鄙夷，导致意识形态被扭曲为"形而上学"或综合思考的替代品。用具体的政治术语来说，结果既令人好奇，又令人沮丧。在失去了现代理性主义创始人的热情和信心之后，这些现代理性主义的当代追随者们一旦从认识论的洞穴中走出来，就再也无法与他们的非理性邻居区分开来了。

让我强调一下。今天，在政治领域的理性讨论，必须与哲学教授们的政治讨论泾渭分明，尽管这些教授把自己的职业伪装成理性主义者。当然，在某些方面，这两种讨论可能完全是一回事，但它们之间并没有必然的联系。如果认识不到现代理性主义的失败，就不可能理解浪漫非理性主义在当代社会中的力量。当理性无法言说自身的善却必须诉诸习规、情感或意识形态时，它就会助长把理性控诉为恶。如果善与恶同样不合理，那么表示理性"超越善恶"的各种意义就不可能区分开来。结果就是虚无主义。

为了适当地讨论历史主义，有必要讲一讲现代理性观念的发展。我们可以从这一观念的两个主要特征入手,这样不论是支持还是反对理性的人都会接受。第一个特征认为理性与数学相同,或者说理性效仿数学的范式。这样说来,"理性"是一种计算,测量,或凭直觉了解数字和几何形式;或者是理解演绎结构的存在和缺失(presence and absence),进行"逻辑推理"。关于理性的第二个特征认为,它与历史意识相同,或者说,它是历史意识的产物。这可以被理解为,理性能力要么是历史个体的主观产物或计划,要么是全部历史进程的更普遍的决定。这两个特征,"数学的"和"历史的",绝不是相互排斥的。正相反,现代哲学是"数学"和"历史"观念逐步整合的结果。换言之,现代哲学是新"数学"和"历史"观念的结果,也是一个新理性观念的结果。我们所关注的这个新观念,其具体特点是,人们普遍认为理性不能引导我们选择我们赖以生存的目的或价值观,也不能引导我们发现蕴含在生活中那些连贯、正直或完整的目的或价值观。

简而言之,这一观点有三种主要形态。第一种形态认为,理性仅限于推论、澄清意义并确定命题的真与假。第二种形态认为,尽管理性涉及到目的或价值的选择,但整个过程是历史情境的一个功能;至少在非马克思主义的世界里,这通常意味着不能为历史的运行或进程提供任何理性。第三种形态认为,即使是在该观点第一种形态下被分配的任务中,理性也是一种更基本理解方式的奴隶、雇员、工具或衍生,如情感、情绪、生物或生理倾向,等等。上述观点的三种形态可以相互结合,产生广泛的哲学立场。然而,在这些多样性中,是一种基本的统一,源自上述对数学和历史典型的现代概念的整合。例如,一些当代的思想家坚持区分"事实"和"价值",实际上遵循的是休谟对"是(is)"和"应该(ought)"之间的区分。其他人会否认这种严格的区别,但代价就是要么让事实成为价值,要么让价值成为事实。我这里一方面指的是尼采的追随者,另一方面指的是实证主义或科学行为主义的各种形式。这些情况的共同特征就是无法支持这一观点，即一个目的或价值在本质上比另一个更合理。

现代对事实与价值之间相对地位的混淆，是由于对理论与实践这一传统区别的误解或夸大。对人们尝试从精神层面发现"事物是怎样的"（理论）与人们尝试确定人类各种行为模式（实践）的相对程度之间的区别，亚里士多德阐述得清楚，柏拉图则含糊其辞。然而，对于两位思想家来说，这两种精神活动恰恰因"世界的逻辑结构"而相互关联。当然，这里的"逻辑"跟当代崇拜者对该词所附加的含义完全不同。希腊语"道/逻各斯"（logos）意味着言语和理性。对于苏格拉底式的哲学家来说，世界是"合乎逻辑的"或"合理的"，因为它为我们提供了一个基础，可以对各种人类活动的相对价值进行有意义的讨论。因此，理论与实践之间的联系，并不是认识论中的抽象论证，也不是世界历史中想象出来的发展模式，而是人的本质，即说话和行动的动物。本质上存在一个理性基础，来区分和回应不合理（unreasonable）。亚里士多德传统仍然存在于我们的日常语言中，从这个意义上来说，它指向理性言语，是审慎考虑或实用智力的结果。

传统的理性观念与"善"的概念密不可分。这个概念反过来又包含了两个维度，我们可以称之为"高尚"或"美丽"，和"有用"。现代哲学，尤其是它的经验主义分支，往往以这些术语的彻底分离为开端（尽管"美丽"迟早会被重新定义为"有用"）。这就是说，人性中理论与实践的统一被忽略了；取而代之的是人的实用本性两个维度之间的新划分。有用与高尚或美丽分离，有两个原因，它们似乎彼此对立——一方面是基督教的影响，另一方面是数学的影响。对基督徒来说，"善"指向终极的上帝，也就是指向一种超脱世俗的或超理性的维度，而"有用"则主要指向本质上自私自利的现世算计。① 换句话说,"效用"(utility)主要指的是人的堕落状态,因此与罪而非善有隐含关联。在 17 世纪,以数学为导向的哲学家(莱布尼茨是个例外),无论把数学看得有多么高尚或美丽,都会认为"理性"是辨别几何和逻辑形式的活动,或者是理解"这个"世界的结构。"有用"是人类力量的理性延伸,这要归功于对构成经验基础的数学秩序的理解。② 在笛卡尔的名言中,人类通过自身力量的延伸,使自己成为"自然界的主宰和拥有者",从而不可避免地削弱了上帝的掌控和力量。

在深层意义上,现代哲学接受了基督教把"效用"和"罪"联系在一起,当然,其根本区别在于它否定了"罪"的宗教意义,称之为"自由",不管它是"自身利益",还是"自我实现"。向现世的转变,尽管某种程度上反抗了来世的权威,却也为我们提供了数学与历史之间的联系。现在看来,要想改变这个世界的秩序而不是简单地去了解它,就要专注于其特定事件。因此,马基雅维利(Miachiavelli)通过区分古代的理论和实践开创了现代政治哲学。前者是误入歧途的,后者是值得赞扬的;要想理解古代实践,就必须转向对历史的研究。这项研究不仅仅是学术研究;过去的教训可以直

---

① 这种区别也许在康德的伦理学中得到了最清晰的表述,因为康德试图给基督教教义一个"合理"的表述而没有将其转变为一种理性主义。康德对最重要的(善意)的认同,既基于超理性(或他对知性[Vernunft]和理性[Verstand]的区分),也与当代非理性主义的始祖——克尔凯郭尔(Soren Kierkegaard)对悖论的强调一样。关于基督徒强调善意优于聪明才智,参见 Saint Thomas, *Summa Theologiae*, *Prima Pars*, Q. V, 4。接着在 Q(VI, 4)中,圣托马斯(St. Thomas)断言,事物的善吸收神圣的善而成为内在固有的。其重要性在于明显坐实了"其他科学"从属神圣科学(I, 6)。关于基督教(通过奥古斯汀)把异教徒功利观(西塞罗)降级,参见 H. Blumenberg, "Kosmos und System", in *Studium Generale*, *Heft 2*(1957), p. 68, esp. n. 33。关于理性与意愿(烙印在人心的道德法则)的分道扬镳,参见库萨纳斯(Cusanus), F. Borkenau, *Vom feudalen zum bürgerlichen Weltbild*, Paris, Librairie Félix Alcan, 1934, pp. 43 ff。

② 虽然用数学术语来认识秩序的最初动力来自于柏拉图的影响,但是把数学本质理解为适用于研究和操纵可感世界,这一转变是 17 世纪反抗"古人"的最重要因素。

接应用于现在的情况,未来也可以根据人类的力量而改变。马基雅维利因此预见到实验科学家对自然的态度:

> 敢作敢为要好过谨小慎微,因为命运就像一个女人,如果你想要她俯首帖耳,你就必须打她,虐待她。我们看见,比起那些行事冷静的人,她更愿意被敢作敢为的人征服。因此,命运像女人一样眷顾年轻人,因为年轻人少了一份谨慎,多了一份粗暴,能更大胆地制服她。①

作为马基雅维利的学生和科学的传播者,弗朗西斯·培根说,为了理解自然,我们必须折磨她或把她约束"在艺术的试炼和诉累(vexations)中"。在同一本书中,培根写道:"知识就像金字塔,而历史是地基。"②在这一观念中,我们已经看到了后康德哲学有关历史思考的迹象。但是,科学与历史之间的联系必须与更深刻的、本身反历史的、作为实践(praxis)的理论观念相结合。

这个更深刻的观念发生在笛卡尔的思想中。我们需要提醒自己,这一备受讨论的情况只涉及一两个方面。第一个方面是"秩序与度量"和心智(mind)之间的联系。在《原理》(*Principles* II, 64)中,笛卡尔将普遍科学中"普遍的"、被象征性地展现并掌握的对象,等同于世界的实质,具有物质或广延的性质。换句话说,世界的基本结构由抽象的、象征的数学对象组成。对秩序和度量的研究既是数学研究,也是物理研究,但它也是对思维(thinking)或计

---

① *Il Principe*, p. 101, in *Il Principe e Discorsi* (Milan, Feltrinelli, 1960), *1*.
② *Advancement of Learning*, ed. Spedding, Ellis, and Heath (Boston, Brown and Taggard, 1860—1864), 6, 188, 221. 参见 R. F. Jones, *Ancients and Moderns*, Washington University Studies (Saint Louis, 1961), p. 56:"相比他所有的哲学观点,培根对自然历史的观念及其重要性影响了17世纪……在17世纪50年代到70年代,受到这一认识的鼓舞,科学家们最想做的就是为这样的历史贡献出自己的一份力量。"

算(ratio)的研究。数字符号,本身多种多样,被笛卡尔称为 *ens rationis*("理性的存在"[*being of reason*])。它来自于纯粹的智力;广延的图形或形状在想象中再现,从这一"画面"中,数字的象征概念被抽象出来。如果把《原则》(*Regulae*)和《原理》(*Principles*)中的内容结合起来看,那么笛卡尔在教导我们,思想是直觉,是通过想象来观察广延的主要形式和属性。① 这些主要形式虽然是人类心智的产物,但依赖于(胡塞尔意义上的建立在)通过感觉和想象对自然形式的理解。

更具体地说,笛卡尔区分了三种形式的观念(ideas)——天赋,外来,和根据事实本身(*a me ipso factae*)。② 我们这里可能会把外来观念看成无关紧要的。我这里所说的观念是数学物理的形式和概念,通过计算(ratio)结合作用于外部世界的想象操作而产生。不过,这些抽象结构本身也受到先天观念或一般观念的检验,通过这些观念我们才能理解事物是什么,即真理。③ 笛卡尔似乎把他对思维的定义看成是直觉,直觉被界定为服从于天赋观念或神造观念的检验。他的这种"神学"学说使理性或数学秩序依赖于上帝的意志。由于人类无法接近上帝的意志,我们被迫像莱布尼茨一样得出结论:这一学说将上帝定义为专横的暴君。④ 至少可以这样说,我们对上帝的认识以及对理性秩序的认识,实际上来自于我们对清晰准确观念的检验,也就是说,来自于我们对自身理性能力的反思。只要上帝选择不行使他的专制权威,人就会成为他的代理。一个愤世嫉俗的人可能会重申这一学说,认为人是一个

---

① *Regulae* IV, V; *Principles* 11, 64.
② *Meditationes* III (Adam-Tannery, 7), pp. 37—38. Cf. Second Responses to Objections, A-T, 7, pp. 160—161.
③ Ibid., pp. 38, 44, and VI, p. 73.
④ 参见莱布尼茨的 *Discours de metaphysique* 和 Werner Conze, *Liebniz als Historiker*(Berlin, 1951), pp. 47 ff. 。

第三章 历史和虚无主义

神,其局限性是由命运施加的。

幸运的是,我们只关心笛卡尔的历史影响,无须对他的神学立场作出最终评判。无论他的最终目的是什么,笛卡尔把思维定义为(看上去定义为)对数学直觉、想象和依赖于上帝或人类意志"天赋"观念的检验。如果我们把这种模糊的思想观念,与马基雅维利和培根对实验和历史的强调结合起来,结果就是现代理性解释的基础。计算(ratio)是"权力意志",在数学用语中被阐述得很清楚,但在某程度上,它被"我思主体"(ego cogitans)言说,由"我思主体"所创造。心灵活动的纯粹智力或纯粹理性,如果不是被创造出来的,至少是由心智自身通过意志行为产生的,比所有其他思想都更高尚,因为世界的秩序和确定性取决于它。① 这一意志行为的高尚之处在于对人类自由的主张;而且,只要人是自由的,他就像上帝一样。也就是说,人在主宰自己或自己的欲望时,人如同上帝。② 作为欲望的主人,我们是意志的主人,意志产生思想,因此我们也是思想的主人。③ 我们获得了宽宏(generosité),即现代版人类伟大灵魂的自豪。④

没有必要对引自笛卡尔的那些段落穷追不舍,我们不过是为了让这些段落对我们的探究有意义。人类是自由和神圣的,在某种程度上,人从自己的精神(mental)过程中产生自然,并强迫自然服从他的意志。对理论的"数学"认识实际上是一种实践理论。理性的定义是,或接近于,符合人类意志的建构。对笛卡尔

---

① *Les Passions de l'ame*, I. 19. Cf. *Meditationes* IV, p. 57.
② *Passions*, I. 19, III. 152.
③ Ibid., I. 17.
④ Ibid., III. 153. 笛卡尔所说的宽宏(generosité)实际上是主张人的独立,或者像我认为的那样,是对斯多葛派道德的无神论解读。对独立和自豪的渴望,或者哲学家想成为上帝的愿望,都是由"笛卡尔式"思想家马勒伯朗士(Malebranche)提出的,他在这一点上批评了笛卡尔却没有提到他的名字,参见 *La Recherche de la vérité*, Bk. II, Ch. 4.

来说,历史可能是一种人类创造,这取决于我们能够对命运施加的有效力量。在随后的现代哲学发展中,命运被重塑为历史意识,将对人类意志进行报复。我在这里只能提到两条并行的发展路径。第一条是我思主体的逐渐时间化过程(temporalization),在卢梭的学说中达到顶峰,即人类心智,或理性,本身就是历史的产物。第二条是基督教末世论向历史哲学的转化,在黑格尔的学说中达到顶峰,即人类心智本质上等同于历史的理性秩序,因此等同于上帝。

二

我们简要介绍了从古典到现代理性观念的转变,旨在揭示现代哲学中两大主要分支之间的内在联系和显在冲突。如果上述说明恰如其分,那么从中可以得出许多推论,每个推论本身都能自成一章或一卷。就我个人而言,以下的简要评论必须让我自己感到满意。为了理解历史主义对理性的攻击,人们必须牢记现代理性观念如何由其支持者形成。如果"推理"意味着"认识","认识"是为了辨别数字和几何规则,那么关于数字和形状的"高贵"或"低贱"的陈述没有任何理性的意义,也不知道上帝创造这些数字和形状的意图何在。无论我们是否希望或相信数学规则的末世论意义,都没有任何理性的证据或迹象表明这些希望和信仰。从这个意义上说,受到数学启发的哲学证实了基督教的"基要主义"论点,即信仰是超理性的(extrarational),甚至是荒诞的。因此,17 世纪数学哲学的"神学"影响,远不及中世纪迈蒙尼提斯(Maimonides)、阿威罗伊(Averroes)和圣托马斯(Saint Thomas)这些伟大人物的学说所产生的影响那么理性。新哲学主导或有力地推动了这样一种观点:除了"有用"之外,所有关于"善"的表达都不含有认知或理性的内容,不管对人类实存来说多么必要。总而言之,它在确立这种观点时起着决定性的作用,即人们可以理性地谈论效用,但不可以理性地谈论高尚或美丽。①

现代性的伟大奠基者们相信以数学为导向的科学也可以精确、客观地解释人类的本性。物理学与人类学的不同之处在于,人类的运动原理以完全相反的方式被理解为自豪与恐惧、对荣誉的热爱和对物质享受的渴望。运动的计数(number)和人类对数字赋予的意义之间存在着脱节,意义无法由数学或物理学提供。17世纪哲学关于人类本性的根本困惑是,人同时被解读为既处于上帝之光,又处于野兽之影。当代虚无主义的起源有一点很重要,当人们驾驭自然的自豪和信心消失殆尽时,上帝的光芒随之熄灭,人类发现自己处于野兽的阴影里。如此看来,理性力量,由人类所定义和行使的最合理和最强大的力量,最终必然导致人性的毁灭。从这个角度看,到康德为止的现代哲学,难解之题并不是二元论,而是其内在的一元论虚无主义倾向。

这种倾向在大卫·休谟(David Hume)的思想中非常明显,在进行当代讨论时,他肯定同时被经验主义和存在主义奉为鼻祖之一。假如把他当作 20 世纪语言分析的认识论学者或先驱,就不可能对休谟的历史价值作出公正的评判。更准确地来讲,休谟的理论与认识论无关,因为他否认为知识提供逻各斯或完整解释的可能性。休谟不是通过伽利略、笛卡尔和牛顿的柏拉图式数学物理确定自己的立场,而是通过个人的感觉印象,或者今天所谓的"生命感受体"(lived body)。在休谟看来,观念由感觉印象引起,而感觉印象则由感觉器官或想象产生。② 事实上,由于印象的推理取决于记忆,而记忆仅仅是想象的一种微弱形式,因为没

---

① 把美与善区别开,把善看作便利(便利是从内部被理性感知的,而美丽是从外部被感知的),参见 Descartes, *Passions*, Lxxxv; cf. Cxlv, Cxlvii,一方面是真理与谬误的区别,另一方面是好与坏的区别,参见 *Meditationes*, Adam-Tannery, 7, p. 15。
② *A Treatise of Human Nature*, Oxford, Oxford University Press, 1955, pp. 4, 8 ff.

有"自然秩序",没有恒定不变的印象约束想象,所以理性从属于想象。① 所有的推理都像假的(false)一样,因为"我们……别无他法,只能在一个虚假的理性和根本没有理性之间作出选择"。② 我们从忧郁中得救,忧郁是攸关人类存亡的恐惧的前兆,而理性通过充满激情、感官刺激、实实在在的日常生活把我们引向恐惧。③ 把稳定性和同一性的缺失当作接近理性的方式,这意味着哲学,或者说"冷静的热情",是一种似是而非的推断,从运动中推断出静止——这与风俗、习惯、感情有关系,也与品味或偏好有关系。④ 理性是情感(passions)的奴隶。⑤

休谟对这些主题的介绍比较冷静自持,而在尼采的创造力和权力意志中,则充斥着一种更热情(因此或许更合理)的形式。对休谟来说,自由使想象变得热情,就像它让笛卡尔变得兴奋一样,但笛卡尔暗示,想象所具有的力量为人类意志和广延世界之间搭起了桥梁,这一观点在休谟理论中从未出现。我们从休谟接受洛克对天赋观念的批判可以很好地理解这一点。看上去,通过对我思主体进行内省分析,休谟似乎转向了笛卡尔立场,但他再也找不到我思主体的结构或统一原则。数学推理的必要性究竟是取决于清晰准确的理据,还是为清晰准确的理据提供保证,笛卡尔对此语焉不详,而休谟却说得清清楚楚:

> 必然性,就像让二乘二得四,或一个三角形三个内角之和等于两个直角之和那样,只存在于理解行为中,用来思考和比较这些概念;同样,把因果联系在一起的必然性或力量,也存在于心智对因果之间所作的决定。⑥

---

① Ibid., pp. 265—267, 251.
② Ibid., pp. 268—269.
③ Ibid., p. 270.
④ Ibid., pp. 437, 103, 115.
⑤ Ibid., p. 415.
⑥ Ibid., p. 166.

休谟从思维主体开始,以怀疑论告终,因为他发现这一主体除了个人的印象和思想以外什么都没有。也就是说,他只发现了经验的时间变化,或者是个体的初级历史性。有人可能会说,休谟得出这个结论,是因为他没有意识到数学效力的重要性。然而,即使是康德,也不能仅仅通过引用数学效力,把个体从纯粹的历史变迁中拯救出来。相反,他必须通过超越经验的两个维度来解释这两个维度。休谟没有论及这样的超越,但考虑到思维个体的优先性(显然得到笛卡尔的认可),休谟的结论在情理之中,也许是不可避免的。如果我的想象和意志因习惯而发生变化,能赋予客体某种特性,那么为什么数学应该具有超越这种特性的效力?想象的火花可以被情感点燃,也可以被情感熄灭,关键它能够自由地产生任何它想要的印象秩序。因此,评估这些生成秩序的相对价值——既然我们能够预见 19 世纪的历史主义,姑且把这些秩序称之为"世界观"——是一个情绪或审美趣味的问题。它们是人类意志的计划(projects),受历史情境中的"东西"制约。

对休谟来说,幸福取决于偶然,或者如海德格尔后来所说的那样,我们的历史命运(尽管他讲的是"本真性"[authenticity],而不是"幸福")。我们成为什么样的人取决于我们是否足够幸运,拥有适当的情绪(海德格尔)或足够丰富的想象力(尼采)。休谟并没有提到"历史"(为此,他后来预见性地放弃了哲学),而是提到了习惯和风俗。在这里,我们看到 20 世纪经验主义者的理论和实践原则,特别是那些把对休谟的赞赏与后期维特根斯坦的影响相结合的经验主义者。幸福、善良和通常意义上的实用美德,缺乏一切理性内容或正当性,符合普遍接受的口味,依赖于习惯化。世界的意义在于人类如何看待世界。当然,休谟声称已经揭示出"外显"或出现过程的一般形状(shapes)。即使人们援引休谟理论的内部证据忍住不去批评这一观点,最多只能说它是描述性的或"现象学的"。① 换言之,休谟并没有完全抛弃推理的数学模型,而是遵循它在经验历史科学中的变体——即在个体事实中研究"何为是"(what is)。与尼采或海德格尔一样,对休谟来说,实存的特征是事实性。

有关现代理性主义的简短而必要的回顾,我们就说这么多。我希望达成共识,尼采、海德格尔和存在主义者将虚无主义归因于理性主义的后果,并欣然接受理性主义对理性的定义,这毫不意外。这一定义从一开始就注定要受到两个方面的质疑。首先,把理性化简为在计数、排序、直觉理解几何图形和推断等方面的计算(ratio),使得无法用合理的术语来描述理性活动。其次,理性活动,无论最初有什么样的神圣力量,都植根于人类的想象、意志和情感中。计算在灵魂的情感中的运用并不是自豪的基础,相反,却为忧郁症提供依据。由于人类情感所具有的价值不过是事实,而事实的模式不过是偶然,人类再次被运气打败。与马基雅维利的想法相反,运气尽管备受折磨,却在失败中大获全胜。

并不是所有的现代理性主义者都屈服于忧郁症。然而,这可能是他们缺乏思想的表现,而不是灵魂力量的标志。比如,当前流行的"科学人文主义",除了不加批判地将尼采对科学的解释庸俗化为自由的创造精神、权力意志的表达之外,还有什么别的东西吗?即便一位科学崇拜者,也可能会因为不喜欢实证主义与浪漫主义联姻的景象、更喜欢笛卡尔式的自豪感或者尼采式的创造力,而被原谅。无论如何,这也许是现代理性主义认识论的最终哲学后果,就理性的合理性而言,它营造了一种与尼采学说无法区分的

---

① 可以看看梅洛·庞蒂(Maurice Merleau-Ponty)对现象学"实证主义"的观察,参见 *Les Sciences de l'homme et la phenomenology*, Paris, Les cours de Sorbonne, n. d., p. 9.

第三章 历史和虚无主义

局面。我们将对当代理性虚无主义中一个重要例子进行简要分析,然后结束这部分的研究。假设我们像今天许多科学人文主义者一样相信,所有的心灵(psychic)或精神(mental)现象都可能被简化为生化过程,从而在数学上计算出能量分布。那么这个信念本身,以及相信它的自我,又是什么情况?

首先,如果这个信念是真的,那么它本身就是生化过程的一个实例,是作为身体器官的大脑的电兴奋(electrical excitation),是一种广延(extension)、物质或能量模式。除了数值之外,它没有任何"价值"。因此,真理(truth)的唯一事实(假设它是对的)不带有任何理性或科学的建议,更不用说它有必须被相信的义务,若真如此,它必须被认为是合理的信念。如果合理就是有用,那么接受抹杀人与尘土(man and dirt)之间尊严差别的教义肯定不合理,而且有害。另一方面,如果"合理"意味着"真",且有问题的教义是真的,那么我们仍会或明或暗地遵从"人应该接受真的东西"原则而接受它。那么这个原则又是什么情况呢? 如果人应该接受真的东西这一点是对的,那么认为真理本质上是对能量模式的数学描述就不可能是对的,因为如果这些模式被认为是现实的终极层次,且任何表面的或虚幻的层次都要还原到终极层次,那么这些模式并没有为重建道德或心理规则提供任何依据。如果人应该接受真的东西这一点是不对的(假设"对"和"应该"不相容),而仅仅是我们有时会有这样的倾向,那么真理,以及理性,就必须与决定我们接受或相信的动机区分开来。换句话说,没有理性,没有合理的理由说明为什么必须相信对的而不相信错的。命题 X 为真这一事实,不足以让一个有理性的人拥护这一命题,特别是如果它证明,作为人,或正在考虑是否接受 X 的有意识存在,他就是一个幻觉,因此不存在于那些让接受或否定命题 X 的辩论变得理性的词项中。

那么,在这种情况下,命题 X 为真这一事实自相矛盾地转化为一种价值,即我们认为合适的可以相信或不相信的东西,或取决于我们认为是否值得相信的东西。这种转化之所以自相矛盾,是因为 X 实际上强调了事实和价值之间的根本区别。将当代理性主义原则的主张自我转化为价值,等同于尼采和其他人将哲学转化为诗歌。在第一种情况下,在事实和价值之间作出区别,这使得价值不合理。在第二种情况下,事实被重新定义为一种特殊的价值,这使得事实不合理。当代虚无主义者的处境是这两个(基本相同)过程的综合:总的效果是使事实和价值都不合理和毫无价值。由此可见,科学家和人文主义者之间并没有真正的区别。如果认为虚无主义能被热力学第二定律的知识所克服是愚蠢的,那么认为虚无主义会屈服于诗歌鉴赏是同样愚蠢的。如果认为人类的救赎就在于这样的知识和这样的鉴赏的结合,那么我们对这一观点又能说些什么?

三

主宰自然的现代计划始于笛卡尔的自豪感,终于叔本华的悲观主义和尼采的虚无主义。我在这里谈到的哲学观点,或阐明或遮蔽了科学发现和技术发明的人类意义。从自豪到虚无主义的情绪转变在更深层意义上与数学的历史解释相对应;更具体地说,它与历史哲学的青年和老年相对应。因此,20 世纪科学技术成就所取得的自豪,在很大程度上被精神的焦虑和厌恶抵消了,更糟的是,正如尼采所预言,被最后一批间歇出现的后虚无主义者抵消了。谈到歌德时,尼采曾经问道:"19 世纪,尤其是 19 世纪末期,难道不是一个强化的、残酷的 18 世纪,一个堕落的世纪?"① 根据尼采所说的精神(Geist),人们或许会补充道:"20 世

---

① "Streifzüge eines Unzeitgemässen", in *Götzen-Dämmerung*, ed. Schlechta, par. 50, p. 1025.

纪,至少到目前为止,难道不是一个削弱的、庸俗的 19 世纪,一个全球动荡的世纪?"无论我们如何看待自己时代的问题,尼采显然代表的是 19 世纪敏锐的权威精神。正如歌德在 1831 年,他自己去世的前一年,对爱克尔曼(Eckermann)说的那样:"尼布尔(Niebuhr)是对的,他看到一个野蛮时代即将到来。它已经到来,我们已经身处其中;如果不是在糟粕中取其精华,野蛮又能取决于什么?"①

　　这些话,从各种各样的理论和实践角度被各种各样的观察家们所引用,可能会被无限放大。但证据众所周知,事实上,广为流传——从莱奥帕尔迪(Leopardi)、托克维尔(Tocqueville)、布克哈德(Burckhardt)、勒南(Renan)、赫尔岑(Herzen)、陀思妥耶夫斯基(Dostoïevski),到克尔凯郭尔(Kierkegaard)、马克思(Marx)以及尼采本人,更不用说其他人了。② 用尼采的话来说,19 世纪产生了"一种整体结果,不是歌德,而是一种混沌,一种虚无主义的叹息,以及一种不知从何而来的疲惫的本能"。如果我们从尼采的角度来审视这一结果,怎么才能从根本上理解它呢?我认为有两个方面是至关重要——一是混沌与创造力之间的联系,二是由历史意识引起的疲惫。现代计划,作为权力意志的根本体现,是人类的创造,是世界得以产生的混沌因素的新世界或新视角。③ 但是,每一个新的创造都必须从前人的废墟中升起,就像凤凰涅槃浴火重生一样——它象征着权力意志在整个

---

① *Gespräche mit Eckermann*, 22 März 1831, ed. E. Beutler, Zürich, Artemis Verlag, 1948, p. 487.
② 相关引用参见卡尔·洛维特(Karl Löwith)的文章,"The Historical Background of European Nihilism", *Nature, History and Existentialism*, Evanston, Northwestern University Press,1966. 洛维特一生致力于后黑格尔时代的学术研究,其中许多内容对我们的主题来说极有价值。
③ 有关尼采透视主义(perspectivism)或创造力学说的最清楚表述可以在《权力意志》(*Der Wille zur Macht*)的片段中找到,不管原本的传统排版是怎样的。

历史变革中的恒定。① 同理,艺术家和战士之间的联系,以及尼采对硬度和勇气的高度评价。伟大的创造者也必须是伟大的破坏者;在破坏或加速过去自然衰退的过程中,他也破坏了自己的历史意识,变得像个孩子,摆脱了对旧世界的忠诚和复仇,能够在天真无邪的嬉戏中创造出新的价值。②

就此,尼采区分了高等的和低等的虚无主义。高等的虚无主义通过加速破坏低等的虚无主义,破坏旧世界的病态、软弱或颓废,来净化和强化人类。③ 因此,琐罗亚斯德(Zarathustra)的高等学说被比作纵火:堕落的城市必须被燃烧殆尽,以便让超人从灰烬中崛起。④ 既然现代计划已经终结在颓废的虚无主义中,为了打开未来启示的可能性,亟需一种更为激进的创造力虚无主义,一种"西方形而上学的毁灭"。在这里,我们看到笛卡尔的自豪和意志,驱散了笛卡尔的审慎,用诗歌取代了数学。琐罗亚斯德不再是物理学家,而是卢梭式的独行者,他的审美情感被宙斯的闪电所强化,而他的孤独被新历史时代的可能性所克服。不过,毁灭的诉求始终隐含在克服的过程中,正如开创了前一个时代的笛卡尔教导我们:

> 的确,我们从来没见过一个城市的所有房屋,仅仅因为要

---

① *Also Sprach Zarathustra*, Vorrede, par. 2.
② *Zarathustra, Werke*, ed. Schlechta, 2, 294, 297—298, 305—306, 311—313, 358—359, 394—396, 407—408, 460; *Der Wille zur Macht*, ed. A. Baeumler, Stuttgart, Alfred Kroner Verlag, 1959, par 796—797, 983. 嬉戏的重要性从康德经由席勒作中间人传递到尼采。后海德格尔的表述,参见 E. Fink, *Nietzsches Philosophie*, Stuttgart, W. Kohlhammer Verlag, 1960, p. 189:"游戏着的人,他绽放地向狄奥尼索斯式的无形态-获得形态着的(gestaltlosen-gestaltenden)游戏着的神敞开着,并不在一种无条件自由的无目的转换着的意欲中生活;他是在世界的游戏中一同游戏的人,并且非常需要这个必然的东西。"
③ *Der Wille zur Macht*, par. 39—47, 55, 62, 110, 112.
④ 参见 n. 26,同上。

用另一种方式重建它们,因为让街道变得更加美丽,而被夷为平地。不过,人们常常会看到很多人为了重建家园而推倒房屋,甚至有时当地基不安全、房屋濒临倒塌时,人们也会被迫将它们拆毁。①

笛卡尔接着说,普通公民想从根本上改革国家的基础,或者以同样的方式改革科学体系,这是不合理的。尽管如此,他还是决定用自己的"观点"来做这件事;即不管他多么谨慎地表达自己的观点,他都要在新的基础上建立自己的生活。

笛卡尔的审慎是由当时的宗教和政治形势决定的,这与他所倡导的启蒙精神背道而驰。如果不篡夺上帝的权威,人就不能成为自然界的主宰和拥有者。从这些方面,《沉思录》开始思考可见的自然秩序中存在的不可靠性和潜在的邪恶起源,同时强调自力更生或主观确信,这样的《沉思录》可以被解读为革命者的手册。笛卡尔在给梅森(Mersenne)的信中写道:

> 我跟你说,就你我二人知道,这六种沉思包含了我物理学的所有基础。但是,一定不能跟外人说,请你理解,因为那些喜欢亚里士多德的人可能会对[这些沉思录]提出更多异议;我希望那些读过我沉思录的人,会不知不觉地适应我的原则,并在意识到它们颠覆了亚里士多德的那些原则之前,认识到这些原则中的真理。②

可以说,笛卡尔革命在 19 世纪的两大思潮中宣告结束,这两大思

---

① *Discours de la méthode*, ed. E. Gilson, Paris, J. Vrin, 1947, Pt. II, pp. 13—14;参见吉尔松(Etienne Gilson)的评论,pp. 169—170。
② Adam-Tannery, *3*, 297—298。

潮都是为了建立更直接、更暴力的伟大事业,一个是马克思的无产阶级革命,另一个是尼采为超人做准备的虚无主义极端化。在这两种情况下,数学物理都被历史引擎转化为人类创造力的学说。在这两种情况下,尽管表述不同,黑格尔的历史终结论被19世纪欧洲社会的颓废观念所修正,如果历史没有终结,从19世纪欧洲社会的废墟中将会出现一个崭新的时代。因此,尽管这两位思想家有许多不同之处,但研究哪些因素影响了尼采思想的形成也是在研究哪些因素影响了马克思思想的形成。

不过,就目前而言,让我们继续看看尼采的情况。我们还记得,笛卡尔的我思主体充当了现代理性观念中数学元素和历史元素之间的纽带。一方面,自我(the ego)与上帝之间的关系含混不清,另一方面,自我与他者之间(one ego and the rest)的关系也含混不清,下面可以简要地讲一讲。关于今生来世两个世界的传统教义,或者关于在来世获得拯救(不管是理论,还是实践)的教义,在基督教和柏拉图思想中都明显存在,却被一种祈求可以通过今生的行动来创造人类的救赎所取代。然而,由于行动的核心是孤独的自我,所以今生来世的问题被唯我论(solipsism)的问题所取代。如果数学物理是人类心智的一项历史计划,如果"科学世界观"仅仅是一个世界观(Weltanschauung),那么理解历史真相的人与完全受它支配的人存在着根本的分歧。这一点在卢梭思想的顶峰时期最为突出。有德性公民(virtuous citizen)单纯的爱国主义对独行者来说是不可能的,他的遐想构成了精神实存的最高形式。① 我之前提到过卢梭的美感(aesthetic sensibility),其中我们欧陆也有类似于休谟"现象学"怀疑论的对等物。理性对于至人

---

① 有关代表性文本,参见 *Confessions*, Paris, Garnier, 1952, *1*, 9, 218 ff., 2, 179; *Les Rêveries du promeneur solitaire*, Paris, Garnier, 1949, pp. 1, 5—6, 18, 68, 83; *Émile*, Paris, Garnier, n. d., p. 238。

(the highest man)来说,是不可能的,或不能令人满意的,无论这个缺陷是用历史术语,还是用数学术语来表达。

休谟式的怀疑论者(skeptic)从哲学遁入生活世界(Lebenswelt),避免了唯我论(以及虚无主义)。对于独行者来说,这是行不通的,他太过于珍视自己的独特性,导致无法与社会契约的公共意志融为一体。尽管如此,卢梭还是为至人"远离(alienation)"国家政体(body politic)这一问题提供了解决之道。① 在《论文二》(*Second Discourse*,译注:即《论人类不平等的起源》)中,他形成了这样的观念,认为人是历史的产物,人出于自我保护的欲望,对同类产生怜悯,在"自我完善能力"(la faculté de se perfectionner)或"技巧"(adresse)方面比其他动物有优越感,就这样,人从自然或动物状态演变而来。② 更准确地说,虽然人类在历史中变化或演化,但让"反思"(réflexion)或人类理性与纯粹动物性相分离的运动本身是自然的。③ 因此,尽管人类是历史性的动物,但是历史,以及人类,都是自然的产物。我相信,一旦我

---

① 在《社会契约论》(*Du Contrat social*, Paris, Garnier, 1954)中,卢梭用"异化/转让(aliénation)"这个词来总结社会契约的条款,而这个词注定会有一个声名狼藉的未来:"这些条款无疑地也可以全部归结为一句话,那就是:每个结合者及其自身的一切权利全部都转让给整个集体。因为,首先,每个人都把自己全部地奉献出来,所以对于所有的人条件便都是平等的"(pp. 243—244)。因此,异化/转让是"毫无保留地"(sans reserve)脱离自然状态,进入到一个平等的政治社会。异化/转让后来被称为"一桩有利的交易,也就是以一种更美好的、更稳定的生活方式代替了不可靠的、不安定的生活方式,以自由代替了天然的独立"等等;换句话说,它有利于自我保护(pp. 255—256)。就孤独的遐想而言,我们没有资格说同样的话。既不是雅典,也不是阿尔卑斯山地区,只有斯巴达才是政治美德的典范。马克思认为,无产阶级远离社会(与社会异化),而当代的理论家则认为,人们常常听到的是被异化的知识分子。这个词的最初含义是指远离自然(与自然异化),融入社会。如果我们一直停留在马克思主义视角中,就无法理解卢梭使用这个词的用意。

② 核心段落:*Discours sur l'origine de l'inégalité parmi les hommes*, in *Du Contrat social*, pp. 43, 48, 58, 67 ff. 。

③ Cf. ibid., pp. 67—68 and 91.

们明白了这个基本命题:历史来自于自然的原初运动,人类的完美和腐败也是如此,那么卢梭著作中许多明显矛盾的地方,可能未必全部,可以被克服。这是自然的事实(a fact of nature),而非卢梭思想中的矛盾。政治哲学的目的是减缓导致腐败的运动;然而,正是如此,它阻碍了通向完美的运动。在通向完美的运动中也存在着类似的情况。反思似乎是伴随着计算意义上的理性开始的(例如,关于自我保护的计算),但随着它的发展,反思又分成了科学理性和美学遐想两部分;这两部分在很大程度上而非百分之百互不相容。

理性与权力和效用有关;遐想与至美至善有关,与政治意义无关。我们又一次看到在 17 世纪形成的有用和高尚之间的分裂。至高的事物是超越理性的,因为理性与自然秩序或运动规律有关。可以说,自然运动以人类自我意识的形式超越自身。德国哲学登上历史舞台,重新发现斯宾诺莎,试图解决自然与精神(Geist)的二元论。① 解决之道分为两个基本阶段,我们在这里只能简单总结一下。接着是第三个阶段,综合的解体,最终达到尼采所描绘的历史意识的枯竭。第一个阶段是康德发起的哥白尼式革命,休谟

---

① 对斯宾诺莎这位"醉心于神的哲学家"的泛神论解释,在当代学者中仍然占主导地位,主要源于歌德和唯心论者。至于另一种解读,更接近 17 世纪的观点,读一读雅各比(Jacobi)的言论将有助于理解,这位仁兄显然最先在哲学语境中使用"虚无主义"一词,但黑格尔的强烈抨击使他备受争议。雅各比指出,实际上,对斯宾诺莎和莱布尼茨来说,"每一个最终原因都以一个有效的最终原因为前提……思维并不是实体的起源;相反,实体是思维的起源。因此,一些非思维的东西必须被设定为在思维之前的最初的东西;这么个东西,尽管不是完全在现实性中,却是在表象中、在本质中,这种本质根据其内在本性,必须被思维成最先的东西"(Ueber die Lehre des Spinozas, in Werke: Vierter Band, Erste Abtheilung, Leipzig, G. Fleisher, 1819, p. 67)。雅各比继续指出,斯宾诺莎主义和唯心论就是无神论和虚无主义(Jacobi an Fichte, in Werke, Drifter Band, p. 44)。结果是:"所有东西都逐渐地消融在它本己的虚无中(当他试图置身于自己而非上帝时)。不过,人类拥有一个这样的选择;这个唯一的东西:虚无或者一个上帝。他选择性地将虚无变成上帝;这意味着:他将一个幽灵变成上帝"(p. 49)。

把他从教条主义的睡梦中唤醒,并由卢梭设定清晰的路线。当然,这里的问题不是康德是否准确地理解了卢梭,而是他如何改变了卢梭。康德倾向于夸大卢梭的道德和政治部分,而忽视独行者的遐想,可能后者给了他一种不太好的狂想(Schwarmerei)印象。①总之,自然和精神之间的二元论是康德区分现象和本体的基础。人类精神从牛顿物理学的机械必要性中得以保存下来,但代价是沉重的。康德消解了一个二元论,却又创造了另一个二元论,在这个二元论中自然不再像卢梭认为得那样是理性或精神的源泉。其结果是,理性在知识能力这个意义上被重新定义(为心灵[Verstand]),并在操作中被限制到自然现象世界。至高之物,即上帝、自由和永生,都是不可知的。理性(Vernunft),不同于知性(understanding),是规则概念的来源,在道德原则的范畴形式下对善良意志进行表述或限定,相当于有意志的人和理性秩序之间,实际上是和上帝之间的认同。② 虽然实践理性的概念对至善(summum bonum)的可能性来说不可或缺,且在实践上是必要的,但"从理论的角度来看"毫无用处。③

因此,理性的最高功能缺乏认知内容,最终植根于道德良知的事实,或人对自己的尊严感。④ 正如现象世界最终成为先验想象的综合生产力的一项"计划",本体世界也可以被视为人类意志的一项计划:

---

① 参见康德对柏拉图的评论"Von einem neuerdings erhabenen vornehmen Ton in der Philosophie", in *Werke*, ed., W. Weischedel, Wiesbaden, Insel Verlag, 1958, 3。
② 这一看法的充分支持需要对康德的道德著作进行详细的阐释。这里我只能讨论作为普遍立法者的善良意志,以及作为目的王国自治成员的人,然而,人本身在形式上与普遍法则(universal law)是一致的,Cf. *Grundlegung zur Metaphysik der Sitten*, *Werke*, ed. Ernst Cassirer, 4, Berlin, Bruno Cassirer, 1922, esp. pp. 285 ff. and 289 ff.。
③ *Kritik der praktischen Vernunft*(《实践理性批判》), ed. K. Vorländer, Hamburg, Felix Meiner Verlag,1952, p. 154。
④ 自治意志按自身尊严的义务行事。参见 *Grundlegung*, pp. 291 ff. 。

一个正直的人就完全可以说：我愿意有一位上帝，我在这个世界上的存有在自然联结之外也还会是一个纯粹知性世界中的存有，再就是最后，我的延续是无穷的；我坚持这些信念，不会让任何人剥夺我的信念。因为这是唯一的场合，我绝不会放松这些信念，我的兴趣就不可避免地规定着我的判断，而不去注意那些诡辩（sophistries），不管我对这些诡辩可能会多么难以回答，或是多么难以做到以更加明显的诡辩去对抗它们。①

根据霍布斯和洛克等人的经验主义观点，我们只知道我们所做的，康德把这种观点转变为先验自我的综合生产学说。② 这丝毫没有改变，而恰恰强调了，实践之于理论的优越性。③ 笛卡尔革命，本质上是精神上的异教，被翻译成一种世俗的或开明的基督教（确切地说，与笛卡尔主义的精神并非完全不同）：数学物理完全服从于道德。但是，"是（is）"和"应该（ought）"之间的分裂，或者自然和精神的运动，还没有被克服。理性知识最终依赖于信仰，而信仰不堪一击，历史终将消散于情绪和情感中。

在第三《批判》中，康德发展出合目的性原则和目的论学说，以期把知识和信仰两个领域整合起来，但并没有从根本上超越他已经完成的工作：道德和实践理性的首要地位，信仰的首要地位，或

---

① *Kritik der praktischen Vernunft*, p. 164. 关于先验想象的"计划"，参见 *Kritik der reinen Vernunft*, B103（"一般的综合纯然是想象力……的结果"[译注：康德，《康德著作全集》，第 3 卷，李秋零主编，人民大学出版社 2004 年，第 86 页]）和 B130（"任何东西，我们自己没有事先把它结合起来，就不能把它表象为在客体中结合起来的"[译注：康德，《康德著作全集》，第 3 卷，李秋零主编，人民大学出版社 2004 年，第 102 页]）。

② *Kritik der Urteilskraft*, ed. K. Vorländer, Hamburg, 1954, par. 68, p. 248: "因为我们所完全看透的只是那些我们能够按照概念制造和实现出来的东西"。

③ *Kritik der praktischen Vernunft*, p. 140.

"理性的道德思维方式,这是理论知识难以达到的"。也就是说,这是一种"自由信念",即"我们为了某种按照自由法则的意图所假定的东西"。① 然而,有两点对我们讨论的主题至关重要。第一点是以美和崇高的感知形式,部分地再现卢梭的审美情感。对崇高的感知是由于认识到想象与理性之间的冲突,或者认识到人类理性思想无法理解自然。② 这种感知高于对美的感知,强调自然和精神之间的分离,因此尽管它带来快乐,但却始于痛苦。③ 在感知崇高时,我们超越了理性或基于感觉的认知,因此也超越了自然。也就是说,我们自己是崇高的源泉和典范,而不是自然。④ 通过运用我们的超感能力,秩序和可知的神圣特征表现为一种对自然的内在超越。这里,我们辨认出尼采的宇宙论诗学,以及海德格尔通过此在(Dasein)的自我沉思对存在的揭示。

第二点是我在举卢梭的例子时谈到的精神运动二分(bifurcation)。这在第三《批判》"作为一个目的论系统的自然的最后目的"一节中显而易见。⑤ 根据康德的说法,人可以从两个方面被理解为自然的终极目的:一是关于他的幸福,二是关于他的文化。然而,第一个方面是有缺陷的,原因有二:人类对幸福本质摇摆不定,以及自然无法保证幸福被轻易理解。我们必须着眼于人的活动能力,着眼于"为了成为终极目的所必须做的事"。⑥ 本质上,这就是

---

① *Kritik der Urteilskraft*, par. 91, pp. 346—347.
② Ibid., par. 27, p. 103; par. 29, pp. 114—115.
③ Ibid., par. 26, p. 99. 在这里,我们注意到一个关键性的偏差,它并未出现在卢梭的思想中,即偏离了关于实存的自然愉悦的古典学说:一种对主宰自然的需求的"存在主义"修正。在尼采那里,这将成为有创造力的艺术家的苦难;在克尔凯郭尔那里,这是面对罪恶的恐惧。
④ Ibid., par. 28, p. 110.
⑤ Ibid., par. 83, pp. 298 ff.
⑥ Ibid., p. 300. 康德对幸福论(eudaemonism)的批判体现了他对那些骄傲的哲学家的古典"贵族主义"的排斥,这些哲学家主张对基督教伦理进行哲学上的修正。当文化作为不完美的标志也被排斥时,我们已经为"本真性(authenticity)"的狂欢做好准备。

他"一般来说为自己建立目的的能力,以及……把自然用作手段,基本符合他的自由目的准则"。① 因此,如前所述,人是一种工具,通过这种工具,自然在其最高目的或终极意义上显示为超越自身。以前这是一种崇高的顿悟,而现在这是人类"文化"的问题。正因为文化区别于幸福,所以它也承认文化的二分,即技能文化(culture of skill),或曰人类能力发展的不平等,以及整个公民社会的文化,或曰对目的王国的政治反映。更进一步,在技能的发展过程中也存在着二元论;因为它取决于不平等或多数人的苦难,以便为少数人提供安逸,人类的进步就是在"引人注目的苦难"(splendid misery)中实现的。② 由于苦难是人类完美的先决条件,这种从不平等到平等的运动,成为康德历史哲学的基础。

我们可以从四层意义上将"计划"这个概念应用到康德哲学中:认识论(现象世界是先验自我的计划),③本体论(本体世界是道德良知或情感的计划),美学(对美和崇高的感知),以及我们现在看到的,历史。康德自己的阐述表明,这显然是用四种不同的方式看待同一情况。在康德的哲学思想发展过程中,虽然他对历史观的处理最为简单、最不令人满意,但就本章主题而言,它是最重要的。对卢梭来说,精神运动创造了历史,相应地创造了与它形影相伴的,理性。这一产物既带来了人类的辉煌,也造就了人类的苦难,有其天赋异禀,有其道德败坏。在前文的分析中,康德暗示历史具有内在的辩证结构,提出了辉煌与苦难的假想统一。从可考察的范围来看,历史似乎揭露了卢梭隐含的智力和道德美德之间尚未解决的冲突,但如果这是历史的最终信息,那么自然和精神之间还有更深的矛盾,这反过来又印证了上帝的

---

① *Kritik der Urteilskraft*, par. 83, p. 300.
② Ibid., pp. 300—301.
③ 海德格尔在讨论现代理性主义时对这一主题进行了精辟阐述;参见 *Nietzsche*, 2, Pfullingen, G. Neske Verlag, 1961.

理性和善的同一性。除非进步的完成,以及战争、苦难和政治不公的消除,或人类奋斗的终结,至少在人的理念中是可见的,否则"自然禀性在很大程度上必须被看成是徒劳无益的,漫无目的的,它破坏了一切实践原则"。因此,集万千明智于一身的自然,将被怀疑是"只与人类的幼稚游戏"。①

康德的解决方法是寻找一条线索,以了解历史的内在计划,或寻找历史所选择的方法,以使人的才能和政治条件得以自由发展。简而言之,这种方法就是前面提到的精神运动的二元论,或者黑格尔后来所说的"理性的狡计"。人类的自私,对同胞的敌意,战胜同胞抵制其个人欲望和意图的向往,首先会形成社会,然后导致社会之间的竞争和战争,如果我们对未来的感觉、对历史线索的假设是正确的,最终将通往世界和平,或者世界国家。②如果本体世界的道德意义代表了人类意志的工程,那么在历史中辨别这种意义的有限尝试很可能被恰当地指定为人类希望的工程。表面上处于倒数第二阶段的我们,为了虚拟的永恒,必须忍受最大的罪恶,因为历史的终结,精神运动二元论的真正消解,是无限遥远的。至少我们必须从康德的警告中推断出这一点,即完全实现政治解决是不可能的,我们最多只能接近它的理念。当他在几页之后补充说目标是"最遥远的"时,这似乎是"无限遥远"的委婉说法。③ 我们的希望肯定会进一步受到这一事实的限定,即康德提到了历史中人类即将实现的政治,而非道德的完美。康德在另一处说过,建立一个合法公正的国家的问题可以通

---

① "Idee zu einer allgemeinen Geschichte in weltbürgerlicher Absicht", in *Kleinere Schriften zur Geschichtsphilosophie, Ethik und Politik*, Hamburg, Felix Meiner Verlag, 1959, p. 7.

② 另外,除了前一条注释引用的文章,参见"Zum ewigen Frieden", ibid., pp. 125, 139. 关于补充讨论,参见 E. Fackenheim, "Kant's Concept of History", in *Kant-Studien*, Band 48, Heft 3(1956/1957), pp. 381—398.

③ "Idee", pp. 12, 16.

过一群聪明的魔鬼来解决。① 如果真能实现,这可能是充分发展每个人的能力的必要先决条件,而这并不等于完善他的道德本性或意志。因此,当康德说,如果我们认为历史的终结是不可接受的,那么就必须只能到另一个世界去寻找人类的满足和天意的正当性,无论哪种情况,这似乎都是必要的。②

四

就此,试图解决自然与精神的二元论的第一个阶段失败了。康德四个计划中的每一个都从不同的角度说明了这一点。理性和知性的目的只有通过一系列假设才能达到和谐,这些假设不是终结于数学的确定性,而是终结于道德尊严的高度可疑的"事实"。"信仰与知识"(黑格尔的名言)之间的分离在理论和实践领域都存在。我们无法知道理性的美好,也无法实现它的完美。道德本身的终极事实无法在历史中得到确认或实现;看看政治道德和个人道德的脱节。通过将现象世界置于时间中,康德准备好了理性的"历史化";通过把理性的最高表现形式置于信仰中,他准备好了历史主义本体论的"非理性主义"。我们现在将马上转到第二个阶段,即黑格尔试图调和理性与历史,从而使信仰臣服于知识。

卢梭认为,自我意识和理性源于自然;在康德看来,它们从一开始就与自然对立。③ 黑格尔针对这一对立提出了自己的解决方案,他从康德那里得到了这些术语

---

① "Zum ewigen Frieden", p. 146.
② "Idee", pp. 19—20. 在这一点上,法肯海姆(Emil Fackenheim)似乎是正确的,参见其前面被引用的文章,pp. 396—397。
③ 康德认为身体和灵魂的基督教二分,尽管是以高度复杂的方式,但其实源于笛卡尔的"形而上学"二元论。卢梭,至少在《论文二》中,以笛卡尔物理学和霍布斯心理学的方式,从身体运动中都得到灵魂。参见本书第70页注释①中雅各比关于斯宾诺莎和莱布尼茨的引文。

第三章 历史和虚无主义

目前的哲学观点是,理念(Idea)在必要性上已知对立的两个方面,自然和精神,每个方面都展现了理念的整体性,每个方面不仅与自身同一,而且自身也产生同一性,因此是必要的。①

黑格尔所说的自然和精神的二元论,比起笛卡尔以后的现代欧洲哲学赋予这些术语的用法,应该被理解成身体和心智的当代观念最为适当。当代哲学家们通常无法抗拒对人的一元论解释,并顺带对身体形成偏见,不管这种偏见是用行为主义还是现象心理学来表达的。举例来说,"生命感受体"(lived body)就是黑格尔所称的身体与心智在生命中的统一的有限和经验的事实。描述这种统一的经验行为,不管是否充分,既不能理解其统一的原则,也不能理解其统一的维度。从黑格尔的角度来看(更不用说其他角度了),在这个关键点上,当代现象学和实证主义没有区别。两者都以事实性为主导,这种对事实和个体的关注彰显了对黑格尔全部学说的反抗。

让我们看一看海德格尔与黑格尔相左的表述。海德格尔从三个方面阐述了他与黑格尔的不同之处。首先,黑格尔认为存在与存在者的完整或绝对思想(对过去的基本思想的扬弃[Aufhebung])有关;因此,对他来说,思想是绝对概念,即遍及一切众生的概念。与此相反,海德格尔认为存在与存在者的差异有关。"对我们来说,思的问题……就是差异之为差异。"接下来的两点都由此得出。海德格尔关注历史传统,思考生命,不是为了否定它与自己的整套学说融会贯通,而是要找到被传统遗忘的东西,换句话

---

① *Vorlesungen über die Geschichte der Philosophie*, Dritter Band, Sämtliche Werke, ed. H. Glockner, Bd. 19, Stuttgart, F. Fromrnann, 1959, p. 684.

说,要退一步回到西方哲学的起源,"从以前被忽略的领域,真理的本质(Wesen)第一次得以记忆"。① 西方哲学的传统,按黑格尔的说法,把存在看成逻各斯或确定性言语,且方式上必须通过关于各种限定(存在者)的言语;同时,作为存在(绝对)的言语,哲学只有通过展现各种限定形式的普遍性,才能使它们显现出来。特殊性既是真实的,又是理性的,只能在普遍性的内部或作为普遍性的表现形式。尽管黑格尔把普遍性和特殊性的综合称为个体,但事实仍然是,存在被认为是对存在者的本质结构的完整思考,反之,存在者被认为,或者更确切地说,是可思考的,因为它们是存在的各种限定因素。

黑格尔集思维与存在于逻各斯中;我认为,海德格尔集二者于沉默中。"差异之为差异"是独特的独一无二性(uniqueness of the unique),这种独一无二性独立于它在独特个体中的表现形式。同样,传统意义上真理的本源不是言语,而是沉默。海德格尔的"新"思想试图绕过西方的逻各斯,从而以某种方式揭示存在的缺席;因此,就像宗教试图彰显隐匿的上帝(Deus Absconditus)一样,海德格尔求助于诗歌预言的言语。另一方面,像传统的哲学家一样,他试图把此时此地存在于人的思想中的存在看作存在者的缺席。海德格尔的沉默是一种言说的沉默;这种沉默不是通过对事物的理性描述,而是通过沉默的事物本身,被直接唤起或表现出来。传统的或"逻辑的"言语掩盖或歪曲了事物自我呈现的方式。这种"方式"是不同于存在者的存在,在存在者的无声存在中,在万物之泪(lachrymae rerum)中,人类能够接近。存在的缺席作为存在者的事实性而在场。让我们再解释一下这个难懂但至关重要的概念。为了思考存在,人必须忽略存在者。但是,人又必须把存在者看作普遍或绝对逻各斯的各种限定形式,这本身并不是存在,而是从存

---

① *Identität und Differenz*, pp. 42 ff.

在中产生,因此是对存在的限定。当把存在者当作逻辑的投射或建构时,我们就实现了存在在存在者的无声表现中的前语言存在,所以存在者必要的"缺席"和它们必要的"在场"是一样的。这就是海德格尔对胡塞尔著名论断"回到事物本身"的修正。海德格尔的"差异之为差异"是对尼采所说的每个存在者的独一无二性的极端化说法。存在-过程,或极端的差异化,只表现为差异,即不同的事物。因此,正如我在前一章所论证的那样,纯粹意义上的本体论言语从一开始就是不可能的。同样,为了理解存在而强制忽略存在者也是不可能的。在存在者产生过程的无声显现中,在天、地、神、人四重整体或轮舞中,海德格尔"综合"了这两种不可能。①

在巴门尼德和斯宾诺莎的前黑格尔一元论中,思维和存在者之间没有内在的联系,没有运动的二元论,因为没有运动,或者,用现代术语来说,没有历史。黑格尔断言有必要把斯宾诺莎的实质(substance)设定为运动,或者斯宾诺莎在物质和属性之后拥有的"第三种"[模式],但仅仅作为外部性,因为他的实质缺乏"回到自身",我们可以作如下理解。② 传统一元论把存在和世界等同为永恒;但这实际上是在否认可见的、异质的、"运动的"事物世界的现实。③ 存在不会在自身之前出现;它也不会展开或发展。这样,它不能实现自我意识;因此,逻各斯,或言语,作为思考的工作,作为存在形成(Being's coming to be)的显现,是不可能的。没有运动就意味着在存在和思考中都没有形式的发展,因此就意味着沉默

---

① 海德格尔的四重整体(Geviert)至少部分是诗化的,因此相当于黑格尔所说的绝对精神辩证的自我运动的"沉默"版本,参见 *Phänomenologie des Geistes*, ed. J. Hoffmeister, Hamburg, Felix Meiner Verlag, 1952, p. 550; *Wissenschaft der Logik*, ed. G. Lasson, Leipzig, Felix Meiner Verlag, 1951, Bd. I, p. 31; and Heidegger's *Vorträge und Aufsätze*, p. 178。

② *Logik*, I, pp. 151,250; II, p. 166; I, p. 337.

③ *Encyclopädie der Philosophischen Wissenschaften*, ed. J. Hoffmeister, Leipzig, Felix Meiner Verlag, 1949, par. 50, p. 76.

的存在。由于否定的力量,黑格尔扬弃了这种沉默,或者通过矛盾的辩证法把它表达出来,从而使纯粹的存在,作为无,将自身转型为生成(Becoming)的历史。我将展开谈一谈,但不会对黑格尔的逻辑进行冗长的讨论。黑格尔认为历史是一个过程,在这个过程中,人的精神通过对世界的逐步理解,逐渐对自身有了更完整的认识。[1] 笛卡尔主宰自然的计划从一项数学物理的事业转变为一项思辨思维(speculative thinking)的事业(当然,中间经过康德的思想)。因此,思辨思维的历史,在完成和正确理解之后,与主体和客体或精神和自然的同一是完全相同的。[2] 对人类历史的理解与对"整体"的理解是一致的。[3]

因为笛卡尔式的主宰是从物质或外在性来设想的,所以对黑格尔来说,它只是人类奴役的另一种形式,或者说是脱离了精神圆满。构成人类自由的,不是对自然的外部控制,而是对人的目的的内在理解,是由精神和物质的工作表现出来的。工作的范式不是数学,数学本身就是一种沉默的形式,甚至也不是奴隶无声的体力劳动,而是逻各斯,是理性言语,关于数学、体力劳动以及其他所有绝对精神表现形式的意义和目的。像康德一样,黑格尔在某种意义上以笛卡尔为出发点。他原则上接受笛卡尔的自然观,通过把笛卡尔的我思主体作为异教的我们

---

[1] 对这一过程最深刻、最容易理解的阐释是科耶夫(A. Kojéve)的 *Introduction à la lecture de Hegel*, ed. Queneau, Paris, Gallimard, 1947。科耶夫的解读不足之处来自于他对黑格尔的过度世俗化,以及受到海德格尔《存在与时间》强烈影响的马克思主义倾向。

[2] 这也是克服了历史中理论与实践之间的分裂;参见 *Grundlinien der Philosophie des Rechts*, ed. J. Hoffmeister, Hamburg, Felix Meiner Verlag, 1955, par. 28, pp. 342, 346。

[3] "那些我暂时说了的以及还将要说的东西,并不只是——也不是在对我们科学的考虑中——被理解为先决条件,而且也被理解为对整体的概念,被理解为由我们所开始着的考察的结果——我熟悉该结果,因为我已经熟悉这个整体"(*Die Vernunft in der Geschichte*, ed. J. Hoffmeister, Hamburg Felix Meiner Verlag, 1955)。

(nous)和犹太-基督教灵魂的综合体来深化笛卡尔的我思主体,并通过证明理性在历史中的存在而将二者结合到历史的理性中。康德哲学试图通过保留自然和精神的独特身份来避免一元论的沉默,但结果造成了自然与精神的疏离,人类与自身的疏离:彼岸(Jenseits),无法通过思辨理性实现,理性和善永远作为主观理想存在。黑格尔克服了这种疏离,或者说,通过完全理性的言语形式,通过异教徒和基督教传统的结合,或者通过理性和美德的运动,宣称克服了这种疏离;而反过来又通过"主宰"自然,不是通过数学,而是作为人类历史,得以实现。历史体现了自然的发展,是人类自我意识的内部占用,是由理性决定的工作的外部表达,但它也发现,除非自然和自我意识之间实现了根本统一,否则不能发生自然的显现。自然的发展是可以理解的,因为它是理性的:自然和精神是"绝对(the Absolute)"的外在和内在。因此,"绝对"的完全显现不是一方还原为另一方,而是双方在统一中的实现。人获得了"绝对"本质结构的意识,这同时也是自我意识:实现自我意识的活动是"绝对"的自我运动。黑格尔调和了历史上理性和自然的两种运动;通过把永恒想象成循环的,从而是完整的,康德意义上的自主运动,来调和运动和永恒。① "绝对"的这种永恒的、完整的、循环的运动就是逻各斯或辩证法:

> 观念(the Idea)本身就是辩证法[也就是说,它区分了各种不同的阶段,又将它们重新构成统一体]……这种双重运动既不是时间性的,也不是以某种方式被划分和区分的——否则它将仅仅是抽象的理解——它是在他者中对自身的永恒观

---

① *Encyclopädie*, par. 213—15, pp. 187 ff.; *Die Vernunft in der Geschichte*, pp. 180—181.

照；是在客观性中实现自我圆满的概念(the Concept)；是基本主观性的最合适对象。①

黑格尔之后的一元论完全拒绝永恒，认为它是没有重构原则的区分(海德格尔的"差异之为差异")，赞成纯粹的自我运动。也就是说，它接受了黑格尔对历史中理性与自然的调和，却否定了黑格尔对历史与永恒的调和。② 结果就是在某种程度上退回到康德的知识和信仰二元论。举几个最著名的例子：克尔凯郭尔要求回归基督教信仰的"荒谬"；马克思坚信通过无产阶级革命历史的终结即将到来；尼采接受永恒的回归试图克服或结束虚无主义；海德格尔等待着"危险时间"的终结，伴随着来自存在的沉默之声的启示。后黑格尔哲学对西方哲学传统的批判是二元论、异化和绝望的根源，隐含着黑格尔称之为"恶的无限性"的新形式：完全不连续的运动，其中每个阶段都与过去异化，因为没有任何理性终点。③ 黑格尔本人经常因为这种情况而受到指责，毕竟他过多地为理性辩护，从而使理性丧失了可信性。当然，黑格尔之后，历史形势毫无疑问地表明，人们对传统意义上的理性言论的不满与日俱增，对哲学的不满最明显的表现是将智慧重新定义为数学或事实存在的沉默。黑格尔的追随者继承了他关于人的观念，认为人具有根本的时间性和历史性；他们拒绝接受他关于时间在永恒中和历史在智慧中的完整性的观念。④ 试图解决自

---

① *Encyclopädie*, par. 214, p. 189.
② 黑格尔关于存在与时间或运动之间联系的代表性陈述，参见 *Phänomenologie*, p. 476；*Encyclopädie*, par. 258, 577。
③ *Logik*, I, pp. 125 ff. ; *Phänomenologie*, p. 535.
④ *Phänomenologie*, pp. 527, 531 ff. , 546; *Encyclopädie*, par. 566—571; *Logik*, II, p. 484. 也许应该指出，作为智慧的历史的本质完整性与历史的经验完整性无关。此外，尽管黑格尔阐述了他的智慧并以此证明了历史的"终结"，而马克思则预言了这一点。这种预言的非理性特点，在马克思主义者中引起了许多关于共产主义胜利必要性的有趣争论。

然和精神的二元性的第二阶段失败了,因为它以一种人类无法忍受的方式取得了成功。① 黑格尔声称已经完成了笛卡尔"使人成为神"的计划,但他将神性定义为思辨智慧,而不是美德、技能或仅仅是外在的工作,则神性只能为少数人真正拥有,因此令多数人难以接受。在我们这个时代,民主同情者将黑格尔包装成约翰·杜威(John Dewey)的努力常常掩盖了这一事实。同样,那些视他为法西斯主义之父和不可救药的"反动分子"的人也歪曲了这种观点。在此,我只想说,多数人都不喜欢哲学;黑格尔之后的新历史现象是少数人接受多数人的口味,无论这种接受的方式多么深奥。

如果只有完全理性的人才能通过理性实现神性(而不是通过国家理性的法律和习俗参与神性的劣势地位),那么很容易理解,不完全理性的人会否定理性,赞成某种更普遍、更容易获得的救赎模式。黑格尔的理性主义与启蒙运动的道德和政治力量是不相容的。以天才人物为首的对黑格尔的强烈反对,从根本上说是出于道德动机。克尔凯郭尔认为,道德力量具有反动的世俗含义(通常被他同时代的崇拜者所忽视),而与黑格尔更亲近的马克思则认为,道德是通过用世俗的政治术语来定义而逐步发展的。不难看出,克尔凯郭尔的信仰是如何与马克思的理性相结合的,其形式从所谓的马克思主义存在主义到科学人文主义。克尔凯郭尔和马克思虽然方式不同,但都是犹太-基督教传统的产物。马克思在当代两者综合中的相对胜利是启蒙运动的遗产,但综合本身是启蒙运动失败的明显标志。历史运动中的进步(progressive)成分似乎必然战胜理性的成分。这个胜利的必要步骤是理性服从于——现在被理解为计算——意志和想象力。这一步骤在尼采的思想中已经明确完成,这位著名的反基督者和非道德主义者,把道德伪装成创

---

① 在我看来,即便是马克思和克尔凯郭尔,也不能被说成是系统而彻底地驳斥了黑格尔;他们的拒绝是基于厌恶或误解,以及脱离了黑格尔语境的思想片段。

造力。在耗尽了理性的精神能力之后,他相信,人类再次勒紧腰带,试图成为自然的主宰和拥有者,不是通过命令、权衡,也不是通过投机占用,而是通过投射或从无到有的创造。独行者的快乐遐想被世界历史的辛苦劳动转化为旷世奇才的极度痛苦。

第四章 历史性和政治虚无主义

一

前几章已说明当代哲学终止于对差异之为差异(difference qua difference)的痴迷。维氏(语法的差异)和海德格尔(本体论的差异)是两个已经详尽讨论过的例子。第三章简述了此前历史(antecedents)的辩证发展,与当代历史主义的典型生命形式(life-forms)有共通之处。海德格尔认为尼采是现代虚无主义之前的巅峰人物,这一点或许是对的,但他错在认为自己的思想揭示了存在(Being)之"历史"的全新阶段。恰恰相反,差异之为差异——维氏不亚于海德格尔——向语法学家和导引者(shepherd)展现出存在作为时间瞬时性(momentaneity of time)的事实(factic)独特性。这正是尼采哲学在本体论上的重要意义,或许从他"瞬间"(Augenblick)①这一概念中能得到了最好的体现,即所有的过去和未来都包含在永恒轮回的每一个瞬间里。因此,每一个瞬间既是相

---

① 比较海德格尔对"瞬间"(Augenblick)的侧重和解读,*Nietzsche*, 1, e.g. 431 ff.:"只有当相同者的永恒轮回在虚无主义和瞬间意义上得到思考之际,它才真正得到了思考"(p.447);以及 esp. 465。关于"差异",参见 *Nietzsche*, 2, 207 ff., and *Identität und Differenz*, pp. 42 ff.。

同的,但被他性或差异占据着又是不同的、独特的。我们何以瞥见独特性? 难道独特瞬间的独特透视不是转瞬即逝的吗?

这个问题可以从几个不同的角度展开。例如,在阐释尼采时,海德格尔提到为了克服透视主义的局限,可以通过某种"跳跃"或启示来掌握一种重要的透视;在这一透视下,人逐渐进入并成为永恒轮回存在-过程(Being-process)的例证。① 但这一重要透视,即通过逐渐超越自我的创造性变形(transfiguration)来表述混沌,尽管以人为载体(albeit in human form),却呈现了混沌,或实现了虚无主义。时刻(moments)通过永恒轮回被还原为同一,每个瞬间(instant)不仅是对这些时刻的"重要性"或意义之否定,而且每个瞬间本身也必须被否定或变得不可见。作为所有时刻的总和,瞬间本身并不是一个时刻,也不是有限、确定事件的一个有限、确定的模式;它不是使视觉(vision)成为可能的透视或视域(horizon),而是视域不可见的视域性(horizonality)。视域的视域性在时间每一时刻的独特性中独特地显现自身。它本身不是一个时刻,但又必须被理解为永恒性的瞬间。永恒存在于时间中并通过时间呈现自身,虽然它本身不是时间性的(temporal)。尼采的永恒轮回本来是克服两个世界的教条表面上的虚无主义,事实上却断言了这一教条。为了可以思考或者可以言说,它不能显现为一个瞬间或独特的事件。另外,它表面上可思考或可言说的内涵具有不可思考、难以言说的独特性,即差异之为差异。

黑格尔尝试把存在(Being)等同于可以清晰表述、自我实现的时间(Time)的形式(我使用大写的时间[Time]是为了表明它和存在[Being]的同一性,或称为"先验时间")。正如海德格尔精确解读的那样,尼采的学说是对黑格尔这一尝试的二元修正或分解。作为创造者的人与时间的形式同一,也与永恒同一;但是形式(或

---

① *Nietzsche*, 1, 380 ff., 650,随处可见。

永恒),这里理解为视域的视域性(horizonality of horizons),不会发声,因此也无所谓清晰。这正是人类极度渴望从热切追求连贯的言辞转变为对事物或事件的直接保护(immediate security)的本体论结果。以海德格尔的天才看来,从一开始的事实性到最后存在的意义被事实性地显现,这一路都是虚无主义的旅途,或者说是无事生非:

> 最高的思想道说之要义就在于:并非简单地在道说中把真正要道说的东西隐瞒起来,而是要这样去道说之,即在无言(Nichtsagen)中道出真正要道说的东西。思想之道说乃是一种缄默活动(ein Erschweigen)。此种道说也吻合于语言最深刻的本质。语言在沉默中有其本源。①

总之,尼采像海德格尔(以及略为乏味的维特根斯坦)一样,不仅试图寻找独特的事件或片刻,更试图发现独特性本身;但海德格尔认为,尼采仍旧存在柏拉图主义的重大缺陷,因为他试图使人符合独特性自身(存在被理解为混沌),并尝试通过先在的智力范畴对它加以表述(柏拉图的理式经康德主义保留的遗物)。② 因此,尼采仍然对存在进行具体化或主观化;通俗来说,尼采仍然想阐述存在(Being)在人和物的世界中的具体表现。然而,海德格尔却向往没有具体形态的表现;他拒斥柏拉图的理式、范畴以及联系,反对用这些方式将存在者(beings)投射到存在的位置。对海德格尔来说,物的确定性或物性是柏拉图式的、主观主义的逻各斯(log-

---

① Ibid., p. 471.(译注:海德格尔,《尼采》[上卷],孙周兴译,商务印书馆 2003 年,第 461—462 页)这一段极其重要地谈及思想者和诗人的联系(及其区别)。参见 *Nietzsche*, 2, 484。

② *Nietzsche*, 1, 529 ff., 636 ff. 同样参见 pp. 575—576,此处"境域构成(Horizontbildung)"可阐释为康德实践理性的结果。

os)的产物或投射;存在在物中的在场通过它的事实性得以呈现,通过它的如此(that,希腊语ὅτι),而不是它的什么(what,希腊语 τί ἐστίν)。①

如此对于什么的优先性以一种既明显又微妙的方式出现在尼采的作品中。明显的方式是指他拒绝超感的或理想的世界,赞成回归"大地(earth)"或肉体;微妙的方式则体现在他关于权力意志的论点中。传统意义上,比如柏拉图和亚里士多德,权力是依照具体现实来定义的,如根据某一活动、目标或目的。对于尼采而言,这些都是价值,或是权力意志的体现。世界(由大地或肉体代表)这个整体就是权力意志,因此权力不能为了超乎自身之外的目的而显现自身。就世界过程(world-process)作为一个整体而言,价值的瞬时性和透视性的本质使其沦为事实状态。价值被贬低,世界就是其所是(what it is)——毫无目的的游戏。更精确来讲,它不是什么-存在(what it is)(因为如果说出世界是什么就会包含处于世界之外或之上的存在),而是如此-存在(that it is);甚至把世界比作游戏或艺术品的譬喻也必须被理解为一种诗意的尝试,使根本不可言说之物得以发声。于是,尼采和海德格尔一致认为,世界从根本上讲是可能性多于现实性,所以世界从根本上讲是时间性的,是在没有自身稳定内容的当下,对未来的持续呈现。他们也一致同意权力意志的核心意涵,虽然没有上一点那么明显。原则上,尼采所说的"意志"就是海德格尔所说的"天赋"、"命运"和"秩序":世界的自我呈现作为可能性的(时间)过程。两者之间最明显的分歧或许在于永恒轮回,尼采是对黑格尔"存在作为先验时间的循环"观念的陈腐效仿。在这一点上,海德格尔似乎比较前后一致;如果可能性先于现实性,那么历史阶段不仅不连续,而且不必重现。正因为他意识到这一点,即只有外在于可能性的基础——

---

① *Nietzsche*, *2*, 14 ff. and esp. 403 ff.

第四章 历史性和政治虚无主义

一个稳固的现实性——才能实现可能性,所以海德格尔是一个比尼采更彻底的虚无主义者。

任何形式的永恒的缺席使海德格尔的存在的在场成为一种纯粹的可能性。① 因此,它由原初的沉默来表现或象征,并且需要一种相应的沉默(不加扭曲的)之道,而非柏拉图形而上学的符应论(correspondence-speech)。因此,海德格尔对尼采思想内在结果的基本理解,鞭策他不仅言说不可言说之物,而且令不可言说之物言说自身。② 一些对海德格尔持尖刻批评的人(尤其是卡尔·洛维特[Karl Löwith])曾指出,海德格尔表面上积极的表述是空洞的。然而,我们必须注意到,这种"空洞"是海德格尔学说的固有要素,而不是他后期作品中所特有的要素。在他将不可言说之物诉诸言语的努力中,海德格尔以他一贯又略带变化的方式,致力于使语言摆脱传统的、以事物为导向的内涵,亦即"摧毁西方形而上学"。他尝试重新定义把存在视为"在场"的西方观念,将注意力从符合在场的言语转至在场本身。因为这种在场是可能性,所以它的意义置身于未来。在某种程度上,被呈现的当下没有稳定的存在,没有言语可以归属或揭示的东西。相反,试图将稳定属性赋予所呈现之物(what),是为了掩盖或扭曲它,用实体的现实性替换在场的可能性。③ 物(res)的现实性,即它的实在(物性),传统上等同于它的形式——它的"外观",或如海德格尔所解释的,在人看来

---

① 基于对可能性的偏好,类似的难题也出现在胡塞尔的著作中。参见相关段落,*Ideen* I(p. 194), cited in A. Diemer, *Edmund Husserl*, 2d ed. Meisenheim am Glan, Verlag Anton Hain, 1965, p. 108。
② "既然不断质询的此在(Dasein)只会遇到神祇的沉默,既然世界只反映出质询者茫然的目光,既然存在(Being)不给予任何答案唯有存在(is),即坚持再坚持,因此面对这种终极的、没有来由的沉默,人类也不得不坚持下去"(L. Versényi, *Heidegger, Being, and Truth*, New Haven, Yale University Press, 1966, pp. 154—155)。
③ 在众多可供引用的段落中,我仅限于以下段落:*Nietzsche*, 1, 344, 393, 410, 640; 2, 72 ff., 486, 随处可见。

它是怎样的。因为什么-存在是主观的、实体的,是形式的或现实的,所以如此-存在或事实性在本体论意义上是优先的和更高的:由此事实性的优先地位和可能性的更崇高地位得以联系起来。①

可能性高于现实性,同样道理,沉默是言语的源头。存在-过程或纯粹的区分,比区分过程中的任何要素都更高(更强)。同理,海德格尔将创造力或者说创造力量的地位提升,高于这种力量的产物——创造过程是存在-过程的人类例证。这里与尼采的联系是权力意志,即在人类身上的自我显现,作为世界-视域(world-horizon)的投射创造,或用海德格尔的话说作为真理的揭示,作为敞开的力量——作为视域性的构成。对如此的揭示高于对什么的揭示。在这里,我们可以发现海德格尔对人类劳动、创造力以及未来所特有的现代性或导向性。然而,海德格尔坚持认为创造或揭示活动,以及人的劳动或处于劳动(being-at-work,希腊语 ἐνέργεια)的活动,不是现实性,而是可能性。正如亚里士多德,海德格尔认为存在在"起作用",但不同于亚里士多德的是,海德格尔认为"起作用"不会实现某一确定形式的圆满(fulfillment,希腊语 ἐντελέχεια)。人类心灵或创造力的每一种确定形成都是在最深层意义上对人类存在的形变——通过存在-过程的某种表现对其的限制乃至于遮蔽。② 这就是尼采对世界是一件不断孕育自身的艺术作品的评价的本体论意义,以及他对游戏的强调的本体论意义。③ 不管是亚里士多德,还是黑格尔,人的劳动总是朝着一个目的而进行,并在这个目的中得到实现。对尼采和海德格尔来说,劳动就是它本身的目的,因此是无目的的(古典意义上,无形式的),或者是一种超严肃的游戏(hyperserious playing)——用尼采的话

---

① 除了《尼采》(上下卷)中的讨论之外,还可以参见 *Der Ursprung des Kunstwerkes*, intro. By H. G. Gadamer(Stuttgart, Recalm, 1960) and *Vorträge und Aufsätze*。
② *Nietzsche*, 2, 117.
③ *Der Wille zur Macht*, par. 794 ff.

说,悲剧的起源(inipit tragoedia)。

作为存在-过程例证的可能性、创造或游戏-劳动(play-work),其突出地位具有两个结果,更确切地说,是一个结果、两种形式,分别对应海德格尔前期和后期的学说。第一个是本真存在的概念,在这个概念中,此在(Dasein)毅然接受自己的死亡,默默地面对良知的无声召唤,从自身处境的可能性中选择或创建一个计划,表达自身的完整性。创建行为不是一种现实化,而是一种敞开视域(horizon of openness)的自我定义。也就是说,生命的"形式"不是一个积极的、形式化的决定,而是对死亡的终极否定。此外,死亡随时可能到来;这是人类处境的永恒可能性,而这种可能性会随时间而变化,随时刻而变化。为了自由地作出本真的选择,人必须免于形式决定的干扰,因为像我们经常说的那样,这会阻止他"实现自己的可能性"。这些可能性直到死亡来临才会完全"实现";只要我们活着,我们始终处于揭示过程中,不是发现我们是什么,而是发现我们将会是什么,或者在我们死后,我们曾经是什么。在生活中,不是当下,而是未来——可能性的源头——占据主导地位。① 正因为如此,如果海德格尔对本真存在过程的分析,给予肯定的、"教条的"内容,那将会是矛盾的。② 海德格尔在这方面保持了一贯的沉默,但这也揭示了他思想中必然的虚无主义暗示。直白地说,没有人能够告诉任何人在某个特定情况下真正的选择是什么。因此,不可能防止判断完全延迟。基督徒可能会说,"不要审判,免得你们被审判",因为有一位永恒的审判者永远在那里。不过,海德格尔的信徒和虚无主义者没有区别,他们说"一切皆被

---

① 参见 Hans Jonas, "Gnosticism, Existentialism, and Nihilism", in *The Phenomenon of Life* (New York, Harper and Row, 1966), pp. 230 ff.:"虚无主义的根本原因也是海德格尔实存学说的极端时间性(radical temporality)的根本原因,在海德格尔的学说中,现在不过是过去与未来之间的危机时刻。"

② 参见海德格尔关于尼采详细界定超人的评论:*Nietzsche*, 2, 125—126。

允许",因为基督教的一部分教义已经与诸神缺席情况下的自力更生结合在一起。因此,海德格尔将诸神的缺席极端化,否定永恒的存在;因此,在彻底时间化的存在-过程中,"现在"并没有持久的地位。

上面提及的结果的第二种形式是寻求一种本体论意义上适当的言语,忠实于存在的沉默,避免实体的形变(de-formation),不管这种言语是被理解为缺席,还是在场。这一结果非常难以表达;相当于海德格尔最"本真"的后期作品所面临的巨大困难。再次直白地说,从最深层意义上,海德格尔没有任何教义,没有任何哲学立场,没有任何正面学说。正如他自己一直强调的,也正如他最后一本书的标题明确指出的,他的思想从一开始就在"通向语言的途中"。这里无需赘述第二章的论点,即通往言语的道路,尽管触及澄明地带,却最终通向黑暗的中心,而且在某种意义上总是处于黑暗的中心。更具体地说,海德格尔是以基督教神学和亚里士多德形而上学的学徒身份开始这一旅程的。① 他对后尼采时代欧洲的虚无主义的回应,特别是对第一次世界大战后的政治形势的回应,致使他重新诠释尼采。他利用基督教、希腊哲学、德国思想的元素,以及纳粹掌权后数十年的精神绝望,激进地强调了琐罗亚斯德揭示"上帝已死"的重要性。他的意图是通过对"存在问题"的新理解来克服欧洲的虚无主义。在我看来,历史性本体论的发展显然受海德格尔对1919年及其后的政治和社会事件的回应所制约。一开始是克服虚无主义的尝试,后来在面对虚无主义时转变为一

---

① 我所知道的对海德格尔最好的研究是奥托・波格勒(Otto Pöggeler)的《海德格尔》(*Heidegger*, Pfullingen, G. Neske Verlag, 1963)。关于基督教对海德格尔的影响,洛维特(Löwith)和约纳斯(Jonas)的作品也很重要。同时参见 W. J. Richardson, S. J. , "Heidegger and God—and Professor Jonas", in *Thought*, Spring 1965, pp. 13—40, and Karl Lehmann, "Christliche Geschichtserfahrung und ontologische Frage beim jungen Heidegger", in *Philosophisches Jahrbuch*, 74. Jahrgang, 1, Halbband, Munich, 1966, pp. 126—153.

种深切的顺从。我们本章的任务就是理解这一尝试的实质及其不可避免的失败。这意味着第二章的结果必须与第三章的结果辩证地结合起来。

二

在上一章中，我从两个关键概念——数学和历史——讨论了现代世界的发展。一般说来，数学对应于异教哲学的近代早期修正，历史对应于犹太-基督教宗教传统的修正，但这种一般性的对应会立即受制于一个关键的限定条件。虽然上述修正开始于自然和精神之间的区别，根据身体和灵魂之间的区别来理解，但实际上这些修正将这两个维度都置于人的权力之中。比如，有人可能会想到以下两者的不同，其一是在前现代时期宗教怀疑论的阿威罗伊式传统，其二是启蒙运动时期现代圣经诠释学的发展及宗教批评。① 对启示宗教的现代批判不仅基于新的数学物理，而且基于对人类及其历史的实证研究的发展。自然和精神都服从于人类理性，也服从于人类意志。因此，16、17世纪的宗教改革与政治改革是分不开的。尽管在这一时期继续对基督教权威作出必要的调整，但很明显，精神已被纳入自然领域。然而，与此同时，由于不断修正古典的理性概念，强调实践、经验或人的权力，我们也必须说，自然已被纳入精神领域。这种自然与精神的结合在德国历史哲学中达到顶峰。过去几个世纪的宗教政治改革，被理解为人类理性和意志的世俗计划，现在在自然历史和精神历史的展开中被同化为神圣理性的启示。

从康德到黑格尔，德国哲学的特点是试图以历史哲学的形式将希腊思想与基督教实践结合起来。这个一般公式也可以准

---

① Leo Strauss, *Spinoza's Critique of Religion*, New York, Schocken, 1965.

确描述费尔巴哈和马克思的学说,前提是我们记得这个公式各要素的定义与前一个例子略有不同。具体来说,早期学说的无神论含义现在变得明确并成为中心;人不再被定义为受先验道德法则支配,也不再被定义为绝对自我或绝对精神。相反,人被理解为上帝的创造者,通过按照自然规律和历史规律的创造性工作,有可能成为自然和历史的自由主宰者。如果我们把马克思和费尔巴哈的这些基本哲学原则结合起来,把自然规律和历史规律看作是人类的创造或计划,那么会产生令人惊讶的尼采式结果。这些原则的阐述将费尔巴哈和马克思引向了与尼采不同的方向,更不用说他们之间的差异了。然而,在19世纪后黑格尔哲学的巨大多样性中强调内在和谐是很重要的:这一和谐源于接受黑格尔对人的激进历史性的分析,拒绝黑格尔关于先验时间或历史的学说。① 从克尔凯郭尔、费尔巴哈和马克思到尼采和海德格尔,大部分后黑格尔哲学都围绕着激进和内在历史性的本体论发展。② 然而,对尼采来说,前面提及的希腊思想和基督教实践的结合需要重新表述,甚至可以被希腊实践和基督教思想的结合所取代。

尽管尼采崇拜赫拉克利特,但他从希腊人那里学到的与其

---

① 关于这一点的最好讨论载于 Karl Löwith, *Von Hegel zu Nietzsche*, 现已有英语版本:*From Hegel to Nietzsche*, tr. David E. Green, New York, Doubleday, 1964。

② 甚至在胡塞尔的例子中,人们也看到了对时间性和历史性的不断强调,这种强调首先体现在他的主体性学说中,最终体现在他对生活世界(Lebenswelt)的概念中。因此,在谈到"埃德蒙·胡塞尔的最后一部作品"("The Last Work of Edmund Husserl", *Philosophy and Phenomenological Research*, 16, 1955, pp. 380—399)时,阿隆·顾维兹(Aron Gurwitsch)提及了"哲学家必要的内在历史性"(p. 384)。参见 Tran Duc Thao, *Phénoménologie et matérialisme dialectique* (Paris, Éditions Minh-Tan, 1951), pp. 7, 96—97, 106 随处可见;Hans Wagner, "Kritische Betrachtungen zu Husserls Nachlass", in *Philosophische Rundschau* (1953/1954, Heft 2/3), 96. L. Landgrebe, "Husserls Abschied vom Cartesianismus", in *Philosophische Rundschau*, Jan. 1962, pp. 155—157。

说是理论,不如说是实践。他赞颂的是古人的贵族"价值":狄奥尼索斯的陶醉与修昔底德的清醒相结合。① 我们已经看到,尼采理论学说的根本特点是将意志和想象的首要地位转变为本体-诗性历史主义(onto-poetic historicism)。对于尼采的前辈(至少远至康德)而言,这意味着政治服从于历史,对于尼采而言,政治服从于艺术。在最深刻和最全面的意义上,尼采同意诗人是社会的立法者。我们记得,他从"秩序是人类创造"这一前提出发。一系列的基本创造,或基本世界观的投射,就是历史。换句话说,人为的、定义世界的角度的历史循环是人类对存在-过程(生成[Becoming])本质的表达——权力意志。当一个特定的世界观失去了自我专注和自我超越的能力,或者尼采所说的"生命提升(life-enhancement)",当它的创造力耗尽时,结果就是衰亡。在 19 世纪,欧洲文明正处于衰亡的垂死挣扎之中,其特征是历史主义的病态。现代欧洲人已经认识到,世界观是人为的,或者是短暂的、主观的。他们试图克服这种认识,要么通过麻醉人们对进步的信念,要么通过努力实现一种中立、普遍和科学的观点,在这种观点中,所有的历史世界观都被纳入到比较、客观的研究。然而,这两种方案都无疾而终;两者都远离了创造性,强化了个人的经验以及贵族对高贵或崇高的尊重。从原则上讲,现代资产阶级社会的民主和社会主义倾向,与现代科学的客观理性主义和博学的历史相对主义一样,导致了等级的毁灭,从而导致了创造力或权力的削弱。现代欧洲人已经或正在失去他们对生命的生理本能,失去他们对生命意义的信念:他们已经背叛了创造力和生命力的本源,即大地和肉体。一切都

---

① "Was Ich den Alten Verdanken", *Götzen-Dämmerung*, par. 2—4. 尼采指出他从罗马人那里比从希腊人那里受惠更多,毫无疑问,这和他更喜欢圣经中的犹太人(战争加诗歌)而不是基督徒的原因是一样的。尼采对希腊人的态度与马基雅维利并无不同,他同样提过马基雅维利并赞同他的观点。

是平等的(当数学物理成为生理学的范式时),或者当所有观点都是客观的、"价值无涉的"(value-free),那么一切都是等价的;更准确地说,没有任何东西有价值。套用著名的说法,一切皆被允许,结果就是虚无主义。

尼采对于这一情况的回应不是在回归过去或逃到超感之物那里去寻求麻痹,而是主张,以更深层次的形式接受,甚至加速,欧洲乃至全球范围的虚无主义。人类精神的复兴只有通过彻底摧毁腐朽的当下才能实现,而腐朽的当下只不过是自柏拉图和耶稣基督以来西方历史的最后一刻。尼采的健康之路是加剧欧洲历史主义的弊病。因此,摧毁欧洲同时也是加速欧洲精神康复的一种努力。① 尼采比笛卡尔更明确地主张,我们应该摧毁禁锢和扭曲人类精神的居所;笛卡尔认为解放的工具是物理学,而尼采认为解放的工具是诗歌或创造力。物理学和历史在人类自我超越和超人主宰的斗争中成为尴尬的搭档;物理学的语言往往会扼杀历史的语言,从而使人丧失人性或贬低人性。一旦物理学被公认为诗歌的方言,即人作为历史动物的恰当语言,情况就会发生决定性的变化。物理学家,顾名思义,受自然的属性和"法则"所约束,而诗人则可以自由地创造自己的法则,或将自然转化为历史。正如海德格尔的词源学所表明的,自然被转化为一首诗。②

因此,尼采的历史主义本体论在实践中形成了诗化政治(poeticist politics)的形态。永恒轮回的事实性或宿命性被无视,代之以毁灭的命令,作为创造的必要前奏。跟前人不同,尼

---

① 这一态度也是 19 世纪社会主义思想家的特点。关于社会主义阵营中非常接近尼采的提法,参见 Alexander Herzen, *From the Other Shore* (Cleveland, World, 1963), e. g. pp. 3, 10, 54, 58—59, 128。

② 我把海德格尔词源中的希腊语 $\tau\acute{\epsilon}\chi\nu\eta$ 和希腊语 $\pi o\acute{\iota}\eta\sigma\iota\varsigma$ 当作与希腊语 $\varphi\acute{\upsilon}\sigma\iota\varsigma$ 和希腊语 $\dot{\alpha}\lambda\acute{\eta}\theta\epsilon\iota\alpha$ 一样的意思。

采看到了激进的创造力与战争、勇气和残忍之间的必然联系。①伟大的创造者憎恨一切妨碍他们充分表达权力意志的事物;他们不是平等主义者、民主主义者,也不会优雅而宽容地欣赏竞争对手的诗歌。尼采从对兼具武力和创造力的社会的赞美,过渡到对金发野兽和整个大陆流血冲突的祈祷,这是他诗化政治的精髓。金发野兽的兽性不仅可以被理解为一种为了创造而毁灭的诉求表达,而且可以理解为尼采对存在和历史的基本认同的结果。这一认同使尼采给予艺术或创造力的崇高地位成为可能。历史,即存在消解于混沌之中,由人类不断变化的视角重新组织起来,是权力意志的最高化身。然而,创造或透视投射依赖于获得自由,摆脱权力意志前历史表现的奴役。创造力之前的破坏和创造力的持续活力,二者的残酷性就是人类形式,我们可以称之为极端历史存在者的本体论遗忘。

就人类对待历史的态度而言,这一点与尼采对虚无主义的积极和消极方面的定义是一致的。对历史性的认识是摆脱希腊和基督教意义上静态存在的必要条件,是摆脱上帝意志和超感形式的限制性理性秩序的必要条件。另外,这一认识可能会导致厌世、相对主义或乏味,更不用说恐惧和恶心了,但不会导致创造力的兴奋。如果所有的文明都是历史的产物,历史只是相似之物的永恒再现,是一部没有作者、没有观众的宇宙戏剧;如果价值源于人,人又源于缘起缘灭;如果这个世界,即使它在时间上永远存在,被虚无所包围,以虚无为基础,那么对历史性的认识必然会导致力量的削弱,对超人的超人地位信念的丧失。

---

① 有关柏拉图关于这个主题的讨论,参见 *Plato's Symposium*, New Haven, Yale University Press, 1968,尤其是第六章。朱利安·班达(Julien Benda)清楚地看到尼采及其追随者赋予勇气以新的崇高地位,以及艺术的赞美与行动胜于思考的偏爱之间的联系: *The Betrayal of the Intellectuals* (*La Trahison des clercs*), tr. R. Aldington, Boston, Beacon Press, 1955, pp. 107, 119.

启蒙，或尼采所说的命运之爱（amor fati），无异于最大的蒙昧。只有通过完全的自我吸收和自信，文明才会变得伟大和具有创造力，而历史启蒙运动却给自己的文明和时代带来了肤浅的"客观性"，给其他文明和时代带来了过度宽容；如果知识是历史的知识，那么创造力却不是知识，而是自发的激情、欲望和陶醉，比起启蒙，我们难道不应该更喜欢无知吗？

尼采所谓的"上帝之死"不仅是西方基督教文明的衰落，而且是深渊的敞开：混沌自我呈现为历史断裂，在混沌中人类有机会以摧毁过去的方式获得重生，焕发创造力。重生意味着通过丧失记忆重返野兽的阶段。当然，这里存在歧义；人们可能会说，重生时，人变成婴孩而非野兽。然而，在这两种情况下，他都不是超人；充其量，他被宣判要重温过去，而不是超越过去。最糟糕的是，他可能会被说成是为了永在当下的世俗永恒（the despiritualized eternity of a perpetual present）而逃避历史。要成为超人，人必须铭记过去奴役性的教训，也就是说，他必须下决心同时铭记和忘记。从根本上说，历史主义创造论的缺陷在于，在造物主上帝缺席的情况下，从无到有的创造是不可理解的。用本章前面的说法，纯粹的可能性没有理由会成为现实。婴孩和野兽之间的分界线是由记忆画出来的，它克服了时间性，不能用纯粹的时间术语来解释。这是唯一能将尼采的人的形象理解为悖论的方法，一个走绳索的人也是他穿过深渊的绳索。这一点可以换一种说法。对尼采来说，历史既是虚无主义的诱因，也是虚无主义的良方。过去可能会被消解，因为它正在消亡；未来可能会被创造，因为消解为重构留下空间。我们可能会冒着死气沉沉的危险，因为认识到我们未来的创造物也注定要消亡。不过，根据尼采的观点，如果我们沉浸在创造力的陶醉中，沉浸在对永恒轮回的认知的极度清醒中，这种死气沉沉的状态就会消失。然而，这里存在着对立面的综合，超越了尼采对自己学说的构想。神性既需要创造力,也需要永恒性,但这两个特征取决于不同的属性。劝诫醉酒和清醒与劝诫忘记和铭记是相同的。

单纯的铭记会导致永久的衰老和乏味;单纯的忘记就会导致永久的幼稚或兽性。尼采的本体论历史主义使他的本体诗学(onto-poeticism)变得毫无意义。对他来说,记忆和遗忘只是来来去去的表征(tokens)。尼采所说的人,就像他的宇宙一样,是一个连续的中断(continuous discontinuity),不可思考,不可言说。永恒轮回不是完整的学说,也不是完全理性的叙述,而是诗的循环,每首诗最终都对自身沉默。因此,关于永恒轮回的言语本身就是一首诗,或是一种沉默,它既不表达也不保留虚无主义例证与超越之间的矛盾,而是被矛盾所毁灭。祈求创造性毁灭的实际后果是野蛮的暴力,尽管它赞美高贵和美丽,却在辨别真伪的基础上保持沉默。历史性,或纯粹的可能性,就是虚无。因此,面对历史的二元论,即有无创造性之间,它还不至于无能为力。根据尼采的本体论,历史缺乏任何能力来阻止它所产生的创新事物的普遍应用;正如尼采自己所警告的,这导致了事物的平凡化。同样,历史是记忆和遗忘,但对记忆和遗忘没有控制权,除非我们同意,低俗比高贵更容易被记住,而高贵比崇高的卑鄙更容易被贬低。

三

现代社会始于知识作为权力的定义,终结于尼采关于权力意志的概念。知识被诗歌所取代,或被重新解释为诗歌的一种。从17世纪的政治哲学和尼采的诗化政治(poeticist politics)的比较中可以明显看出,理性主权演变为意志和想象力主权所具有的政治意义。通过这一比较我们必须断定,在何种程度上尼采的基本原则已经体现在马基雅维利、笛卡尔、培根和霍布斯等哲学家身上。问题的关键不在于一个人对科学和技术的态度,当然也不在于他是"自由主义者"还是"保守主义者",这些词如今带有一种贬义的、不经大脑思考的意思。相反,问题的关键在于我们对理性的认识,特别是对理性与善之间的联系的认识。把善定义为权力的那些人,无论他们是实证主义者,还是存在主义者,都立刻丧失了分辨善与恶的能力,因此他们不能理性地谈论理性的善。在这个根本问题上,一个人使用数学语言,还是历史语言,是无关紧要的。作为理性的工程,逻辑计算和语言框架有助于人类的"创造力",但仅仅是一些没有启迪性的诗歌。然而,依赖于无启迪性诗歌的最终结果是加速向有启迪性诗歌的转变。认识论者们的坚忍很容易转化为真实个体的坚毅。

当科学革命的骄傲被时间冲淡,结局注定悲伤,最终是焦虑和恶心。这是颓废的启蒙运动遗留的最后情感。这一点对帕斯卡(Blaise Pascal)来说已经显而易见,他把迷失在外在空间的无限与内在分化的无限之间的自然生命,形容为"一种永恒的绝望",并在著名的挽歌——"无限空间的永恒沉默令我恐惧"中,预言了当代的存在。① 当然,帕斯卡对自然生命的理解是基督徒式的;他指的是理性的生活,与优雅的生活截然不同,而"理性"在他看来就是笛卡尔的数学计算。数学和基督教的结合导致了对人性的约定主义理解,也就是说,将其理解为上帝或历史的创造:

> 我们的自然原则是什么,如果不是我们已经习惯的原则呢?……习惯是第二天性,它破坏了第一天性。但什么是天

---

① Pensées, "La Place de l'Homme dans la Nature", nos. 84, 91, in Oeuvres complètes, ed. J. Chevalier, Paris, NRF, 1954, pp. 1107, 1113.

性?为什么习惯不是自然的?恐怕天性也许本身就是第一习惯,正如习惯是第二天性。①

帕斯卡为哲学家(和科学家)的骄傲提供了更稳妥的替代品——优雅的快乐,他正确地预见到这种骄傲不会持久。到了 19 世纪,基督徒和异教徒的幸福似乎都消失在无限的沉默中。当然,人们继续寻觅有关美好未来的预言,在历史的尽头,无论是在天堂,还是在尘世。谢林(Schelling)对有限存在的悲伤的描述,让人联想到帕斯卡,可以作为很好的例子说明当时的普遍情绪:"因此,笼罩在整个大自然之上的忧郁的面纱,是所有生命中深沉的、坚不可摧的忧郁。"②谢林的忧郁和莱奥帕尔迪的厌倦,蔓延到克尔凯郭尔,他把有限的存在,不论处于无辜还是罪恶的阶段,都刻画成受制于恐惧。③

这些例子足以说明问题。从帕斯卡到克尔凯郭尔,人们发现基督教或多或少坚持自然生命的悲伤,其中现代科学理性主义的巨大威胁激发了基督教的一般动机。与异教哲学的理性主义不同,现代版本含蓄地拒绝大众宗教作为一种政治力量,并向往人类的神性或对自然的主宰。然而,这种对神性的向往同时需要修正对自然的认识,除开它的技术属性,在理论上接近于基督教的观念。正如我们所看到的,上述两种观念的辩证互动产生了历史哲学。这也解释了马克思主义、尼采对基督教的抨击以及海德格尔

---

① Ibid., "Misère de l'homme", nos. 119—120, p. 1121.
② "Philosophische Untersuchungen über das Wesen der menschlichen Freiheit" (1809), in *Werke*, ed. M. Schröter, *Vierter Hauptband*, Munich, C. H. Beck and R. Oldenbourg, 1927, p. 291. "对生命的畏惧(Die Angst des Lebens)"把人从与上帝的结合中赶了出来,进入有限的存在,在那里,罪恶和死亡破坏了人的个体性使其重返与绝对精神的结合(p. 273)。值得注意的是,海德格尔曾多次赞扬这篇文章(比如《尼采》[上卷])。
③ *The Concept of Dread*, Princeton, Princeton University Press, 1944, pp. 49, 51.

关于有限性的思想所蕴含的基督教氛围。在 19 世纪,人们可以清楚地看到,基督教和科学理性主义无论是作为敌人,还是盟友,在何种程度上互相摧毁对方的活力和完整。① 这当然不是否认它们对欧洲人的长期主导,而是试图理解为什么这种影响会以虚无主义的形式出现。基督教的精神力量经世俗化后变得冷酷无情;发电机(以亨利·亚当斯的形象)取代了上帝成为人类超验的表达。但是,这种类似的心灵能量(psychic energy)的转移在两三个世纪前就已经达到顶峰,给历史、国家以及政治技术变迁的世俗力量带来了一种精神的、甚至是宗教的气息。

在这里介绍精神和兽性二者非同寻常的结合有些多余,因为正是这种结合导致了从 19 世纪欧洲到 20 世纪欧洲的过渡阶段。我会只提及保尔·瓦雷里(Paul Valery)于 1919 年写的一篇文章,在文章中,他把当前的形势称为一场"精神危机",并表明了欧洲美德是如何堕落到如今的地步:

> 积极的渴望,热情而无私的好奇心,想象力和逻辑严谨的幸运结合,某种非悲观的怀疑主义,一种非认命的神秘主义……是欧洲精神最活跃的特征。②

为了形象地说明这些后果,瓦雷里把欧洲知识分子比作哈姆雷特,

---

① "我不想对这个时代的整体情况发表严厉的措辞,但对当代有所观察的人,肯定不会否认它的不协调及其恐惧和不安的原因,即一方面,真理在范围、数量以及抽象清晰程度上不断上升,而在另一方面,确定性持续下降"(Kierkegaard, ibid., p. 124)。与此相比,让我们来看看麦克斯·施蒂纳(Max Stirner)下面这段话:"当今的伪善之网,悬在两个领域的前沿,我们的时代在这两个领域之间来回摆动,结着欺骗与自我欺骗的细丝。不再有精力去笃定地遵从道德,也不再鲁莽地坚信利己主义,只能在伪善的蜘蛛网两端来来回回,受两半(halfness)诅咒的牵绊,只能捕到可怜的、愚蠢的飞蝇"(*The Ego and His Own*, tr. S. Byington, New York, Modern liberary, 1963, p. 55)。

② "La Crise de l'esprit", in *Oeuvres*, ed. Jean Hytier, Paris, NRF, 1957, 1, 996.

第四章 历史性和政治虚无主义

被描述成巴黎式的尼采,思考着列奥纳多、莱布尼茨、康德的头脑,"他们创造了黑格尔,创造了马克思,创造了……"。① 瓦雷里和他的哈姆雷特都不谈论基督教;生存的悲伤现在被理所当然地认为是人类历史能量的辩证结果现:

> 我们欧洲知识分子的失序是怎么产生的呢?——从所有精神的自由共存中产生的,有迥然不同的思想,有截然对立的生活原则和知识原则。这就是现代时期的特征。②

最后:

> 地球被过度开发,技术均等,民主化,这些现象让我们预见到欧洲的人格变更(*deminutio capitis*):它们必须被视为命运的绝对判决吗?或者我们是否有自由来对抗事物的危险共谋?③

尽管——或者更确切地说是因为——瓦雷里对这些问题表现出明显的悲观态度,但作为一个有教养的具有贵族精神品味的欧洲人,他一直在发声。然而,从他自己的表述中,有教养的欧洲的精神衰竭是显而易见的。13 年来,瓦雷里的哈姆雷特本身就是有头脑的人,作为过去的象征被恩斯特·荣格尔(Ernst Jünger)的"工人"取代,后者象征着迅速逼近的未来。

---

① Ibid., p. 993. 瓦雷里的"尼采主义"显而易见,他承认知识分子是(培根所说的)偶像,而且是他发现的最好的偶像(p. 994),他认为智力与其他人类活动相分离的观点是错的,而且"整个观点都是错的"(p. 995)。
② Ibid., pp. 991—992;这一观点也是尼采式的。参见 pp. 997 ff.,他用几何学从纯粹的"艺术活动"转变为科学唯物主义力量来说明人从进步到堕落的辩证转变。
③ Ibid., p. 1000.

荣格尔向我们阐明了从瓦雷里到海德格尔的尼采式传统。尽管《工人》在《存在与时间》面世5年后才出版,但它更直接、更全面地刻画了后尼采时代欧洲的反理性主义。海德格尔的"真实个体"在本质上与卢梭的"独行者"非常接近,重塑于克尔凯郭尔和当代知识分子的绝望,更不用说对智慧的自我撕裂。虽然他强调行动胜于沉思,强调动力胜于行动,强调选择的决心胜于选择的内容或目标,但他对当代欧洲的堕落发动的存在主义反抗,仍然可以看作是对关心存在的真正欧洲传统的肯定。尽管这种肯定的方式对否定欧洲"智慧"具有更深层次的意义,写出《存在与时间》的海德格尔却无疑比写出《工人》的荣格尔更接近知识分子气息的瓦雷里。海德格尔对尼采的继承受亚里士多德和基督教神学研究的影响;荣格尔的直接动力是他当兵的经历以及对索雷尔(Sorel)和斯宾格勒(Spengler)的研究。① "工人",作为当代精神的格式塔,不是对痛苦和孤独的明确肯定,而是对战争、技术和"全面动员"的明确肯定。荣格尔不是在启蒙运动的原则中,而是在"德国"责任和"德国"秩序中,寻求一种真正的关于自由的德意志观念。② 亨利·亚当斯③的发电机与战后欧洲政治的分崩离析有关,它的震动伴随着形而上学、历史主义、民族主义及热衷暴力的日耳曼式轰响。

荣格尔抨击资产阶级秩序,平民,启蒙运动的精神价值,这一切都会导致浪漫主义和虚无主义,因为它们根植于理式、概念以及理性(Vernunft)和感性(Empfindsamkeit)的出现,而不是时代的形式。④

---

① Hans-Peter Schwarz, *Der konservative Anarchist*: *Politik und Zeitkritik Ernst Jüngers*(Freiburg, Rombach, 1962), pp. 41, 69, 91 ff.
② *Der Arbeiter*, in *Werke* (Stuttgart, Ernst Klett; orig. pub. 1932), Band VI, pp. 19—23.
③ 参见 ibid., p. 42:马达象征着我们这个时代的英雄现实主义;p. 232:"所有战争动员的任务是将生命转变为能量,正如它在经济、技术中,以及在齿轮发出呼呼声的运输中或者在战场上表现为火和活动那样。"
④ Ibid., pp. 39, 43, 51—52, 62, 随处可见。

这一格式塔是对"根本力量"——最深层的德国力量——的表达，通过最优秀的德国人，尤其是第一次世界大战中战壕里的士兵，表现出来。它不是关于理性主义的知识或随之而来的资产阶级对安全的渴望，而是关于如何战斗和死亡的知识。① 不同于欧洲乌托邦式理性主义所具有的浪漫虚无主义，这个时代的基本形式真正需要的是此时此地，是从抗议到行动、从安全到危险，从理性到权力意志的转变："越靠近死亡、鲜血和土地，精神越发坚毅深沉。"因此，人们必须在毁灭中才能体会到这一点，才能感知自由。要做到这一点，人们必须分担这个时代的深层根源——命运和自由。人们必须成为历史力量的承载者，在此时此地的暴力中团结起来，承担起自己的责任："在这里，无政府状态是坚不可摧的试金石，它以愉悦的心情考验自己，对抗毁灭。"② 人们必须是工人；不是某一阶级的成员，也不是某一经济因素，而是一种崭新的、统治的、全面的历史形式实例，拥有对当代权力意志的每一种伟大表现。③

  在荣格尔的意义上，历史格式塔是在人类存在的同时，作为一个整体出现的；它不是一个过程的总和，历史发展"不是形式的历史，而是形式的动态评论"。④ 人们可能会称之为对柏拉图理式神秘而又富有活力的修正，从理性的领域转向意志的领域，从"天堂"到"大地"（如果不是地狱的话）。因此，它甚至超出了历史哲学的理性主义范围；而且，它是"超越价值；它不具有性质"。⑤ 这种动态的空洞，与作为存在的空洞时间流的本体论认同非常相似，使得荣格尔能够将他的形式观念与他试图消灭现代欧洲文明理性主义、资产阶级和浪漫主义的愿望统一起来：

---

① Ibid., pp. 43, 45, 53—54, 56.
② Ibid., pp. 62—66.
③ Ibid., pp. 74, 79.
④ Ibid., p. 89.
⑤ Ibid., p. 90.

在这里,人们必须超越一点,即虚无(das Nichts)看起来比任何最小可能的怀疑更令人向往。在这里,人们遇到一个更原始的群体——乌尔族(ur-race),尚未成为历史任务的主体,因此可以自由接受新命令。①

当工人回归到栖息于死亡、鲜血和土地的乌尔族,他摆脱了以物为本的理性和感性文明,摆脱了它的价值,摆脱了对未来正义的无能渴望,也摆脱了贵族美学家和知识分子的悲伤,从而净化自身。在瓦雷里超然优雅的节拍中,仍然可以听到启蒙运动的苦恼意识,但它已经变成了"钢铁风暴"的铿锵声。决心,掌控,命令,服从,秩序;意志,鲜血,死亡,毁灭:这些是全面动员的方式,是各种力量——技术力量、社会力量、形而上学力量——在全球范围内的统一,这是为了什么?②

荣格尔的民族主义,他对德意志人民和种族的热情,他的帝国主义,绝不能与具体而清晰的政治纲领混为一谈。他关于工人的概念,从根本上讲,是尼采式的献身,通过意志净化理性,通过鲜血净化精神,不是服务于某一目的,而是为了"提升生命"的自我超越过程。这个过程被描述为"形式"而不是确定的内容,被描述为"完整性"而不是变化;但完整的形式是权力意志一种纯粹的可能性,简而言之,借用海德格尔的说法可理解为意愿意志(will to will)。它产生于军人-美学家对话语的软弱性、不确定性和自我否定分裂性的厌恶,同样产生于对引起词语与感性、激情的现实之间距离的言语导向的厌恶。《工人》是知识分子对一套情绪的表达,海德格尔在《存在与时间》中给予哲学表达。这是两次世界大战之间那段时期反理性激情的一种更残酷、更野蛮,也更易于察觉的表达。因

---

① Ibid., p. 91.
② Ibid., p. 233.

此,耐人寻味的是,它向我们展示《存在与时间》中的学说与当代力量之间的隐蔽联系,这些力量最终导致了民族社会主义的崛起。①荣格尔在精神暴力的歇斯底里中清除了悲伤和焦虑。工人认同西方文明的毁灭;他没有将自己的虚无主义隐藏在孤独真实个体的准基督教浪漫主义或博学的德国哲学教授的本体论研究之下。最后,荣格尔之所以重要是因为他的职业生涯为我们提供了一系列类似于海德格尔所经历的步骤:首先,积极鼓励当代的虚无主义动机;其次,对政治动员的幻灭,原本以为是精神净化;最后,完全脱离人类活动,以神秘的泰然任之(Gelassenheit)的方式,或等待新的、反虚无主义的存在启示。我只提到了很多的相似之处;当然,两者之间存在着相当大的差异。主要观点是,它们都显示出动力论形而上学的根本危险:其一,不管动机多么"高尚",政治虚无主义都得到增强;其二,他们呼吁要承担责任,但却没有能力承担责任的后果。二者曾经严厉谴责欧洲理性主义的无能为力,这种无力感再一次出现,只不过在命运恩赐前被神学和先验的姿态掩盖。

在1950年以虚无主义为题的一篇文章中,荣格尔总结了当代两大焦虑:一是内在空虚的恐惧,驱使人们不惜一切代价去采取外部行动,二是来自一个疯狂的、巨大的、自动化世界之外的攻击。②人们也许会发现字里行间隐含着对这些力量的批评,此前这些力

---

① 施瓦茨《〈保守的无政府主义者〉》[*Der konservative Anarchist*])讨论了荣格尔对民族社会主义进步的贡献,以及他个人对该政党的态度。他把荣格尔的影响称为"典型的、肯定的,但并非决定性的"(p. 126)。即使我们假定这是真的,这一判断也不能说明这位思想家、诗人兼(起初)政治宣传员的特殊使命,尽管他以一种强大而有说服力的方式阐明虚无主义和法西斯主义的"症状"。将《工人》(*Der Arbeiter*)的细节与贺曼·雷宁(Herman Rauschning)对纳粹所采用的虚无主义动力论这种无教条哲学的描述进行比较,具有指导意义,参见 *The Revolution of Nihilism*, New York, Alliance Book Coporation, 1940, pp. 12, 23 ff., 55—58,随处可见。关于荣格尔作为革命青年发言人的情况,参见 pp. 63, 71,随处可见。

② *Über die Linie*, Frankfort, Vittorio Klostermann, 1950, p. 35.

量被肯定地描述为工人形式的基础。与全面动员不同,荣格尔现在将"荒野"定义为人类生存的原始土壤和自由的源泉。① 同卢梭一样,荣格尔也在植物研究中寻求政治腐败的净化;与卢梭不同的是,他的独行者在存在创造新秩序的过程中,从时间存在中寻求自由。海德格尔在1955年向荣格尔致敬的纪念文集中,实际上谴责了荣格尔后期学说的虚无主义倾向。② 根据海德格尔的观点,形而上学的超越,是意愿意志的最后阶段,是人类为了忽略存在的缺席而做出的努力,从而防止解决这一缺席的可能。人类必须认识到自己是"虚无的占位者",而不是理性主义的行动派。也就是说,"人在完全不同于存在者的位置中保持敞开,因此,在这种敞开中,这样的在场(存在)就能发生"。③ 本章的最后一项任务是追溯海德格尔历史主义本体论的主要阶段,阐明他在政治虚无主义方面有哪些贡献,又是如何臣服于政治虚无主义的。

四

我已经简要总结了荣格尔的部分思想,这是为讨论海德格尔历史性和政治虚无主义之间的联系所做的铺垫。值得留意的是,身兼军人、战争英雄和政治记者的荣格尔,尽管他可能间接帮助了纳粹掌权,却从未入党,并在相当早的时期(1930年)就开始以直接的和文学寓言的形式对其进行越来越多的批评。④ 海德格尔却不是这样,他是唯一一位加入纳粹党并定期为纳粹党和元首大声

---

① Ibid., p. 39.
② 1956年作为《面向存在问题》(*Zur Seinsfrage*, Frankfort, Vittorio Klostermann)出版,pp. 32 ff.。
③ Ibid., p. 38:"人为那个与存在者完全不同的东西保留位置,以至于在这个位置的敞开状态中可能有某种类似于在场(即存在)的东西"(译注:海德格尔,《路标》,孙周兴译,商务印书馆2014年,第497页)。
④ 参见Schwarz, p. 112。然而,荣格尔对于纳粹的首次批评,集中在指责他们不够激进,试图维持合法性的表象以适应资产阶级的法理。

第四章 历史性和政治虚无主义

疾呼的一流思想家,尽管这只持续了很短的时间。海德格尔 1934 年辞去弗莱堡大学校长一职后的几年里,他对纳粹的态度并不像他及他的追随者声称的那样容易确定。① 《形而上学导论》是 1935 年的讲稿,"内容不变",于 1953 年再版,其中对纳粹时期有一些模棱两可的评论。② 以他的名义提出的主张,通常不是书面形式,或许可以由来自不同背景、持异见的学生和听众的口述加以平衡。就我们而言,最好的对策应该是完全依赖海德格尔出版的文字;每个读者都可以自己决定哪些关于海德格尔的行为和品格的口述是有效的。然而,毫无疑问,有必要考虑海德格尔的言论和行为之间的关联。如果一个人对时代最伟大的"思想家"的政治活动不感兴趣,尤其是对一个讲授(或曾经讲

---

① 关于海德格尔(据我所知)对其政治活动的唯一一份长篇(6 页)辩护,必须参考 1945 年 11 月 4 日他向同盟国职业当局所作的陈述(我能够获得副本要感谢艾尔·林吉斯博士)。主要有以下几点:海德格尔在教职员工的要求下担任校长,以捍卫大学的精神生活。他基于同样的理由加入了纳粹党,但从未参加过该党的任何活动。他自己的思想经常受到纳粹意识形态发言人的批评。他从来没有犯下反犹情绪或反犹活动的罪行,并尽其所能帮助他的犹太移民学生。他在 1934 至 1944 年间给数千名学生讲课,让他们看到了这个时代的形而上学基础。我附上相关引文:

> 早在 1933—1934 年,我就站到了纳粹主义世界观的对立面上,但那时我还相信,这一运动在精神上可以被转移到其他轨道上,并且认为,这种尝试和这一运动的社会政治及一般政治趋势是相容的。我相信,在 1933 年希特勒代表整个民族的责任后,他会超越党派及其教条,一切都会在为了西方责任的更新和聚集之基础上联合起来。这种信念是一个错误,我在 1934 年 6 月 30 日的事件中认识到了这一点,但这个错误在 1933—1934 年将我带入了一个尴尬处境中,我既肯定社会和国家事务(不是国家主义的事务),又否定党派教条的生物主义这一精神的形而上学基础,因为社会和国家事务,诚如我所见到的,就其本质而言,不一定会与生物主义-种族主义的世界观学说相联系。

海德格尔还解释了他因病缺席胡塞尔的葬礼。

② 引自 *Vorbemerkung to Einführung in die Metaphysik* (Tübingen, 1953),海德格尔在书中说"错误已经被删除"。有关评论,参见 pp. 36, 152。

授)真正选择和存在的必要性的思想家,那他就太天真了。然而,我必须坦率地指出,海德格尔的影响恰恰导致了这种天真。不管海德格尔和他的学生对哲学本质的主张是什么,我们关心的是这些主张的虚无主义后果。问题不是(尼采意义上的)"复仇",而是真理。

海德格尔在担任弗莱堡大学校长的短暂任期内,曾多次演讲并发表官方声明,这些演讲和声明通过将海德格尔自己的哲学术语与流行的纳粹词汇同化起来,显然可以被看成是为民族社会主义合法化所做的努力。① 当时,一位叫费耶(J-P Faye)的学生竭尽所能证明这一点,但并未受到英语世界的关注。例如,在对海德格尔语言的分析中,费耶说明了海德格尔如何根据实际情况迁就通俗的修辞以及学术团体的修辞,如何在理论话语中夹带革命性、煽动性的政治言论。② 至少可以这样说,海德格尔轻而易举地将《存在与时间》的学说与希特勒和纳粹党的坚定选择联系在一起,为我们提供了一条重要的线索,即他的政治哲学隐含在对人类存在的

---

① *Die Selbstbehauptung der deutschen Universität*, Breslau, G. Korn, 1934; *Nachlese zu Heidegger*, ed. G. Schneeberger, Bern, published by editor, 1962. 据我所知,对这些演讲的哲学意义进行严肃研究的只有欧洲人。尤其参见 K. Löwith, *Heidegger: Denker in dürftiger Zeit* (Göttingen, Vandenhoeck & Ruprecht, 1960)和 *Gesammelte Abhandlungen* (Stuttgart, Kohlhammer, 1960),以及他的文章"Les Implications politiques de la philosophie de l'existence chez Heidegger", in *Les Temps Modernes*, Paris, Nov. 1946. 最近,施旺(A. Schwan)发表了非常有价值的研究 *Politische Philosophie im Denken Heideggers* (Köln und Opladen, Westdeutscher Verlag, 1965),这对我撰写本章的部分内容有很大帮助。

② J-p. Faye, "Heidegger et la 'révolution'", and "Attaques Nazies contre Heidegger", in Médiations, Autumn 1961, pp. 151—159 and Summer 1962, pp. 137—154. 再次感谢艾尔·林吉斯让我注意到这些文章。尤其参看第二篇文章,pp. 138 ff。费耶的分析非常有见地,关于海德格尔对几个术语"民族、人民(Volk)","民族的(völkisch)"和"人民的(volklich)"的使用,关于保守派和革命派的突破和逆转,即破坏传统价值观以回归本源(Ursprung),关于海德格尔在就职演说(Rektoratsrede)中把希腊语 ἐπισφαλῆ (动摇,引自柏拉图《理想国》479d9)翻译为"风暴(Sturm)":"1933年,冲锋队(Sturm Abteilung)走上德国的街头"(p. 142)。

本体论分析中。① 让我首先说明海德格尔思想中政治含意的困境。一方面,海德格尔把人置于必须选择的位置,并将存在的历史表现转化为行动。另一方面,他警告人们不可能作出正确选择,甚至坚持认为,无论是否支持人类所希望或不希望的事物,只要作出选择,就会助长虚无主义。在某种程度上,这一明显的矛盾或许可以用海德格尔的思想变化来解释,但如果用他自己的话来配合说明这一"变化",这样的解释不足为道。由此可见,这一矛盾自始至终存在于海德格尔的学说中。海德格尔认为他的思想"既非理论的,也非实践的"。作为存在的铭记,"这样的思想是没有结果的。它没有任何效果。它的本质就在于它如此存在"。② 然而,这一思想被赋予的神圣地位忽略了两个事实。第一,上帝的思想确实产生了结果——世界和人。第二,如果哲学声称它没有结果(正如海德格尔厌恶被数学化了的认识论那样),那么它就是在给哲学——或思维——和政治存在之间的关联所具有的本质下定义。这本身就是一个结果,一个至关重要,甚至是灾难性的结果。

至少在海德格尔思想的早期,存在在历史(即历史性)中的显现过程被认为是人类活动的结果。③ 因此,这一过程可以根据人

---

① 参见 Löwith, "Les Implications politiques", p. 358:"海德格尔的哲学政治的可能性并不是源于我们觉得遗憾的'脱轨',而是产生于与他的存在观念相同的原则,对'时代精神'既承认又反对。"关于详细的文献,参见前面引用的施旺的毫无敌意的作品。
② "Über den 'Humanismus'", in *Platons Lehre von der Wahrheit*, Bern, Francke Verlag, 1954, p. 111. Cf. pp. 99, 105—106.
③ Cf. *Sein und Zeit*, pp. 212("只有当此在存在……才有存在"), 226("唯当此在存在,才'有'真理"); *Nachlese*, pp. 12, 149("真理乃是那种东西——那种使一个民族在其行动和知识中变得安全、明朗和强大的东西——的开放状态"), 212, 214; *Die Selbstbehauptung*, pp. 9—10(理论是"把自身理解为真正之实践的最高的实现":这一主张应该与引自《关于人道主义的书信》(*Humanismusbrief*)、后来"被删去"的段落相比较, 20("一切意志性的和思想性的能力、心灵的一切力量以及身体的一切能力都必须始终通过斗争而展现、在斗争中得到提高并作为斗争而得到保存",海德格尔接着引用了克劳塞维茨[Clausewitsz]的说法,即一个人不能指望通过机会获得救赎。)

类的意志或选择进行修改,而且为了使之继续发生,确实必须进行这样的修改。① 存在在西方的命运取决于德国面对其历史形势时所具有的真实而深刻的决心。② 在更接近黑格尔的意义上,希特勒不仅被描述为国家或人民的领袖,而且是世界历史的时代领袖。用海德格尔独有的说法,他告知德国学生:"元首本人,且只有元首,才是德国现在和未来的现实及其法律。"③因此,元首的意志表达了德国人民的历史命运,取代了客观理性主义愚弄西方的手段——理念、科学以及似是而非的学术或其他自由。④ 对海德格尔思想的实际翻译,使我们注意到了之前讨论过的荣格尔的主张,且并不符合海德格尔自己对其在纳粹统治下的学术活动所作的解释,但海德格尔从来没有否定过这些翻译,他后期的思想发展也没有完全取代它们。这些翻译追随海德格尔对时间(我用大写来表示其本体论意义)或历史性和存在的同一,并自始至终贯穿于他的思想中。⑤ 为了阐明其政治维度,即使要冒一些重复的风险,我们也要回溯到对历史主义本体论的分析。

我们已经了解到,海德格尔用"存在"并不是指某一事物、实质

---

① Cf. *Sein und Zeit*, pp. 386(此在的历史性[*Geschichtlichkeit of Dasein*]根植于向死存在[*Sein zum Tode*],这恰恰是决心的结果,等等),391(在非真实的历史性中,此在避免做出选择); *Die Selbstbehauptung*, p. 22(西方文化的精神力量将会失败,除非"作为历史性-精神性民族的我们还意求我们自身并再度意求我们自身"); *Nachlese*, pp. 42(德国对历史的责任),145(每个此在都有一个原需求[*Urforderung*]来保持其本质),随处可见。

② *Die Selbstbehauptung*, p. 22; *Nachlese*, p. 258(德意志人民的历史使命是拯救西方); *Einführung in die Metaphysik*, pp. 28—29(德意志,这个形而上的民族,处在同样形而上的俄国与美国的铁钳之中,只有通过对传统的创造性理解,通过找到对命运本身的回应,才能实现存在的命运)。

③ *Nachlese*, pp. 135—136。

④ *Die Selbstbehauptung*, pp. 5, 15—16; *Nachlese*, pp. 45, 74, 92, 201, 随处可见。

⑤ *Sein und Zeit*, pp. 17, 183, 212, 386; *Vom Wesen des Grundes*, Frankfurt, Vittorio Klostermann, 1955, pp. 45—46; *Einführung*, p. 64; *Der Ursprung des Kunstwerkes*, p. 58; *Unterwegs zur Sprache*。

或逻辑范畴,也不是指事物的总和或事物总和的本质(该术语的静态意义),而是阐明、揭示或澄清的全部过程,伴随着遮蔽或消失的不可分割的功能,就此产生了拥有在场与缺席的二元特征的世界。① 再次重申,存在是一个过程,是一个整体过程,而不是一个静态的实体、基础、实质或原则。在海德格尔出版的作品中,某些最晦涩难懂的段落,他间或提到存在-过程的未知和未经思考的"本源"。② 但"本源"不能被理解为存在的先验基础,从海德格尔把存在解释为"无根基(groundless)"或"深渊(*Abgrund*)"就可以看出,即它是根基之物或就是根基。③ 无论如何,正如海德格尔在下文中所阐明的,毫无疑问,存在作为过程,作为过程的敞开,就是时间:

> 如果我们将"时间"替换为:在场(Anwesen,即之前自成一体的存在)的自我遮蔽之光,那么存在就在时间的投射范围之外定义了它自己。不过,这只会导致自我遮蔽之光使用符合自身的思维。在场(存在)属于自我遮蔽之光(时间),自我遮蔽之光(时间)产生在场(存在)。④

也就是说,存在属于时间,时间作为遮蔽自身之物:如其遮蔽,如其出现(呈现自身),以时间进行的方式。

于是,存在-过程除了它自身的活动(发射,发生)之外,没有别的根基,故而在两种意义上与虚无有关。首先,作为整体或全体的

---

① 《关于人道主义的书信》也许是海德格尔关于存在这一"成熟"概念最清晰的表述。
② E. g. *Identität und Differenz*, p. 44; *Nietzsche*, 1, 471; 2, 484; *Unterwegs*, p. 31.
③ *Der Satz vom Grund*, Pfullingen, G. Neske Verlag, 1957, pp. 184—185.
④ W. J. Richardson, S. J., *Heidegger*, The Hague, M. Nijhoff, 1963, p. xxi. 参见我的文章,"Heidegger's Interpretation of Plato", in the *Journal of Existentialism*, Summer, 1967, 493 ff.

存在是有界的或有限的,因此被虚无所定义。① 除非与虚无相遇,否则我们不能设想存在作为一个整体。其次,除非直面死亡,否则我们不能理解生命的意义作为一个整体;虚无不仅外在于存在,而且发生在人类存在的世界中。② 因为人是在世的存在(being-in-the-world),所以如果虚无不在世界中发生,人就永远不会遇到它。有人或许会说,世界是由存在和虚无的丝线编织在一起的。

尽管海德格尔后期思想中虚无的重要性可能已经有所下降,但这个基本主题却始终出现在存在。时间是存在出现或发生的视域(horizon),但是作为出现或发生之物,存在绝对是时间性的。时间不仅揭示或"创造",同时也遮蔽或者"毁灭"。③ 鉴于海德格尔自己将其思想描述为"进行中",存在本身即为存在者存在或消逝的方式,或"方式之道":这不是古希腊的本源(φύσις),而是中国的道。④ 这些方式,因为是时间性的模式或积累,本身也正在存在和消逝。在这些方式中,存在被视为缺席,或者被处于时间导向秩序(天命[Geschick])中的存在者所遮蔽。这种时间导向的秩序,即存在与时间的统一,与开放、可见和出现相关,与思想相关,也与人(作为虚无的占位者,站在存在之光中)相关,就是本有(Er-eignis)。⑤ 海德格尔说存在是事件、发生、天赋等等,因为自从《存在与时间》后,他的意图就是要从哲学(或回忆思维)领域中彻底清除任何永恒的痕迹。在海德格尔看来,虚无的持续在场与永恒的

---

① *Was ist Metaphysik?*, Frankfurt, Vittorio Klostermann, 1951, pp. 35—36; pp. 21, 27—28.
② *Sein und Zeit*, pp. 184 ff.; *Was ist Metaphysik?*, p. 29. 这两种意义在《论根据的本质》(*Vom Wesen des Grundesthe*)第三版的前言中被放在一起讨论。
③ "Der Spruch des Anaximander", in *Holzwege*, Frankfurt, Vittorio Klostermann, 1952.
④ Cf. *Sein und Zeit*, p. 304; *Der Satz vom Grund*, p. 154; *Unterwegs zur Sprache*, p. 198.
⑤ Cf. Richardson, *Heidegger*, pp. 638 ff., 关于本有(Ereignis)的歧义:它的意思是(1) εἶναι 和 νοεῖν 之外的第三个东西,先于且统一两者;(2)作为天命的存在。

永恒缺席是一致的。

海德格尔的存在是没有创造者的生成,或如尼采所说,"孕育自身的艺术品"。① 在没有永恒的情况下,一个彻底时间性的、彻底临在性的世界,其"意义"或"重要性"归因于它向人呈现自身的方式。② 换句话说,世界只是一种呈现,唯向人呈现,唯因人呈现,人助其分娩,可看作存在和真理的助产士。③ 正如存在-过程具有彻底的时间性,排除了任何用来区别真理和谬误的永恒的或"客观的"标准,而这些标准甚至可以说在本质上是相同的,所以存在-过程也就巧妙地抹去了在生成意义上思与行之间的区别。④ 人不仅是助产士,而且是艺术家,或者就是一位存在者,是世界在起起灭灭间呈现自身的对象和意义。⑤ 人类通过基本活动"创造"了真理,这些基本活动旨在揭示(即让,使之发生)存在的发生。因此,海德格尔极为重视诗歌和"诗性思维"。⑥

---

① *Der Wille zur Macht*, no. 796. Cf. *Der Satz vom Grund*, p. 188.
② 海德格尔关于存在的"意义"观念很明显是从胡塞尔的现象学发展而来的,在现象学中,所看之物的意义,在主体性中被构成,与事物的存在是相同的:换句话说,胡塞尔不可能比海德格尔更清楚地区分意向作用(noēsis)和意向对象(noema)。而主体性的时间性,被彻底思考后,就产生了历史主义的问题。
③ 在海德格尔早期作品中,"世界"概念被表述为由此在开启,"本体论"概念被表述为筹划(*Entwurf*)而非认识(*Erkenntnis*):参见 *Kant und das Problem der Metaphysik*, Frankfurt, Vittorio Klostermann, 1951, p. 210。关于之后的"揭示性"表述,参见 *Zur Seinsfrage*, p. 38, 以及 *Der Ursprung des Kunstwerkes*, pp. 86, 89。
④ *Der Ursprung des Kunstwerkes*, p. 58; *Vorträge und Aufsätze*, p. 119。在这方面,海德格尔在现代哲学中始终贯彻着一个普遍主题,他表面上反对现代哲学,却又给出"诗性"的表述以取代数学或认识论的表述。与此相关的还有他对前苏格拉底思想中 σοφία、ἀλήθεια 和 λόγος 真实意义的解释。更多讨论,请参阅我的文章(在注释 63 中有引用)和本书的下一章。
⑤ *Der Satz vom Grund*, pp. 157—158; *Vorträge und Aufsätze*, p. 249ff.; *Gelassenheit*, Pfullingen, G. Neske Verlag, 1959, pp. 64—65; *Was Heisst Denken?*, Tübingen, Max Niemayer Verlag, 1954, pp. 124—125;"顺其自然"就是"聚在一起",因此而铭记。
⑥ 关于最新最完整的表述,参见 *Unterwegs zur Sprache*, e.g. pp. 173 ff., 196 ff.。

海德格尔主张避免从柏拉图到尼采西方哲学中所隐含的透视主义或主观性问题,尽管他在揭示存在或真理时给予人以中心地位。因为存在是过程,所以在传统意义上它没有固定的性质。相反,它可以被描述为一个揭示自身的过程,一个时代接着一个时代,向人类揭示自身,向自己揭示自身,因为人类是存在的一个方面,通过人类揭示得以发生。① 在海德格尔思想中显露出的尼采式表面之下,我们可以发现一个持续的黑格尔式回响。存在不是自然,而是历史(历史性)。人类历史是一种媒介,通过它,作为历史性的存在向自身呈现自身,或者成为自我意识。② 人类,可以说,是存在的自反维度。因此,海德格尔认为,对特定历史时期的存在所做的主流哲学解读不仅仅是主观的视角或世界观,也不仅仅是对任意的人类意志的投射或创造,而是存在的真实所指,即它选择在特定时间揭示自身所凭借的方式。同时,每一个揭示都是一种遮蔽,具有两种不同的意义。

第一种意义在某种程度上类似于黑格尔对他之前的所有哲学学说的理解,即每一种哲学学说在对整体的最终揭示中都是必要但不完整的部分。由于存在等同于历史性,任何言语都不能以任何方式表明作为整体的存在的真理,除了表明存在的历史性阻碍了与之有关的最终智慧;但第二种意义,既然存在是存在者发生的过程,那么过程本身就被它起作用的方式所遮蔽。人有可能获得这样一种认识,即作为整体的存在以一连串的时代或透视来揭示和遮蔽自身。"透视"一词必须被理解为指的是存在,而不是人。为了获得这一理解,人让存在以其自身的方式存在,或让存在处于并通过人的基本活动而遮蔽和揭示自身。人没有把片面和主观的

---

① 代表文本:*Der Satz vom Grund*,pp. 158, 176;*Nietzsche*,1,173—174;2,257。
② 看一看海德格尔对马克思主义有所保留的称赞,*Humanismusbrief*(与《柏拉图洞喻》[*Platons Lehre*]同时出版),p. 87。

第四章 历史性和政治虚无主义

解释强加给存在-过程,比如像柏拉图的理式说或亚里士多德的范畴论。这种解释在人与自我揭示-自我遮蔽过程之间建立了一种静态的、扭曲的屏障,可以说,人就是这个过程的子过程。

人看见的是存在者,而不是存在,这一事实意味着他看不到存在的缺席。他看不到自己没有看见存在,也看不到自己不能"看到(see)"存在,如果"看到"是指传统意义上的"推理"。因为"看到"作为"推理"或计算是对事物的观看(seeing),是存在物向我们呈现时对其形式的测量,而不是对存在——作为事物形成的过程、作为存在者形成的过程——的开放。总之,存在在两种不同的意义上被遮蔽了。第一种结构性的内在意义是存在被自身的活动所遮蔽,被存在者的出现所遮蔽。第二种意义是存在被哲学理论或由人类意志强加的透视视野所遮蔽。在跟黑格尔观点进行比较时,我已经提过,这些遮蔽的理论不仅是可悲的错误,更是人类的错误,这些错误可能已经被更伟大的智慧或更仔细的审查修正了。它们是必要的错误,是真理的"游荡(errance)",是存在迄今为止选择的揭示自身——更是遮蔽自身——的方式。① 存在的天赋,尽管需要人类来揭示,看起来似乎很像命运。但是,《存在与时间》中个人与民族所作出的坚定选择,以及决定他们未来、甚至拯救西方世界的政治演说,到底发生了什么事? 我试图对海德格尔的学说进行完整连贯的介绍,但因其学说的转变而宣告失败。因此,我们必须再次回到海德格尔自己的人生轨迹。

至少可以这么说,其早期作品之后的侧重点发生了变化,开始强调自治程度以及人类享有的自由程度。② 值得注意的是,这一变化恰恰发生在海德格尔辞去弗莱堡大学校长一职之后不久。愤

---

① 施旺著作第二章中对这个观点有相关的综述和文献。
② *Die Selbstbehauptung*, p. 15:自由是自我立法。这与《存在与时间》中的本己性(*Eigentlichkeit*)概念相吻合。在后来的作品中,自由被称为"揭示-遮蔽(das lichtend Verbergende)":*Vorträge und Aufsätze*, p. 33。

世嫉俗的人可能会这样解释这一转变。① 在海德格尔对纳粹的幻想破灭前,他强调了历史性的偶然性以及人类在历史行动中能够正确理解存在的偶然性。在幻想破灭后,他转而坚持真理和谬误的二元性,以及人类无法抗拒或改变命运赋予我们的每个时代的形态。② 海德格尔本人就他的思想"转向"这一备受争议的问题发表了一份复杂的声明。③ 他承认这一转变,承认《存在与时间》的思想仍然受困于它所要克服的形而上学语言的牢笼,但是他又否认这一转变,坚持认为他始终停留在《存在与时间》的"思想质料"之内,即存在得以发生的"时间特性"之内。转变的"发生"被解释为存在的发生,因此在他思想的两个阶段之间的"转换"是存在的天赋,或者是遮蔽之光的相应表达。

伴随着海德格尔的转向,新的回忆思维被明确地定义为从此在的优先性转向对存在本身的直接思考。存在主义的分析完全消失了,或者至少陷入背景中。这种分析的明显政治含义也是如此。像荣格尔一样,海德格尔从行动意志转向无意志的意志,转向泰然任之。在这种情况下,他的语言不再是现象学的,也不再是本体论的,而是先知的语言。在《存在与时间》一书中,海德格尔犹如启蒙运动之子,展望未来。在转向之后,他不仅回顾历史的过去,而且回顾本源。基础性、回忆性或"诗性"思维的功能是使人回归本源,以一种足以使人联想到异教徒和希伯来人思想的方式,从而导致最大的混乱。④ 这种思维是

---

① Löwith, *Denker in dürftiger Zeit*, p. 55; Schwan, pp. 94, 105, 171. 关于海德格尔的转向(*Kehre*)更富有同情心的解释,参见 W. Schulz, "Über den philosophiegeschichtliche Ort Martin Heideggers", in *Philosophische Rundschau*, 1953—1954, Heft 2—3, 4, esp. pp. 83ff. 。

② 对"新"观点比较直接的介绍,参看 *Vorträge und Aufsätze*, p. 25。

③ 在理查森一书的导言(Vorwort)中。

④ 关于新的思维模式,*Vorträge*, pp. 138 ff.; *Unterwegs*, pp. 30 ff., 180, 200, 随处可见。"诗化思想(Dichtendes Denken)",当然不等同于诗歌;参见 *Was ist Metaphysik?*, p. 46; *Was Heisst Denken?*, pp. 8, 92 ff., 125ff.; *Humanismusbrief*, pp. 75, 79, 115, 119。

第四章 历史性和政治虚无主义

一种"关心"、"栖息"、"指名道姓",甚至是"静听"。海德格尔,像一位牧羊人,像新的赫西奥德,在说话,或者更确切地说,在歌唱,他的缪斯不是人类经验,而是存在本身。然而,海德格尔坚持其思想两个阶段之间的连续性是正确的。在这两个阶段中,存在都是在时间性的视域中被理解的。而且,两个阶段都表现出他思想中同一个困难——如何区分人与存在。

我已经强调过,对于海德格尔来说,存在是一个"发生"的过程,作为一种"表演"在人的"此在"中,并贯穿于人的"此在"之中。人类视野的视域不仅是时间性的,而且作为显现存在过程发生的敞开,它等同或代表了存在过程。存在(Sein)的开放与此在(Da-sein)的开放是同一的。因此,政治虚无主义在人类行为中的支配地位,与存在之于人、经由人的自我遮蔽的"天赋"是一致的。这是海德格尔学说的一个匪夷所思的结果,即当时的主导政治形态必须被看作是存在在特定时代中所揭示的特征。从表面上看,这一学说超越了理论和实践,给予实践以特殊的重要性。这是海德格尔对巴门尼德"思想和存在是同一的"这一论断的改编,以适应极端的历史性学说。"同一"对海德格尔来说是在存在中将自身与思想之间的割裂;但这种二元性的根源是一种统一,人们可以追随海德格尔,呼唤二者对彼此的需要。① 这一需要是海德格尔对黑格尔关于存在与思想在绝对精神中统一的学说的修正。然而,黑格尔的绝对精神是对基督教上帝的一种诠释。而海德格尔,正如我之前提到的,在犹太-基督教和异教主题之间摇摆不定。在这一特殊情况下,他的灵感是异教的,如下文所示。按照海德格尔的说法,命名"人"就是命名栖息于天、地、神、人四重整体中;四重整体也是"物"或"人"的"结构"框架,因而也就等同于存在或世界

---

① *Was Heisst Denken?*, pp. 114—126, 146ff.

的结构。① 被选作存在的例证的东西是希腊的祈祷器皿,或众神的工具;通过反思海德格尔对荷尔德林的喜爱,也可以得出同样的道理。海德格尔的四重整体是黑格尔的绝对精神,不过是从异教诗歌中重新塑造出来而已。它阐明了方式之道的结构,也奠定了人类活动通过与之和谐相处来揭示存在的能力。这是诗歌和历史的结合。

海德格尔赋予农业意象以非同寻常的重要性,这表明,存在从土壤中"生长"出来,是天之恩赐与人之塑造的和谐,人也因此塑造了自己。因为人的言语就是存在的言语,所以人既创造性地参与到存在的(自我)揭示中,同时又是这一揭示的被动受众。② 当我们试图理解构成存在的历史性的"天赋"或"发生"的真正意义时,人与存在之间模棱两可的关系产生了两种不同的诱惑。③ 正如我们已经注意到的,尽管海德格尔始终否认永恒,但把存在理解为隐匿之神的天赋这个诱惑太大了,当代神学家们正以不断增长之势屈服于这种诱惑。④ 另一方面,我们不禁会说,既然存在向人的视

---

① *Vorträge*, pp. 163 ff. ; *Identität und Differenz*, pp. 21 ff. 对于存在需要人这一观点还有另外一个基督教灵感。谈到黑格尔在神学领域的前辈们,洛布科维奇(N. Lobkowicz)评价道:"上帝在人身上实现了自我荣耀。从埃克哈特(Eckhardt)到伯麦(Böhme)以及安格鲁斯·西勒修斯(Angelus Silesius)直到里尔克(R. M. Rilke)《时间集》(*Stundenbuch*),这是所有(伪)神秘主义的经典主题:上帝需要人达到他的最终圆满,通过与上帝联合,人与元初因(First Cause)靠得如此之近,以至于他几乎成为了自因(*causa sui*)"(*Theory and Practice*, South Bend, Notre Dame University Press, 1967, p. 173)。
② 关于言说或思考的消极和积极面的冲突,参见 *Was Heisst Denken?* pp. 127—128,和 *Vorträge*, pp. 208 ff.。对于 *Sein und Zeit*, p. 212 的重新解读,参见 *Humanismusbrief*, p. 83,极具启发性。同时参看 *Einführung*, pp. 131 ff. 以及 Richardson, p. 296。在海德格尔的政治演说中,积极的一面被夸大到了暴力的程度——从尼采那里继承的。
③ 海德格尔利用了发生(*Geschehen*)和对历史(*Geschichte*)的天赋(*Geschenk*)之间的词源关系。
④ Cf. Hans Jonas, "Heidegger and Theology", in *The Phenomenon of Life*, and Richardson's reply, "Heidegger and God-and Professor Jonas".

野和言语显现自身,那么应该是人自己赋予自身以存在的天赋,尽管是以一种阻止自己充分利用它的方式。

这两种诱惑与对黑格尔的两种极端解释极其相似,即世界是上帝的展开,或是人类的自我实现。对黑格尔的"正统"解读大概会认为上述两种解释都是正确的;也就是说,人类通过上帝的展开而圆满,或通过绝对精神的发展和人类历史之间的紧密关联。这种解读适用于黑格尔的情况,因为他声称这两种发展在他的时代都会达到顶峰或完结,这反映在他对智慧的系统阐述中。当然,对于海德格尔来说,没有智慧,因为没有时间的超越;存在-过程不是循环的。尼采曾经说过,理解琐罗亚斯德的人必须有一只脚超越生命。① 这个表达很好地捕捉到了一个把存在等同于时间的思想家所面临的困境。若果真如此,那么只有超越这一等同的人才能看到它,这恰恰与等同相矛盾。至少在这个意义上,尼采比海德格尔更专一;他承认他的学说给人以永恒的天赋。海德格尔从未这样说过;因此,除了先知的坚决或最终的顺从之外,他的启示在时间面前不受任何保护。②

但是,我们如何从受骗的固执中辨别坚决,又如何从奴役中辨别顺从呢? 上帝的启示和撒旦的诡计有什么区别? 如何防止海德格尔启示的表面价值被存在的历史性的下一个天赋抹掉? 海德格尔将真正的思维理解为存在"之"思维,这一概念与巴门尼德、斯宾诺莎和黑格尔的观点在表面上有相似之处;但存在的历史性剥夺了他"在永恒的相下"的立场。尽管海德格尔认为真正的思想家不会给"发生之事"附加"价值",并且认为对存在的天赋作出公正、尊严、或卓越的价值判断就是屈从于"道德形式主义",③其结果是屈服于时代力量所定义的发生之事的价值。海德格尔谴责的是纯粹实体的(ontic)

---

① *Ecce Homo*, in *Werke*, ed. Schlechta, 2, 1074.
② Cf. *Was Heisst Denken?*, p. 52.
③ *Sein und Zeit*, p. 291.

解释,用人的主观或"客观化"的投射代替了对存在之声的真正理解,把存在的尊严降低到纯粹的效用水平。① 真正的思考就像数学本体论一样,无法作出"价值判断"。然而,海德格尔将数字的超人地位归因于历史过于人性化的构造。这位真正的思想家,无论是坚定地接受,还是顺从地拒绝政治行为,都认为自己是存在的历史性的呈现;这种拒绝严肃对待政治和道德的态度,立即转变为对政治和道德的过度重视。这就是海德格尔前期和后期学说相矛盾的政治后果的内在统一。只有历史情况才能决定我们主动或被动的行为。

事实上,这位存在的先知-牧羊人是缺席的众神的玩物。他不能在人的意义上犯错,因为他的"错误"不是人的或是实体的(ontic),而是本体的(ontological)。1933 年对纳粹党的忠诚,如果从海德格尔本人所坚持的本体论或真实的层面来解释,就不能被理解为一种天真的行为,像海德格尔的崇拜者那些各执一词、流于表面的说法。同样,1934 年以后他对该党的负面态度,也不能按他本人 1945 年对同盟国当局的声明中所作的解释来理解,他当时承认仅仅是在为人类哲学精神服务的过程中出现了政治上的错误。② 对这种"新"态度,必须负起责任或受到表扬的(如果有的话)是存在的天赋,而不是海德格尔的实体判断。正如海德格尔在其哲学著作中所阐述的理论意义,1934 年及此后的实践立场并不是对纳粹的道德谴责,而是对纳粹历史必然性的接受,与 1933 年的情况一模一样。我们现在知道,存在者对存在的遮蔽受到技术、计算或客观化思维的鼓励,这一思维旨在统治世界,而不是实现与世界的真正统一。不过,统治过程本身不能被统治或终结;它必须

---

① *Humanismusbrief*, pp. 99, 105—106, 111; Schwan, pp. 142, 157; *Nietzsche*, 2, 222 ff.
② 参见第 48 条。

作为存在的授权(mandate)实现自身。

这一授权,尽管危险,甚至具有虚无主义的性质,可能给人类带来灭顶之灾,却揭示出存在作为历史性的意义。① 它揭示出存在作为在场和缺席的意义,作为时间过程的意义,在完成每一个阶段时,为新的可能性"清场",人和堪称模范的真正思想家只能为此等待。企图以政治行为加速我们目前危险阶段的灭亡或终结,是向内在的虚无主义屈服,因为虚无主义是意愿意志,是支配存在的意志,而不是顺其自然的意志。虚无主义既是人对存在的遗忘,也是存在的天赋。存在给予人虚无主义,而人是虚无主义的代理人。于是,得出一个奇怪的结论,反抗虚无主义就是反抗存在,从而使虚无主义永存。这是长期以来反抗柏拉图主义得出的本体论结论,这一版本的明确形态由尼采和海德格尔给出。人无意对存在施暴,却被存在侵犯。这位本体论虚无主义者将行为等同于彻底的毁灭或净化的自我撕裂,于是就退回到完全的无为状态(inaction)。对他来说,存在就是瓦雷里所说的"纯粹虚无的缺席(un défaut dans la pureté du Non-Être)"。②

五

现在可以简单地总结一下我们迄今为止的分析过程。虚无主义作为我们这个时代的政治和道德问题,其根源在于当代认识论和本体论。这并不是说虚无主义是一个作为科学研究对象的"理论"问题,而是说对它进行客观研究的需要源于人的本性。虚无主义是偶然发生的历史事件,这种说法是错误的,或者是不充分的。

---

① 施旺对这一点的总结清晰且有说服力:Ch. 8, pp. 146 ff. 。
② 引自 F. J. von Rintelen 的著作,*Beyond Existentialism*, London, Allen and Unwin, 1961, p. 43。

当代历史的形成本身就是产生当代认识论和本体论的同一力量的结果。我认为,历史的主要动力是人类对理性本质的认识,更具体地说,是对理性与善之间关系的认识。我曾试图说明,这种关系观念上的转变,以现代对古代的反叛为特征,如何成为我们这个时代虚无主义出现的基础。就此,我有必要作出两点解释,一点显而易见,另一点则不那么明显。首先,我不打算回顾现代性起源的历史。我的阐述主要来自哲学,小部分来自科学。例如,马克思主义者会发现,我对封建社会向资产阶级世界的转变缺乏详细的讨论,或者更笼统地说,没有把理论归结为经济学,是一个致命的缺陷。这里,我会简明扼要地回应这一批评(可以代表其他有关话题限制的反对意见),因为我计划在下一章中继续讨论这个问题。关于体力劳动优先于思考辨析的中心论题,即哲学是特定生产方式的意识形态的"合理化",本身就是哲学论题,而不是经验事实问题。就其本身而言,不考虑它所产生的许多有趣和有价值的理论成果,它就是黑格尔关于劳动性质的学说的低级版本。黑格尔对劳动的分析,反过来又是对哲学史的长期反思,可以说,它相当于对亚里士多德理解人类正常劳动的批判。因此,对现代虚无主义进行真正的马克思主义分析的第一步,应该是对现代哲学及其古典先例进行哲学批判。哲学家们对于马克思的辩护者是否理解这一点并不感兴趣,除非这是对哲学的憎恨所导致的可悲的政治后果,实际上,这些辩护者并没有抓住马克思的哲学精髓。哲学马克思主义者,无论是否同意我的判断,都应该支持我的论证程序。

这引出我的第二点解释。我不想要坚持,也从未坚持,认为虚无主义是现代世界的一个独有特征,代表着它完全不如古典时代。本文中,我并不是站在启蒙运动、数学科技或政治自由主义的对立面。依我所见,这种立场是错误的,原因有二。首先,虚无主义起源于人的本性,而不是偶然的历史事件。它可能以这样或那样的版本出现在古代不同的关键时期,尽管肯定不是以今天的这种形式。虚无主义是一个哲学问题,而不仅仅是一个历史现象。归根结底,历史就是一个哲学问题,现代意义上的历史产生了虚无主义的现代形式。其次,作为我刚才所说的结果,它是历史主义的一种形式,屈服于产生现代虚无主义的力量,在一个历史时期,而不是在另一个历史时期寻求其解决办法。重柏拉图哲学,轻马克思哲学,并不一定意味着希望回到希腊城邦。假使这种偏好真的与这一愿望相伴,柏拉图主义者也非常清楚愿望和实际政治行动之间的区别。就我个人而言,我认为柏拉图的基本观点绝不是他所处的时代和地点所特有的。如果我是某种程度上的柏拉图主义者,我一定会无意中听到尼采对保守主义者的忠告:政治上无法退回到过去。① 我能理解这个忠告,因为我以前从柏拉图那里学到过,从历史角度理解回归起源是错误的。

我对现代哲学某些方面的批评,并非出于对现代性本身的厌恶。它的前提是柏拉图-亚里士多德关于理性和善之间关系的观念优于现代观念,或者主要是现代观念。作为这一前提的推论,我认为古典观念与我们的情况完全相关,我们可以从中学习甚至采用它,无须否认我们作为后古典时代公民与生俱来的权利。在撰写本书的过程中,我并没有从分析这一前提开始,而是努力说服当代读者相信这样的分析是可取的。我试图对现代虚无主义进行批判,表明它是如何根据自己的原则沦为沉默和奴役。正如前几章所阐明的,我所说的"现代虚无主义"远不止某一特定的社会状况。这个词泛指现代哲学中的虚无主义成分,并不仅仅指尼采和海德格尔的本体论虚无主义。下一步将转向柏拉图对理性与善之间关系的陈述。这取决于现代哲学家,尤其是尼采和海德格尔的主张,以显示"柏拉图主义"的不足之处。问题的关键在于:海德格尔认为柏拉图对西方传统中的虚无主义负有责任。无论我们是柏拉图

---

① "Streifzüge eines Unzeitgemässen", *Götzen-Dämmerung*, no. 43.

主义者,还是希望成为柏拉图主义者,作为对虚无主义很感兴趣的人,我们有义不容辞的责任去了解海德格尔对柏拉图的解读是否正确。这与读者是否接受我对海德格尔的批评无关。因此,无论是敌是友,但肯定不是庸俗的历史党派,让我们试着回到源头,抖擞精神来面对当下。

第五章 善

一

　　虚无主义从根本上说是一种企图,代表了一种未知和不可知但却被期待(hoped-for)的未来,去克服或否定过去。这一尝试所隐含的危险是,似乎有必要否定当下,或者消除人们为了实现甚至仅仅见证历史转变的过程而坚持的理由。无聊或绝望的情绪是虚无主义最明显的消极表现,证明了虚无主义隐秘本质的不连贯性。克服过去的尝试必然根植于对过去的判断;虚无主义者不可避免地、甚至前后矛盾地断言,在当下,过去的价值比未来更少。由于克服过去的指令过于复杂,无论是政治革命、创造意志,还是本体论的泰然任之,我们往往认识不到被期待未来的未定义性质。虚无主义者召唤我们为了一个无法表达的愿望而毁灭过去,更不用说保证实现这个愿望了。在我们目前看来,无阶级社会,超人,下一个时代的存在历史(*Seinsgeschichte*),都是对《理想国》中苏格拉底所描述的那种愿望的极端修正。甚至连柏拉图的现代敌人都没有充分强调,正义之城,正义之人所向往的城市,其实现依赖于对过去的毁灭。把每一个超过10岁的人从新城市中驱逐出去(除了未公开声明的开国元勋),就是最明显的例子；苏格拉底对诗人尤其是荷马的批评，也很明显。人们不能通过诸如"保守"和"反动"这样流行的政治分类来理解《理想国》。柏拉图，像所有哲学家一样，无论政治立场是什么，都是一个革命者：他希望"让人们转过身来"（著名的希腊语 περιαγωγή），面对与传统不同的方向。

然而，柏拉图和虚无主义者之间的区别在于：尽管虚无主义让我们面向历史的未来，但柏拉图在历史意义上却既没有让我们朝前，也没有让我们向后。柏拉图所说的"让人们转过身来"是朝上的（upward）。柏拉图希望我们能适时确定自己的方向，不受制于时间性的即逝。如果这种愿景是可能的，那么也只有这样，人们才能获得当下"稳固"或安全的基础。只有这样，才能克服过去，克服不可定义的未来所固有的危险。虚无主义者的未来是从无到有（ex nihilo）的创造；克服过去的指令不能充当使新的可能性得以实现的"质料（matter）"。换句话说，由于时间性是过去和未来唯一的共同基础，所以未来具有的某种稳固的特性可能是即逝、消极，或即将到来的一无是处。渴望创造新的价值，即便仅仅是一种愿望，正在成为一个没有价值的过去。虚无主义对过去的否定，其积极方面似乎不是来自对未来的憧憬，而是来自对当下的幻想。这一幻想关系到对当下的呈现方式，即现在指令如何用未来取代过去。考虑到未来之不存在和过去之无价值，一个转瞬即逝的当下如何能够独立存在，如何能够表明自己的重要性？此刻断续的时间片段又能用什么方式形容自己？

当下作为虚无主义的重要时刻，是埃里亚学派本体论中非联结一元体（nonarticulated monad）的过渡版本。因此，虚无主义被表述为一种正面积极的学说，这种言论相当于什么都没说（silence）。虚无主义积极和消极两个版本之间的区别不可能被准确地表达为两种言论或叙述的区别；相反，叙述一定是两种情绪之间的区别之一。对于积极的虚无主义者来说，面对一个转瞬即逝的、毫无价值的、寂静无声的世界，真正的反应是勇气或决心；对于消极的虚无主义者来说，它是恐惧或恶心。因为勇气或决心本身就根植于恐惧或恶心之中，所以很容易看出起中介作用的不是理性，而是希望。虚无主义者在绝望中坚持不懈，并不是因为他有这样做的理由，而是因为一切理由的毫无价值被他肤浅地理解为自由。虚无主义者从世界的不稳定中解放出来，在自己的绝望中找到稳定。就像现代数学认识论的论点一样，虚无主义者是价值无涉的（value-free）。他是一个事实。然而，关键一点，虚无主义者比认识论者要敏锐得多。如果"世界就是这样的一切"，或所有事实的无价值事实，那么这些事实的事实性（facticity）本身就没有价值。事实性只是即逝性（transience）的同义词。"实际情况是什么"的意义并不在于事实本身，而是在于人类意识的特殊事实，即（虚无的）意识抓住了事实性的内在无价值。重要的不是事实，而是它们的意义；意义与事实性无关。这是从事实性至上得出来的矛盾推论：在价值无涉中坚持不懈，是为了自由地对价值进行投射。

根据黑格尔的观点，现代哲学的主要特征是赋予主体性的自由以首要地位。虚无主义在其全部或积极的版本中都具有这一特征，也许可能是它最后的必然结果：我绝望故我在，甚至因其荒谬而希望（despero ergo sum, or even spero quia absurdum est）。而且，虚无主义者之所以绝望，是因为他完全开悟（启蒙运动的终极结果），或者摆脱所有幻想。绝望是他开悟或自由的标志，是他正直的印记。有人不禁会说，虚无主义者期盼绝望是为了自由地获得希望的可能性。价值与意义，如果它们是事实性的基础，则以客观性的锁链束缚人的自由。虚无主义者用绝望之酸溶解了这些锁链，再让自己溶进对绝望的希望之中。这是他前后矛盾的存在主义表现。用老话来说，虚无主义注定会失败，因为它从智慧、正义和节制中夺走了勇气。① 正如我们所看到的,对勇气的依赖导致尼采祈求放出金发野兽和发动普遍毁灭的战争作为积极虚无主义来临的消极前奏。同样地,海德格尔在1933年误把疯狂当作勇气,并将第三帝国的命运等同于存在的命运。这个错误似乎起因于神性的根除,以及神圣迷狂(divine madness)的根除。至少可以这样说,在没有正义或节制的情况下,勇敢地转向存在,会带来巨大的政治危险,从而给狂妄自大的智慧蒙上阴影。

我们已经在黑格尔的观点中看到,自由取决于一种超越善与恶的假设。尽管哲学家们一直明白真理和意见的区别,但由于历史上"理性的狡计",认为意见必须被真理取代这一观点相对比较新。这里的关键不仅是满足对高尚谎言的政治需要的适宜性,更是基于对意见范畴的本体论地位的理解,即今天所谓的生活世界(Lebenswelt)。对纯粹人性的冷漠,无论是受到历史性还是数学的启发,都不能阻止我们选择兽性来取代神性。这一问题并非现代历史主义所特有,它隐含在本体论虚无主义者的要求中,要回归到前苏格拉底的世界,以获得对未来真理的暗示。这一要求基本构成了对苏格拉底"人性化"哲学的批判,因为他把哲学从天堂带到人间。苏格拉底被指责用存在如何向人类显现的表象来掩盖存在的自我显现。在海德格尔对此的指责中,尼采提出的道德异议被转化为本体论的曲解。对尼采来说,一个理想的、超感的世界被投射为价值核心,会耗尽物理或生理世界的创造力。在本体论意义上认识到世界的无价值,是创造人类重要价值的必要条件。海德格尔指责尼采本人是柏拉图主义或人文主义,他这是本末倒置。人类价值的创造本身就是一种虚无主义的干涉,即把"价值"作为

---

① 参见 Nietzsche, *Also Sprach Zarathustra*, Vorrede, par. 4(ed. Schlechta), p. 282:"我爱那人,他使自己的德性变成自己的倾向和自己的祸患……我爱那人,他并不意愿拥有太多的德性。一种德性胜于两种德性。"整个语境清楚地表明,尼采更倾向于勇气。

存在的天赋呈现给人类。因此,认识到人类价值的无价值是揭示世界作为本体论价值域(horizon)的必要条件的重要组成部分。

尽管尼采和海德格尔之间存在着根本性的差异,但他们都认为苏格拉底或柏拉图是导致西方世界出现虚无主义的罪魁祸首。他们也同意,这种责任源于对人或此在(Dasein)的误解。在这一点上,有分歧的古代人和现代人之间达成共识;前者认为,哲学家只看地球之上和地球之下的事物是不够的。为了看清整体,研究中间事物也是必要的,而且有必要把握这样一个事实的后果,即"看"这一活动本身就是中介(intermediate)。正如后来海德格尔可能部分同意的那样,哲学的精灵(daimon),站在人与神之间,把尘世间的事物与地球之上和之下的事物联系起来;通过连接人和神,它把人间和天堂连接起来。当然,海德格尔的批评可以归结为这样一种论点,柏拉图的精灵说制造或投射出这些联系,即事物之中的事物,人性而非"神性",实体(ontic)而非本体(ontological)。即使在海德格尔对中介的关注中,他认为它最终既不是人,也不是神,因此最终不是中介。这样的区别仅仅是实体的,从而掩盖了一件重要的事情——本体差异。如前所示,海德格尔对事实性的庆祝仅仅指向独特性(即存在-过程),而不是指向独特的事物。在柏拉图式的语言中,人们可能会说海德格尔忽略了隐含在精灵神奇力量中的危险。通过连接人间和天堂,它可能带领某些勇敢的凡人离开尘世或人间,并且努力奋斗,不论是在众神缺席还是毁灭的情况下,努力让自己成为神。于是问题出现了,如果没有真正的神,那么神性的疯狂如何可能与纯粹的疯狂区分开来。

这里没有必要重复海德格尔所说的存在(Being)用何种方式与神类似。关键是不可能在此神与人之间进行区分。然而,这种不可能性并没有赋予人类价值以神圣地位;相反,它剥夺了人类所有的价值。表面上对中介的关注被重新解释为对存在的呵护。在这一点上,海德格尔和年轻的苏格拉底不谋而合,正如我们从柏拉图对话录和阿里斯托芬那儿所了解的那样,苏格拉底本人就是一个"前苏格拉底式"或自然哲学家。在苏格拉底发现中介之前,他从神性的角度来理解自然,或者把自然理解为物质运动的数学秩序。在阿里斯托芬的喜剧《云》中,我们看到年轻的苏格拉底,他悬浮在气球中,研究着地球之上和地球之下的事物,俯视着众神和人间之城。我们可以假定,这样的苏格拉底对于人类的爱欲还是一无所知,并且是有缺陷的。他还没有接受来自狄奥提玛(Diotima)和阿斯帕西亚(Aspasia)有关爱欲和政治修辞的训练,至少没有被吸引或改变。① 他坚硬而又阳刚的天性尚未被女性柔化,因而尚不完整。正如《巴门尼德篇》所指出的,他无法"爱"中介阻碍了他无法理解神性。② 毫无疑问,这一时期的苏格拉底会把测量跳蚤跳跃的方法技巧应用到人类身上。从这个"数学"角度来看,大将军的技艺和小喽啰的技艺之间并没有本质的区别。③ 因此,阿里斯托芬将苏格拉底刻画成只会教导学生如何论证公正以及不公正的逻各斯(logos),而不会教导学生如何在二者之间作出选择。

阿里斯托芬通过含蓄地谴责苏格拉底的虚无主义,在某种程度上预见到了尼采和海德格尔的指控。不过,他这样做的原因,比起成熟的苏格拉底或他的学生,更适用于尼采和海德格尔。我们现在可以这样说,阿里斯托芬谴责前苏格拉底哲学是虚无主义,至少是将本体论与数学物理等同了起来。把神性与数字等同起来,就和当代本体论虚无主义一样,对理性与善的关系有着相同的灾难性后果。当然,我们无法对柏拉图思想的基础提供一个完整的解读。然而,我们必须试着去理解,对话中成熟的苏格拉底,如何

---

① 阿斯帕西亚在柏拉图的《美涅克塞努斯篇》(*Menexenus*)中被描绘成苏格拉底的修辞学老师。与《会饮篇》的关系,参见我的《柏拉图的〈会饮篇〉》(*Plato's Symposium*)。

② *Parmenides*, 130c5.

③ Cf. *Sophist*, 227a4 ff.

试图提供一个坚实的避难所,以逃避对时间的永恒否定。如果善是唯一(the One),①那么它既不是伊利亚学派的善,也不是毕达哥拉斯学派的善。天体音乐[译者注:毕达哥拉斯认为恒星和行星在天体中做有规则运动时能够发出音乐般的声音],即使是由序数而不是由基数谱写,它本身并不能解释哪些人在计算和测量。

二

根据海德格尔的观点,"存在"在原本和真正的希腊学说中被理解为可见性的存在,具有"萌发"或"绽放"(φύσις)以及"聚合"(gather together)或"集合"(collect)(λόγοϛ)双重含义。② 海德格尔因此强调,运动和发展相比于静止和完成具有优先地位。③ 存在者出现或呈现于存在的开放性(Lichtung)中,这是一个过程、发生或结果,存在不断从一个未知沉默的源头中涌现出来使自身多样化,同时也在视觉和听觉的共同联结中聚合或汇集自身。④ 当

---

① 亚里士多塞诺斯(Aristoxenus)提到,柏拉图在他著名的演讲《论善》(On the Good)中说过(⟨τ⟩ ἀγαϑόν ἐστιν εν),引自 K. Gaiser, Platons ungeschriebene Lehre, Stuttgart, Ernst Klett, 1963, p. 452。字面意思是"善是一",而并非它是唯一。
② Einführung in die Metaphysik, pp. 11, 131—134, 142; Vorträge und Aufsätze, pp. 269 ff. 在第 274 页,海德格尔说 φύσις 与 ζωή 意思一样:"生命"在这里被定义为"走出去"或出现在视野中。然而,在 Einführung 第 11 页,他指出 φύσις 的例子包括天空的运行、海洋的波浪,等等。
③ 具有代表性的段落,参见 Die Frage nach dem Ding, pp. 33 ff.; Nietzsche, 2, 13, 485, 489; Der Satz vom Grund, p. 144;"Vom Wesen und Begriff der Physis Aristoteles Physik B1", in Il Pensiero, May-August, 1958, Pt. I, p. 138。在 Unterwegs zur Sprache, p. 213, 海德格尔说道:"时间本身在其本质整体中并不运动,而是寂静地宁着着。"但对海德格尔来说,静止(Ruhe)是自我约束的运动。
④ "过程、发生或事件"(process, happening, and eventuation) 翻译自德文 Bewegung, Geschehen, and Ereignis。关于源头的未知和不可思议特点,参见 Identität und Differenz, p. 44; Nietzsche, 1, 471, 2, 484;Unterwegs zur Sprache, p. 31, 以及本书前一章的讨论。关于视觉和听觉的共同根源,Der Satz vom Grund, pp. 86 ff.。

人被卷入这些联结或被收集的成分分散了对过程呈现的注意力时,当他专注于根据种类对这些成分进行分类和测量的技术活动时,存在就被遗忘了。在它的位置上出现了一个"种类"或"形式"的世界,即事物如何向人类显现(how things look to man);① 这个"显现(look)"被转化为一个独立的、客观的、固定的或永恒的范式。人类忘记了曾经按照自己的形象创造了这些范式,然后通过打破其聚合的形(shape)来损害如此(that)的显现;这个形现在被认为是一个什么(what)。柏拉图把λόγος(逻各斯)与φύσις区分开,把已成形过程与塑形进行中区分开;因此,他用超感和现象(the supersensible and the phenomenal)这两个人造领域遮蔽了存在。② 以前"真理"或"去蔽"(uncoveredness)与"存在"或存在开放性中萌发和聚合的过程是一样的,但现在被认为是关于存在者的陈述属性。"真理"现在被定义为"正确性"(correctness),根据命题言语和独立理念(separate Ideas)之间的相似性或一致性。③ 因此,人与存在之间的亲密感和完整性被割裂了。真理不再是人所参与的显现或揭示活动,人也不再通过这一活动"接触"呈现自身的事物。④ 智慧不再保留它的真正含义,即"精于世事,视存在为显露,视持续为显现"。⑤ 哲学不再是生命,而是为死亡做准备;更准确地说,它是萌发φύσις的死亡,通过被割裂、被改变的聚合λόγος(逻各斯)。

柏拉图将存在重新解释为 idéa,即用可计算、可分类的属性来

---

① *Vom Wesen des Grundes*, p. 41; *Was ist das — die Philosophie*? (Pfullingen, G. Neske Verlag, 1956), pp. 16, 24—27; *Platons Lehre von der Wahrheit*, pp. 34, 46; *Einführung*, p. 139.
② *Nietzsche*, 2, 430 ff.
③ *Einführung*, p. 142; *Platons Lehre*, pp. 41—42, 49; *Humanismusbrief*, p. 106.
④ *Einführung*, pp. 134, 146; *Was Heisst Denken?* pp. 73—74, 122—126; *Vorträge*, pp. 208 ff.
⑤ *Platons Lehre*, p. 47.

定义存在者（beings）的范式。由此，他把这些范式看成 τὸ ἀγαθόν，善，即"使事物（das Seiende）有用或有能力（tauglich）成为（be）事物。存在具有创造可能和条件的性质从而显示自身。这是所有形而上学都采取的决定性步骤。"① 存在既被认为是纯粹的存在，也被认为是使纯粹存在可能的条件。② 事物可能性的条件就是尼采称之为"价值"的最初说法，即允许事物存在的条件。条件优先于事物相当于把它等同于 ὄντως ὄν，而事物被还原为 τὸ μὴ ὄν。③ 在西方哲学史中，这是存在作为必要条件体系的发展基础，在此基础上人作为主体必须事先计算。它是价值发展的基础，同时也是晚于、依赖于、显露于人格化价值范式的"贬值"的基础。④ 这是虚无主义的古典起源，或认为事物作为整体是无价值的。⑤

事实上，尼采和海德格尔指责柏拉图式的苏格拉底缺乏生存勇气，并指责他因此无法尝试与存在直接接触。无论这种失败是有关人类道德，还是本体论命运，它导致了对存在的驯化，使之成为有用的、因而（正如笛卡尔所明确的）是安全的。在《斐多篇》（Phaedo）中，苏格拉底本人谈到了与事物直接接触的危险，同时讨论了他自己哲学观点的发展。他警告说，由于疏忽，有些人会在日食期间直视太阳：

> 有些人的眼睛会坏掉，如果他们不是通过水或其他同类的媒介物观察太阳反射出来的影子（εἰκόνα）。我感到类似情况也在我身上发生了。我担心，由于用肉眼观察对象，

---

① *Nietzsche*, 2, 226.
② Ibid., p. 229.
③ Ibid., p. 227.
④ Ibid., p. 230.
⑤ Ibid., pp. 282, 313.

试图借助每一种感官去理解它们,我也有可能使自己的心智变瞎。①

当然,这一警告对像阿那克萨戈拉(Anaxagoras)这样的自然哲学家非常适用,他们靠物体确定方位,但正如太阳那个例子所暗示的,它也适用于那些努力与存在直接接触的人。问题是如何用最安全的方式获得可见性,以及可见性的源头。数学物理学家和基本本体论学者都对影像(icons)不屑一顾;他们是打破传统观念的人,渴望看到神性对人性的蔑视。这种本体-认识论上的大胆,在坚定而又无情的"真诚"中有实际的对应物,即苏格拉底所说的 πίστις,翻译过来的话,就是对影像的信仰。相反,苏格拉底在观察太阳时小心翼翼,同样在人类意见领域也进行着审慎的讽刺。

物理学家和本体论者的反传统观念在言语(speech)问题上遭受重创。物理学和本体论都是事物显现在人类心灵中的言语或影像。② 在不同程度上,试图净化言语的人性或图标性内容,对物理学和本体论来说显然是必要的。就物理学而言,结果就是数学,只要数学仍然是人类语言的工具,其结果就是有益的,但当数学本身成为语言范式时,其结果则是自相矛盾的而且极具破坏性。言语被剔除了图标性内容,演变成一种最奇特的影像(icon)——沉默的言语形象(image),非常接近基本本体论的无声言语(silent speech)。非图标性 εἰκόνα (影像)的纯粹言语是沉默的,因为它完

---

① Phaedo 99d4 ff.
② 参见 Republic 596c4 ff. 苏格拉底把模仿的艺术家比作一面镜子,镜子能够反映整体,他显然是在运用心灵的影像(icon),正如上下文所阐明的那样;参见 588b10 ff. 他用 εἴδωλον 一词表示模仿艺术家的劣质影像(例如,598b8, 600e4),参见 Jacob Klein, *A Commentary on Plato's Meno*, Chapel Hill, University of North Carolina Press, 1965, pp. 112 ff. 和本人专著 *Plato's Symposium*, pp. 294 ff.。

全忘记了在人类心灵中的起源。这种彻底的自我遗忘,让言语连根拔起,是因过度大胆而产生的光学幻觉。换句话说,直接观察事物实际上是在观察有关事物的言语。无论如何,观察对于人而言也是在言说;因此,理论与逻各斯之间密不可分。看是用知觉(sense perception)语言看待事物,集合(或重新汇集)时空领域中的感性特质,形成确定的形状。正如词源学表明,类聚过程(collection)伴随言语发生。从根本上讲,逻辑集合就是心灵在感知领域中识别统一的过程。对当前的统一保持沉默,就是无法识别它,以致使它不可见,或虚无。

决定观察事物而不是观察有关事物的言语,相当于对事物视而不见。在这里,与知觉的类比可能有些误导,因为我们没有或可能没有注意到,在看一朵花、一场日落,或任何想看到的事物时,内在言语使"事物本身"可见于我们保持的外在沉默。如果词语干扰或不能公正处理一个特定场景的视觉影响,那么这种影响将完全取决于心灵先前的集体功能,而这一功能又向其他功能呈现出被欣赏的场景。在这种思维模式下,存在以存在者的形式呈现自身,除此之外(基本本体论者显然同意)皆虚无。存在的可见性并不依赖于预先承认它的缺席,而是依赖于其表现形式对心灵逻辑功能的可及性。思考是被清晰表达的观察,是把看到的东西说出来,由此可以确定,不仅仅是言语,还是类聚(col-lection)。因此,思维伴随言语一起发生,事物伴随知觉一起发生,思考沉默的思维就如同观察事物的呈现。我们可以做到这一点,但我们是通过知觉,而不是独立于知觉。同样地,我们也可以思考沉默的思维(silent thinking, νόησις),但我们是通过说出的想法(speaking thought, διάνοια);这是理解为什么苏格拉底把最高的哲学活动称为辩证法的一种方式。

在前面引用过的《斐多篇》中,苏格拉底接着讨论了他自己的转变,从直接观察事物到"求助于言语(λόγοι),以便从中看到事物的真理。"①在这一点上,必须把苏格拉底的做法与胡塞尔和海德格尔共同的做法相区别。尽管胡塞尔和海德格尔两者之间存在许多差异,但他们一致认为,事物的意义与我们对该事物有意向的意识是分不开的,脱离我们对该事物有意向的意识将是无法理解的。这在胡塞尔身上也许比在海德格尔身上更明显。然而,即使对于海德格尔来说,"存在感"也是在有关存在的此在计划(Dasein's project of Being)的开阔视野中形成的。在《存在与时间》之后,这一点被转变为存在真理作为人类天赋的自我显现,但是这一侧重点的变化(从存在作为人的计划到人作为存在的计划)只是夸大了思想和事物的统一。在胡塞尔和海德格尔看来,这种统一(思想与事物的意义或存在)的本质是历史性。历史性问题在胡塞尔那里从纯理的理式(eidos)置换为主观性的本质。然而,在海德格尔那里,意向既避免主观性,也避免客观性;这种更为激进的自我遗忘,在思想和存在的统一中压制了口头成分。事物和思想者,类聚和收集者,由于本体论差异都从属于"和"或"聚(col-)"。

从当代角度来看,我们可以说,苏格拉底为了避免历史性和沉默的双重危险而转向言语。通过把言语看作事物(在他的例子中,也就是太阳)的影像,②苏格拉底把事物的意义或真理看作既独立于观察活动,却又被观察活动所揭示。通过超越思想的言语,他得出关于理式(Ideas)"最安全"或"最稳定"的假设,即"绝对的美,绝对的善,绝对的伟大等等一类的事物"。③ 我们随即发现,这并不像海德格尔所说,会引发对真理"符应论"的限制,即真理作为言语和事物之间的对应特性。可以肯定的是,作为影像符号的言语和

---

① *Phaedo* 99e5—6.
② 100a1—3: λόγος(逻各斯)和 τὸν ἐν ἔργοις 一样都不是 εἰκών,就像亚里士多德也许会说,事物作为起作用性存在(being-at-work)。因此,它要么多于一个影像,要么少于一个影像,但归根结底它还是一个影像。
③ 100b5. 苏格拉底说,把这些作为起源中的原则的源头是"最安全的"。

伴随言语的形状(或者,间接地说,视域)之间一定存在一种对应关系;在这个意义上,存在-过程所揭示的内容和它所揭示的思想之间也一定存在一种对应关系,但更根本的是,这个影像(icon)的功能(处于推理的幻相[in dianoetic eikasia],如雅可布·克莱因[Jacob Klein]所说)是显示或揭示真理,作为所说事物的存在意义。言语和言语所显示的形式之间是有区别的。完全意义上的真理不是命题或影像的属性,而是在影像中反映出来的存在。①

在《斐多篇》中,理式的"安全"在于对抗物体运动(物理学)和太阳强光(本体论)所体现出的坚定耐力。可靠性、安全性和稳定性这些相关概念在整个柏拉图对话录中对理式的讨论起着重要作用。要理解这些术语的重要性,最简单的方法就是考虑到起源的不安全性、永恒运动性和破坏性。从起源过渡到 οὐσία 的安全领域,从物体过渡到反映物体真理的言语,这在《理想国》中尤为明显。② 苏格拉底在讨论了知觉的含混性之后,开始强调纯理(noetic)领域的安全性和稳定性。③ 数学(计数和运算)是从含混性向辩证法确定性的过渡:我们可以"依靠"两种不同感觉感知事物的数理结构。数学也能使士兵和哲学家同仇敌忾对抗起源的破坏性和不确定性。④ 因此,坚定激发了士兵和辩证学家的勇气,这并非取决于生存决心,而是取决于知识。苏格拉底的勇气与知识是分不开的,与审慎和节制也是分不开的:一个人不能把轻率误认为是坚定,也不能把盲目的希望误认为是远见卓识。这样,理式保护我们免受两种形式的失明,一种是因为过度黑暗(运动模糊),另一种是因为过度光明(太阳)。

---

① 参见 Republic 506e3, 508d4 and e1. 从 522 ff. 开始,苏格拉底将 οὐσία 和 ἀλήϑεια 两个词互换使用。
② 在 Ast, Lexicon Platonicum 书中,参见以下词条 ἀσφαλής, βέβαιος, 和 μόνιμος。
③ E. g. 533c7; 535a10, c1; 536e3; 537b8.
④ 525b3 ff. , 533b1 ff.

正如它的主题——正义所表明的那样,《理想国》是致力于探讨哲学的节制方面的对话。因此,它从爱欲、癫狂和诗歌中抽象出来,所有这些都与物体或起源有关,并在整个对话中受到批评。①数学是最冷静的科学,在展现哲学的冷静方面是特别合适的盟友。《理想国》的公共氛围和主题,与《会饮篇》和《斐多篇》的私人氛围和主题相对照,表明只有在城邦变得冷静和坚定之后,神圣迷狂才会得到许可和安全。在这个层面上,《理想国》的根本问题是如何在起源中建构人类的生命形式,尽管只是在言语中,同时尽可能地从起源中抽象或对起源进行限制。正义的不可能正是由于政治存在的非数学性质所致。从这一点来看,士兵的勇气和辩证学家的勇气存在着不成比例的差距:数学的上升终结在极端非政治的普遍性中。因此,辩证学家通过外部约束返回城邦,可以说是被士兵强迫为之,而士兵的精神恰恰是被辩证学家唤醒了政治意识。士兵的勇气因辩证学家的知识而倍增或变得高尚,而辩证学家的知识则被士兵的勇气所限制或变得庸俗。在这里我们可以发现主从式(master and slave)辩证法的隐含版本。

苏格拉底对正义城邦可能性所下的最终结论是否认它的现实性与历史相关:

> 或许天上建有它的一个原型,让凡是希望看见它的人能看到自己在那里定居下来。至于城邦是现在存在,还是将来才能存在,都没关系。反正他只有在这个城邦才能参加政治,而不能在别的任何国家里参加。②

这几行文字与《理想国》所体现的跨政治基础表达了同样的观点。

---

① 有关必要说明,参见我的论文"The Role of Eros in Plato's *Republic*", *Review of Metaphysics*, 19, March 1965, pp. 462—475。
② *Republic* 592b2 ff.

第五章 善

在目前语境中,这些内容说明了哲学家如何通过转向言语来回应起源或物体的不安全。其政治责任是由逻各斯的城邦所决定的,这并不是因为他没有能力去面对或把握政治现实,而是因为现实只能通过言语来面对或把握。历史存在的"真正"城邦,其本身是不可能通过直接接触来把握的,就像一根手指的长短不可能通过直接感知来把握一样。我们谈到物体运动,这一事实不能被解释为与物体或事物本身的直接接触;①词语和数字(words and numbers)介于我们和物体之间,或者介于构成物体性质的过度光明和黑暗的奇特混合之间。然而,词语和数字的双重中介,由于参与了生成(genesis)的运动和眩光,就其本身而言再一次不可见或不可理解。词语和数字作为事物的影像符号(icon),其可见性或可理解性显然取决于它们本身就是可见的、可理解的影像符号。

理式的假设主要是根据对言语事实的反思,或者在我们跟事物各种各样的接触中对词语和数字的效用的反思而提出来的。词语和数字的效用包括自我参照的力量,所以我们可能会接触到它们,虽然并非没有矛盾。但是,词语和数字自相矛盾的不稳定性来自于幻相(eikastic)的性质,而不是来自于它们作为影像符号所象征的可理解形状。例如,区分矛盾的条件,或者揭示运动模式的稳定性,不能从对自相矛盾或不断运动的破坏性否定中得出。词语和数字的稳定与不稳定同时存在,这种矛盾共存直接体现了起源和实质(ousia)两个维度的共存。简而言之,逻各斯亦善亦恶,或者如阿里斯托芬所言,亦正亦邪。逻辑影像反映在起源的"表面",它必然共享起源的黑暗或"邪恶"。② 但是,反映在影像里的东西,

---

① 此处参见《蒂迈欧篇》(*Timaeus*) 49c6 ff.,以及尤其是在 49d3 关于 $ἀσφαλέστατα$ 的用法。
② 参见 F. M. Cornford, *Plato's Cosmology*, London, Routledge and Kegan Paul, 1948, p. 184:"这些性质不属于[容器介质];它们只是进进出出,就像影像穿过镜子一样。"

并不共享起源的邪恶,就像物体并不共享扭曲的镜子中的畸变。重申一下,理式在逻辑影像中的表现与逻辑影像在起源中的表现大相径庭。因此,理式的"善"与内在于"善恶"或"正邪"的"善"不是一回事。

词语和数字共享起源的幻相(deception),因为它们是心灵永远处于运动中的最典型产物。① 另一方面,理式(和理想数)不是言语。当苏格拉底把理式称为"假设"时,他并不是说理式是人类意志的投射或"投射物"(projections or a project)。理式处于物质运动之下,目的是使其外显,或获得并保持可见性。从这个意义上说,可感知的物体是理式的"投射物"。逻各斯的投射或假设能力是对理式的沉默稳定性的回应,而不是创造理式的沉默稳定性。理式的持续沉默或冷漠正是其坚定、安全、可靠的原因:我们能够依赖理式,恰恰因为理式并不在乎我们。理式缺乏关心或爱欲,既不靠近,也不远离;理式没有意图,没有意志,没有观点,没有历史。因此,理式"超越善恶",像完美的法官。理式不会犯错,因为不行动;理式不作任何决定,从不"表明立场",因为一直矗立不动。② 通过词语和数字的中介,人对理式表明立场。而且,就像完美的法官一样,理式使每个人都有可能采取平等的立场:理式面前,人人平等。

三

在前一节中,我试着提出一种接近柏拉图的理式的方式,在政治和数学的意义上阐明其作为善的来源这一功能。关键是要认识

---

① *Phaedrus* 245c5 ff. 参见 247d1 ff.,神圣的心灵永远不会离开起源的宇宙,而是围绕其运行且处于其表面。
② 我在这里指的是海德格尔诡辩式地把 οὐσία 解读为"停留(Verweilen)"。

到政治稳定取决于逻各斯的稳定。逻各斯的正邪之分来自于词语和数字的稳定或自我超越维度。如果人们不能描述自己的行为，他们将永远无法衡量这些行为的相对价值。因此，对高尚的感知是柏拉图语用学的第一个前提，是人类对神性尺度（divine measures）的解释。通过衡量其行为是否符合逻各斯或者逼真的言语，人类才能实现正义。不确定的心灵和确定的理式之间的差异使得衡量政治音乐变得既可能又困难。没有尺度，语言就会变得自相矛盾，或者变得沉默。如果言语行为必须投射其自身的尺度，那么最终的结果是一样的，只是推迟到坚定的说话者坚持其正直的程度。尤其重要的是，我们要注意到，政治乐章并不排斥人类自由，而是赋予连贯性和清晰度。一种不能描述自身的自由与奴役无异。

在柏拉图对话录中，有关理式之善的唯一讨论是以太阳、分界线和洞穴三个影像符号（icons）来呈现的。在《理想国》的戏剧结构中，分界线本身就是太阳符号和洞穴符号之间的分界线。人们可能由此推断，这条分界线代表了人类日常的表面生活，就像太阳代表天堂、洞穴代表地狱一样。当然，这种推断很容易被夸大。比如说，很明显的困难，洞穴代表城邦，因此将包括一般的陆地生存领域。尽管如此，我还是非常谨慎地认为，把这条分界线看作悬置于纯理存在和政治存在之间的梯子是有帮助的。在现代术语中，分界线是一个认识论的符号（icon），介于纯理视野和政治实践之间，同时指向两个方向，因此在远离太阳和洞穴的情况下是不确定的（并非完全没有意义）。不确定性表现在，符号（icon）领域在这条线上被标记的部分从两方面来说不够充分：首先，它没有考虑到这一事实，即推理部分的几何艺术使用可见世界的物体作为符号（icon）；其次，它并没有解释在什么意义上整条线与太阳和洞穴一样都是符号（icon）。进一步而言，苏格拉底在描述分界线时并没有提到善，而他在讨论太阳和洞穴时却提到了。①

人们不能从现代认识论程序的角度理解对善的讨论。使用符号比喻是学说的一部分,并不是多余的传播媒介。换言之,苏格拉底所遵循的阐述方式是向下的,而不是向上的——从太阳向下到洞穴,经由分界线的阶梯。"被释放"的穴居人,就像年轻的守卫者一样,可能会向上被运送到相反的方向,这要归因于哲学或纯理视野的先见之明。总之,数学和政治都属于哲学范畴,并受到哲学启发。与赫拉克利特的主张相反,向上的方式与向下的方式不一样;仅仅从数学物理和基本本体论的角度来看,似乎是如此。最后,《理想国》中有关善的讨论也是一种比喻,符合苏格拉底和格劳孔早期对诗人的要求:只有那些被允许在正义城邦写诗的人,"会把象征善的品格的符号铭刻到诗歌中。"②苏格拉底式的演讲(和柏拉图式的写作)就属于这类诗歌,也就是言语将心灵展现为数学和政治统一的基础;但还有另一种说法,即人类的自由在于承认对划定界限的需要,恰恰因为这种需要是无界限的。

那么,理式,就像尼采认为的,不是"道德的"假设;柏拉图的道德学说是理式之善的结果,而非理式之善的条件。更重要的问题是,善的学说是否是一种本体论的功利主义,如海德格尔主张的一样。我们记得,在他的解释中,善通过理式的工具性,使事物"有用或有能力成为事物"。这反过来意味着,存在,或发光过程(the lighting-process)被忽略了,取而代之的是以过程为中介所收集的确定形状。③ 据说,柏拉图把对人有用的整体定义为存在;这是典型的主观人文主义。因此,在谈到柏拉图在《理想国》中强调火、火

---

① 在534b8 ff.处,善与辩证法一起讨论,但不是作为其中一个部分,而是提醒这条线各部分所标明的阶级。参见 O. Utermöhlen, *Die Bedeutung der Ideenlehre für die platonische Politeia* (Heidelberg, C. Winter, 1967), pp. 42 ff. 。

② *Republic* 401b2—3.

③ *Humanismusbrief*, p. 77.

光、影、日光、阳光和太阳时,海德格尔这样说:

> 所有的一切都取决于显现出(what appears/德语原文 am Scheinen des Erscheinenden)的光芒,取决于使可见性成为可能。去蔽(uncoveredness)虽然在不同阶段被命名,但它却仅仅这样被思考:如何使显现物的外在(εἶδος)可得以及[如何使]这种自我指向(ἰδέα)可见。①

看起来,海德格尔甚至在关注柏拉图幻相(eikasia)的复杂结构时,都认为柏拉图只是意识到苏格拉底所说的话而已。也就是说,海德格尔指责柏拉图忽略了他自己的光明意象的重要性,因为他把去蔽意义上的真相置于作为正确言语标准的理式之下。总而言之,柏拉图因为赞同对存在的人格化观点或解读导致存在被压抑、被遗忘而饱受诟病。如果尼采是最后一个柏拉图主义者,那么柏拉图显然是第一个尼采学说信徒。

为了弄清海德格尔分析的有效性,我们必须考察柏拉图自述中的重要细节。我们首先要谨记《理想国》的总体意图,其次要注意关于善的讨论的直接背景。自此,我们的讨论将只限于《理想国》,这很好理解,因为只有在这本书中苏格拉底对善进行了详尽的论述,同时因为海德格尔对柏拉图这一主题展开了最有影响力的抨击。对话录把"什么是正义"这一问题当作明确的指导思路。这个问题很快就融合到另一个问题上,"正义本身,独立于外在的虚名或回报,究竟是可欲的(desirable),还是善良的?"换句话说,它能为个体心灵带来εὐδαιμονία(字面意思为"善灵[good daimon]")或福音吗?因此,对城邦的考察偏离了主要议题,目的是为了澄清。② 同样,对哲学的讨论也是离题,目的是澄清政治考察。③ 让我强调这一最

---

① *Platons Lehre*, p. 34.
② *Republic* 368c8 ff. and 369a1 ff.
③ 543c4 ff.

重要的事实。善的比喻(icon)是离题中的离题,偏离了正义是否善良(即正义本身是否可欲)这一首要问题,但正义本身就是正义的理式;我们要做的是凝视正义理式之善,专心盯住它,而不是它附带的副现象。

对话录令人印象深刻之处,通常被认为是苏格拉底攀登辩证之路的顶峰,但根据最基本的观察显示,在整个计划中仅占据一个特别隐晦的位置。苏格拉底用各种方式表明他对善的幻相评论充斥着不确定和不完整,如果我们注意到这些方式将有力地强化上述观察。① 对话录从诗歌和起源中抽象出来,在对话录中心有一首诗或一段预言,其中的关键是用起源来形容(太阳)。因此,恰当地描述善的言语方式,显然能够恰当地描述善的原则。苏格拉底在"伦理"或人文主义方面关于善的预言,似乎是他有意顺应中心论点而作出的大幅度调整,即正义就其本身可欲而言是善。更进一步说,这些方面显示出苏格拉底有意将考察从私人领域转向公共领域。完全不管类比逻辑是否合理,苏格拉底声称只有通过研究城邦秩序才可能理解心灵秩序,这显然是为了让与他对话的人相信,幸福对个体而言是至高之善,取决于城邦正义。

鉴于海德格尔倾向于把洞穴意象(image)理解为某种关于存在的冥想,因此有必要提醒读者,关于善的讨论有其政治背景。不过,如果总是老生常谈,将会令人更加困惑,不具任何启发性。其中有一个原因,海德格尔似乎并没有抓住,就是洞穴本身是一个政治隐喻而非本体论隐喻。给出整体政治背景的意义在于说明柏拉图的本体论;这个本体论的关键不是洞穴,而是太阳。在这里,我对晦涩难懂的政治背景作简要说明。也许在《理想国》整体布局中

---

① 在506e1,509c7—10和517b6处,苏格拉底提到这个论述的不完整性。在505e1—506a5和523a8处,他的言论具有"先知"的特点;在536c1处,它被称为游戏。

有两大核心难题:其一是个体心灵和城邦秩序之间的关系,其二是在城邦内部哲学家和士兵之间的关系。《理想国》中没有明确论证,为什么有福的、内在和谐(即正义)的个人,由于内在和谐与外在强迫截然不同,就等同于正义城邦的正义公民。① 换句话说,如果柏拉图的目标真是要就政治正义问题给出答案,那么哲学似乎就不仅是一种离题,还是一种不可逾越的障碍。另一方面,如果他真想证明只有通过哲学才能获得个人幸福,那么政治类比似乎就显得有些鸡肋。

只有当我们还记得这一节开始提出的观点时,政治和哲学之间的联系才会变得真正清晰:言行的秩序和稳定取决于苏格拉底所说的理式,但言语和行为本身并不是理式,它们是人类心灵的功能。心灵和思想之间的区别,在海德格尔的作品中并没有体现出来,足以证明他的错误判断,即柏拉图用存在者逼真的"表象"代替了存在。这就相当于说,柏拉图认为存在就是善,或者表现为善(的理式),就理式的善或本质而言。不过,这是把整体等同于理式领域,或者将心灵(和容器介质)遗忘。理式之善似乎只不过是善本身的一种表现;可理解性不代表生命或智力。《理想国》的特别之处在于,尽管其主要的明确意图是研究心灵,或研究本质上对心灵有益的东西,但关于善的讨论却是从理式角度而不是心灵角度进行的。难道这是因为身体的抽象化必然也是心灵的抽象化?

在任何情况下,用来描述善的比喻(icon)都是晦涩难懂的,除非是用言语描述这个过程。在这一过程中,心灵看到的是理式,然

---

① 519d8 ff. 和 520a6 ff. ;哲学家们被迫进入政治领域,要么是出于自我保护,要么是为了还债。这一问题在传统观点中被阐述得很清楚,参见 A. W. H. Adkins,*Merit and Responsibility*,New York and London,Oxford University Press,1960,esp. pp. 249,253,288—291。在 592a7 处,苏格拉底的评论与传统解释并不矛盾,因为它指的是哲学言语(speech)中的城邦,而不是哲学言语(speech)在行动上的化身。

后是善。如果我没有弄错的话,正是我们的本体论或认识论的偏见,在关于善的讨论上常常模糊了我们对心灵重要性的感知。①这些偏见的虚无主义后果最终导致对心灵的彻底压制。在对理式(和善)的终极纯理视野中,预言者将不再认识到他的心灵特性,而幸福将与死亡无异。如果哲学渴望在亚里士多德的纯理意义上追求神性,那么它就完全脱离了人类或政治的存在。另一方面,如果这一愿望是一种标准或尺度,把稳定强加给不确定的心灵,是一种比喻意义上的"理式",那么哲学与城邦之间的内在和谐就变得可理解了。它的可理解性在于,哲学家也是一名士兵或公民;也就是说,人类心灵与理式不同延,如果没有受到压制或破坏它就不可能局限于理式的视野。然而,这并不是否定理式的"约束"手段,因为当心灵只剩下不确定的手段时,它必然会被自身的极度混乱所破坏。

四

关于善的比喻(icon)的直接背景是对哲学性质的讨论。正如分界线介于太阳和洞穴之间,哲学研究的抽象内容,或数学和辩证法,也介于哲学存在和政治存在之间。哲学家是"政权的拯救者";这是沉稳与敏捷的罕见组合,哲学家之于城邦犹如理式之于逻各斯。② 换言之,被视为整体的人类心灵统一了哲学和政治。人是他自己统一的原则,因为他能够用理式来衡量自己。柏拉图解决个人幸福与公共正义脱节问题的方法,是在人善变本性的辩证发

---

① 在578c6处,苏格拉底指出知识是必要的,因为 περὶ γάρ τοι τοῦ μεγίστου ἡ σκέψις, ἀγαθοῦ τε βίου καί κακοῦ。

② 502e1—504c8。请大家注意,正义与节制在487a2—5处被归于哲学性质,又在494b1处行政哲学特性的列表中被剔除。在503a1处,苏格拉底很含混地断言 δεῖν αὐτοὺς φιλοπόλιδάς τε φαίνεσθαι,作为之前的结论。

展中否定它。他解决善变海神无差别（indiscriminateness）问题的方法包含在"善"的假设中，这在理式的视野中变得易于理解。这意味着，在通常意义上有用和有益的善，虽然它本身在最高意义上指向善是有用的，但太不稳定，不能作为幸福和福音的基础。日常语言肯定是真理的符号，但其中的映像却被历史弄得模糊不清，正如水中的倒影被波浪的涟漪弄得影影绰绰。

当然，苏格拉底并没有谈到历史，而是谈到身体。他将守卫者的教育分为体操和知识；对勇气、正义和克制的追求属于前者，即时下所说的"强身健体"。非哲学家，甚至是像阿德曼图（Adeimantus）这样苛刻的人，都认为这是"最大的知识"。① 他错了；有一项"比正义和其他美德更大"的知识，被人津津乐道，即"善的理式是最大的知识问题……从它演绎出来的正义等等的知识才是有用的和有益的"。② 阿德曼图可不是理式方面的专家：ιδέα 毫无疑问向他传达了形状、图案、外观或自然的感觉。然而，对于事物如何变得有用，或者对于善的常识，他了如指掌。苏格拉底指出，即使从常识的角度来看，正义之物本身不是有用的，因此本身并不是好的。通过 μάθημα——研究或知识（"数学"一词由此派生），正义之物变得如此。人类商品的效用或益处取决于存在者的可理解性或秩序，也取决于智力（intelligence）。③ 从这个意义上讲，很明显海德格尔是正确的：善赋予效用。然而，苏格拉底随即指出，我们尚不理解"有用"的真正含义，因为我们通常是由身体而不是心灵来

---

① 504c9—e6. 苏格拉底认为之前对美德的讨论不够详细，他暗示从现在起，应该继续更深入地加以讨论。然而，接着就是对善的试探性预言。也许预言比它之前的推理论证更精确。

② 504e7—505a4. 人们也许会猜测，"永远胆量过人的"格劳孔（Glaucon）最先对正义的内在可欲提出质疑，当听说这不是最伟大的研究，他可能并不会像阿德曼图斯那样困惑。

③ 518e4；当苏格拉底再度谈到物质美德和精神美德的区别时，他又一次将后者描述为 χρήσιμόν τε καὶ ὠφέλιμον。

主导的。

在日常话语中,"好"意味着有用、有益或有利,但日常理解是有缺陷或者站不住脚的;并没有表明什么是真正有用的、有益的、或有利的。例如,许多人把快乐定义为好,因此暗示有益即快乐。更睿智的人,也就是那些明白好坏快乐之间常识性区别的人,把好定义为 φρόνησις,或智力。① 这一区别与之前体操和知识的区别,以及身体和心灵的区别都是相通的。结果表明,体操(非认知或政治美德)和快乐之间存在相关性。很明显,对心灵有用的未必对身体有用。更重要的是,把好看作有用是循环论证或窃取论点,如果我们被问及"效用"指什么,或者为什么重视它,我们将不得不回答,"因为它是好的"——也就是,我们假定快乐是好的,而且根据这个站不住脚的假设来定义何为有用。苏格拉底否定了这种关于善的日常假设推理。他坚持认为,如果我们不能证明我们的假设,不能明确善的定义,不能界定什么是真正有用、有益、或有利的,那么就没有什么真正是有用的,或者可以真正被称为有用的。

就我们目前所知,苏格拉底所指的"善"表示在开放或去蔽中的存在,某种程度上与海德格尔所说的"唯一需要的事物"(the one thing needful)的概念相似,但并不完全相同。说善是事物效用的源泉或基础,就好比说,存在通过存在者的可理解性把自己作为天赋给予人类。不过,还有另一个微不足道但更具影响力的困难亟待消除。我指的是大家普遍认为苏格拉底犯了"自然主义"的逻辑谬误,即从事实描述中推断出一个给定事实条件的价值或可取性。我前面已经指出,后休谟时代关于"事实"和"价值"之间的区别是站不住脚的。在这里,必须注意到,苏格拉底并没有把事实条件等同于道德价值。相反,对他来说,事实条件没有任何内在价值;它们的价值取决于它们是否以及在何种程度上有助于幸福或

---

① 505b5—7. Cf. 518d9 ff.

智慧。还有一点必须厘清,从犹太-基督教圣经中衍生出来的道德观念并不能使幸福或智慧的价值得到理解。正如我在前一章中提到的,犹太-基督教与区分事实和价值的现代数学认识论之间有着密切的历史联系。除此之外,我还要补充一点,事实和价值之间的两难处境,是由于接受了价值是超越理性的观点,同时否认人类心灵的超越数学统一。苏格拉底对这两种观点都不认同。我们今天所称的"事实",对他来说,是心灵和可理解领域之间矛盾统一的时刻或阶段。我们的"事实"是对自然和历史的一种未经分析的历史综合。相反,苏格拉底并没有把自然与历史等同起来,也没有把它限制在数学科学的范畴内。

柏拉图用苏格拉底的"论证"作为整个辩证技巧的一个要素,揭示了人类欲望(通常称为"爱欲")的内在意义或直接性。跟现代世界的伟大缔造者一样,他认为"善",在最根本、最全面的意义上,是人之所欲。然而,在对欲望的分析中,他与那些伟大缔造者不同。我将在下一章谈到这一点。就目前而言,可以这么说:柏拉图坚持认为,人们渴望的真正对象,当被正确理解时,在全面而非具体数字的意义上都是完美、幸福或满足的。以此类推,既然有用是可欲的,善是有用的,那么除了智慧之外,善就不可能有其他标准。柏拉图对欲望的分析有可能是错的,但这与主观主义,人文主义的相对主义,或把价值归属于事实无关。善作为可理解性的本源,必然是善作为有用或有价值的本源,因为在通俗和哲学意义上,欲望的满足总是依赖于知识,依赖于事物的种类、形状或理念的可知性。认为理式能够衡量欲望,相当于否认海德格尔的主张,即可能性高于现实性或更具启发性。心灵通过欲望的意向活动获得自身的知识,而欲望的活动不外乎是为了此事物或彼事物,此条件或彼条件。通过实际研究我们所做的事情,以逻各斯为手段,我们知道我们可以成为什么。

因此,善是每一个人类行为的目标,无论是言语,还是行为,不向任何一个此善与彼善之间的差别作出让步。对于正义和美,人们往往满足于意见;但对于善,每个人都在寻找"真实的东西"。①在日常生活中,有用的东西比正义和美丽更接近真理(真实存在),有两个原因。首先,在使用事物时,我们必然会发现一些本质上可靠的东西。其次,我们不太可能用我们想要的东西欺骗自己,对我们所欣赏的东西则不然。顺便说一句,这种常识性区别反映了个体对城邦的"本体论"优越性,并使人们对两者之间的类比产生怀疑。不管政治环境如何,关于善的离题讨论都是由自私而非正义决定的,这并非偶然。不用说,苏格拉底并没有用常识性或日常方式来表达对有用的渴望。② 他声称,为了自身最大的利益,自私被迫通过真正自我满足的过程而超越自我。这个论点更接近黑格尔所说的"理性的狡计"(虽然不是历史意义上的),而不是康德式的启蒙魔鬼社会(Kantian community of enlightened devils)。黑格尔认为绝对精神(Geist)发展出的必然历史结果对苏格拉底来说是偶然的,因为只有哲学家才能理解,而且只能作为人性意义的哲学知识。

这里应该再讨论一下高尚或美丽与善之间的关系。一个好的言语或行为可能是美的,这种说法是正确的,但是从 X 是美的,并不能在逻辑上或者真正地推导出 X 是好的。对美的感知比对效用的感知更容易受身体的制约。根据欲望的普遍目标,一个判断在理论上是可以证实的。美的判断是知觉、历史审美趣味、政治观点等的表达,没有哪一个是真正有用的或理论上有用的。X 对 Y 来说是美的,X 对 Y 是有害的,两种事实之间并无矛盾之处。总而言之,只有基于对真正效用的了解,谈论"真

---

① 505d5—10.
② 从 505d11—506a3 中可以看出:如果没有关于善的知识,即智慧,心灵注定无法确定它所渴望的东西的效用。它局限于预言的暗示,而不是由理式来衡量逻各斯的稳定性。

正的美"才是有意义的。但即便是针对丑,也可以谈论真正的效用。复合词"高雅"(noble and good,也是"君子"一词)在范围上比"善"窄得多,因为"善"和"高尚"不是同义词。再重复一遍,除了凭借真理的知识,我们无法区分表面的美和真实的美。而且,坚持认为真理总是会驱散美丽与虚假结合的表象,这是相当困难的。只要想到苏格拉底对荷马的崇拜就能领会这一点。总之,"真"和"假"只适用于和人类欲望或智慧的终极目标有关的高尚或美丽。①

在《理想国》早期的篇章中,善经常被等同于有用,或者相当于有用。② 当我们转向讨论哲学本质时,这种认同不再频繁或明显地出现,尽管有人可能会说,即使有用不被提及,它还是隐含在上下文中。③ 哲学运动是一场超越了常识——把善理解为有用——的运动。④ 或者更确切地说,这是常识本身的一场运动,在这场运动中,善将自身与有用分离开来。可见,"好的"一词的基本含义是"有用的、有益的、有利的",但很明显,一些有用的东西在普通意义上不能被称为好的。困难主要来自高尚或美丽;在正义方面困难也很明显。比如,在战争中,牺牲自己是正义的,但从有用角度来讲,几乎不可能是好的。自我牺牲也可能是高尚的或美丽的,但这个词本身明确地排除了个人欲望的效用或满足。在日常话语中,我们试图通过在崇高的牺牲和有时邪恶、丑陋或虚假的必要效用两方面提出"更高级的善"来调和这些矛盾。不过,这个说法有两处意义不明。首先,如果"善"是用某种标准来衡量的,这种标准把

---

① 400d11 ff., 452d6—e2.
② 例子: 333b1, 339b3, 349e6, 367d3, 379b1 ff., 408a1, 412d2 ff., 424a4 ff., 438a2—3, 457d5—7.
③ 例子:470e7 ff.,484d2, 489e4, 493c1 ff.,501c8。在这些段落中,善与正义城邦的制度联系在一起,而这反过来又要归功于苏格拉底试图证明正义本身是有用的,参见第 149 页注释③。
④ 在哲学上的离题之后,善再次跟有用联系在一起,例如,607c3 ff.,608e3。

它分为"高"和"低",那么这种标准本身难道不是高于善吗?其次,低级的效用(例如邪恶)如何做到能与高尚牺牲中放弃效用一样"高级"呢?

考虑到这些含混不清之处,我们迟早会认识到,善不能简单地归结为普通意义上的有用。我们发现,"效用"是一个模棱两可的术语;"更高级的善"的效用不可能与必要但卑劣行径的效用相同(顺便说一句,这就是为什么试图将所有的行为,甚至是自我牺牲的行为,都归结为在快乐意义上的自私动机,但却并不成功的原因)。在道德(可能也是审美)上我们称之为"善"和"恶"的东西,其效用被揭示为世界可理解性的衍生结果。在世界异质形式中所表现出来的光,使我们能够看到,在高尚和正义的意义上,邪恶是如何从属于或有益于善。事物由于在整体秩序中的可见性而变得有用,但是有序整体的可见性与各部分的有用性是不一样的。整体的纯理秩序是不变的,而效用和危害则是变化的。在一个环境中有用的东西在另一个环境中可能是有害的,因为人的心灵有无限的可变性。这种可变性使得心灵无法完全按照自己的欲望或意向来定义善。作为自主的精神运动,一种欲望与另一种欲望相矛盾,结果就是混乱或虚无主义。欲望的可理解性或可度量性来自于意图与客体之间的区别。客体的意义与意向性行为中构成的客体的意义是不一样的。通过对效用现象的简单分析,这在日常经验中是显而易见的。

意向与客体、思想与形式的区别,无疑对于解释我们如何知道会造成严重困难,但是对于我们知道这一事实却没有任何困难。另一方面,统一思想和形式的本质使我们能够对知识进行一元论的解释,但它导致了对标准或价值的否定,从而导致了对人类知识意义的否定。正如我在整本书中所论述的,一元论的解释必然在沉默中终结,因为它不能说自己不是存在的无声表现。在柏拉图的分析中,言说欲望因为不确定会产生不连贯,存在者的沉默表现为这种不连贯提供了一种衡量连贯的尺度。这种表现是事物对人的效用的来源,或者是建立效用等级制度的基础,但它不是,也不能,像人类从异质世界的可理解性中获得的效用一样被理解为"有用"。用途是由智慧的目标来衡量的,这不是对其他事物有用,而是目的本身,或者说,就是该目的。如果智慧是对整体的知识,而整体的可理解性是善,或者更确切地说,是善的基础或形式,那么善,无论作为心灵的完美,还是纯理宇宙的秩序,都不能再被称为"有用的"。

综上所述,有用指向善,在某种程度上,这种方式比指向美或正义的方式更稳定。但是,一方面是有用的,另一方面是美和正义的,对两个方面之间差异的思考,使得对效用的初步理解变得并不可靠。只有当我们预见(divine)到什么是善才会重新获得可靠的理解,也就是说,幸亏有"神圣的天赋",区别于并高于"任何其他事物的有利成分",这是事物的神圣天赋,而不是作为整体的善。① 苏格拉底说,我们必须预见到善是什么,因为"X是什么"这个问题只能根据确定的东西即亚里士多德所说的 $τόδε\ τι$ 来回答。它指的是,或者可以被回答为,在那个(that)中的什么(what),或某个具体形式。但是,作为整体的善,或形式中的形式,仅仅是隐喻意义上的某种形式,永远无法用确定的言语来表达(对比一下最近在数学上证明不可能存在完整的数学语言)。人不能赋予善的逻各斯,这就是为什么苏格拉底有时称之为善,有时称之为善的理式。我们认为智慧或整体是欲望的目标和基础,但我们不知道它的技术性或确定性。② 通过将这样的视力(vision)称为神圣,或将其与预言联系在一起,苏格拉底在这里就像在其他对话中一样,表明既缺

---

① 505d11 ff. 参见注释 49。
② 这似乎与 534b3 ff 处相矛盾,但事实上,苏格拉底说明了如果我们没有善的逻各斯又会是什么情况。"情况(case)"一词在全篇中,是一种特殊知识,与特殊意见和一般意见混合在整体视野中,既不是知识,也不是意见。

乏知识的确定性，又存在使知识的确定性成为可能的视力。①

　　苏格拉底声称，在正义的城邦里，至善之人不能对善蒙昧无知，因为"一个人如果不知道正义和美怎样才是善，他就没有足够的资格做正义和美的守卫者。我揣测，没有一个人知道善之前能充分地知道正义和美"。② 如果我们生活在不正义的群体中，无法获得有关善的知识（无论对哲学王来说是什么情况），那么我们的日常经验中，是否会有像苏格拉底所说的关于善之"视力"或"预言"的符号呢？我相信会有——这样的善者。善者，正如我们在日常生活中观察到的，不是在工具、食物、行为甚至正义和美丽的事物所显示出的实用性上是"有用的……"。除了善者因意识到自己是善者而获得的幸福之外，还有某种从他身上散发出来的满足感、完整性或尽善尽美，我们对此赞叹不已，甚至没有嫉妒或欲望。这就是我们所说的"真正的善良"或"纯洁的品格"。善者的光辉会照亮我们的人生，帮助我们实现自己的生活，无论是由于高尚，还是因为当高尚之光洒满生活的每一个黑暗角落，我们都能够看到更好的自己。

　　无论善者的光辉对那些观察它的人来说多么"有用"，难道我们不能承认，一旦把它当成效用原则，我们就觉察不到它了吗？作为善和有用之间差异的标志，我们可能会注意到，善者的视力对劝说那些看不到善良本性的人来说实际上并没有用。没有工具可以说

---

① 海德格尔曾说，"自从存在被解释为 ἰδέα（相），对存在者之存在的思考就是形而上学的了，而形而上学就是神学的"（*Platons Lehre*，p. 48），这是一种误导。辨别 τὸ ἀγαθόν 和 τὸ θεῖον 二者的重要性很少根据亚里士多德所说的 θεολογική 去理解，更不用说从基督教的形而上学了。这与对诗人的批评有很大关系，也与讨论的政治背景有关。θεολογία 一词由阿德曼图（Adeimantus）在《理想国》（379a5）中使用，它指的是诗人描写的诸神的故事（379a2），或者是由正义城邦的缔造者所修正的故事。在早期背景中，善被认为是有益的（379b11），只是好的事物的原因，而不是一切事物的原因（379b15—16）。

② 505e4 ff.

服坏人;一般认为,正义城邦不是天然存在(除了存在于善的言语中),因为没有关于善的知识或技巧,只有每一个受感召或受祝福的人的预见(divination)。① 一个人通过个人行为预见到善,这并不制约他性格中散发出的光辉,而是制约其作为事业的力量、效用或功能。② 弱者甚至坏人都可以欣赏善的光辉而不被它改变。那么,善者的视力的神圣本质就是我们所说的内部占用。这就是为什么柏拉图区分出通俗美德和哲学美德,而把后者称为神性。即使对我们来说,成为一个善者也许是困难的,甚至是不可能的,但要我们承认看到过一个善者,这还是可能的。而且,我们当中被赐予看到这一景象的人都拥有关于善本身的符号。

五

欲望对象和善者的连续存在或可见光辉之间的辩证统一为我们铺垫了太阳符号)。太阳的物质符号,是指一种以视觉方式描述的纯理关系。所有关于思考的话语都是用从感官获得的语言进行的,通常是视觉、听觉和触觉。因此,从身体得出的彻底抽象就等于沉默。这种对话形式的一个功能是强调言语的幻相(eikastic)特性,或者保持身体和心灵的和谐,没有这个功能,人类的言语是不可能的。我们必须明白我们在说什么;否则,我们的言语就是意见,不管是不是真的,必然是盲目的。在这个比喻(icon)中,苏格拉底通过让我们"看到"盲人走对了路来表达他的观点;这一观点

---

① Cf. Leo Strauss, *The City and Man*, Chicago, Rand McNally, 1964, pp. 92, 109—110. 参见《理想国》489b6 ff.:哲学家寻求成为当权者是不正常的。我所说的没有技巧看到善,似乎与 518d3 相矛盾,这是《理想国》中最晦涩难懂的段落之一。不过,技巧一词是数学,它的功能是把心灵反转,让它朝上,而不是使它能够看到善。而且,看的能力也不是由技巧获得的(518d5—6)。

② 438e1—3:它们关系着什么本身不意味着和什么是同类。关于善的知识的善不是来自于知识,而是来自于太阳的视力(vision)。

随即在他下一个问题中得到深化,即意见,而非持有意见的人,被认为是盲目的。① 知不足,然后能自反也,例如,当我们说:"我在黑暗中行走。"这一比喻说明,在日常经验中,我们对统一性或完整性有预见,它不是确定的言语或理性的陈述,而是对理性至关重要的东西。

阿德曼图指责苏格拉底,一边表达别人的意见,一边压制自己的意见,这是不正义的,但他又似乎屈服于苏格拉底的托词。② 于是,他从大胆的格劳孔那里得到了援手,格劳孔坚持认为苏格拉底必须"穿越"善的道路,无论所遇到的意见是否盲目。苏格拉底愿意讨论善,正如他讨论过正义、节制等等,但他后来又表明,之前的讨论虽然"充分"却不完整。③ "眼下我们还是别去解释善到底是什么的问题吧——因为要把我现在的心路历程解释清楚,我觉得还是太难。"④苏格拉底不承认对善本身的知识,只承认对善本身的意见,而且这种意见比他将要叙述的意见更充分。意见的可靠性显然足以使他能够信守正义的要求;苏格拉底所说的"事业",与正义的定义一致,就是"管好自己的事",这为正义城邦提供稳定的基础。很明显,苏格拉底知道的比他说的多,但我们不应该过早下结论,认为他说的话不足以向谨慎的听众表明他知道什么。我们已经了解,关于善的预见(divination)与知识或意见不完全相同。⑤

---

① 506c6—d1.苏格拉底也提到了听见"光明和美的东西",我认为这是一种对性质的预见,这些性质无法被话语或知识捕捉到,在这个意义上是不可见的。
② 506c2—5.阿德曼图斯在这里不够坚定,可能是因为他的信念,在382a3处,他认为说谎(压制意见的一种方式)和统治之间没有任何不正义。
③ Cf. 612a5.
④ 506d8 ff.:注意,路程(march)与道路(road)不一样。沿着同一条道路走不同的路程也许会取得更好的结果。
⑤ 与此相关可以参考厄洛斯神话,或者参考心灵对美好生活作出重要选择的预言。在神话中,心灵本身并没有选择(确定性),这因不同生活的选择而不同(618b2 ff.)。秩序的缺失只能在预言中加以限制。

同样的观点似乎也适用于格劳孔和其他参与讨论的人。苏格拉底警告他们不要被他对善的描述混淆视听。① 如果他的对话者一直处在善的黑暗中,那么这个警告就显得多余了。苏格拉底似乎更愿意假定,正如前面说过的盲目之于意见所暗示的,格劳孔将会被有关善的讨论所照亮,就像站在太阳面前一样。

苏格拉底希望能表达他对善的可靠看法,但眼前的对话者至少还不能直面这一符号(icon):"关于善的产物,就是那个看上去很像善的东西,我倒很乐意谈一谈,假如你们爱听一听的话;要是不爱听,就算了。"② 苏格拉底,是正义城邦的逻各斯之父,他用一代人的语言,用最复杂的句子来介绍善的原则。首先,苏格拉底并不想谈到善本身,除非格劳孔同意——原话是,除非他"爱听一听"(希腊原文有"友好"之意),苏格拉底才会谈到这个符号。对如何建立正义城邦的叙述和在城邦里对哲学王进行训练,是有本质区别的。后者必须发现善本身,而苏格拉底的对话者显然没有必要发现善的符号或产物。重要的是,早期的正义主张不足以让苏格拉底开口;同意或友谊也是必要的。正如亚里士多德后来所表明的,友谊高于正义。③ 只有那些天性对善友好的人才会被它的影像(image)所照亮。这与我在前一节中所讲到的善者的视觉(sight)是一样的。我们可以欣赏善而不渴望它,或者受其影响而不欣赏它。其次,苏格拉底的言论本身显示为或呈现为善的产物。在物体和起源的抽象的制高点,我们发现了物体和起源的符号。苏格拉底再次诉诸物体的可见性,通过言语作为中介;更具体地说,它是阳光的生成或生物力量,而不是太阳运动和物质的数学或天文学方面,苏格拉底用它来说明善。在众多影响中,我只提一

---

① 507a4—6.
② 506e3—5.
③ *Nichomachean Ethics* 1155a22 ff.

个。善的意义在于把生命和形式结构统一起来;我们可以从生物的可见性中推断出形式的数学性质,但我们不能从形式的数学性质推断生命。这也许是所有试图为柏拉图学说原理提供数学解释的最大缺陷。最后,苏格拉底说,太阳这个符号"最像"善;换句话说,它对应于,但不包含,善的"所是/什么性(whatness)"。对应不等于相似——在这种情况下,指真实存在。因此,像海德格尔那样认为真理在柏拉图看来是言语和事物之间的对应,这是错误的。相反,言语是事物的符号。①

在继续讨论善或其产物之前,必须要有一致看法和重拾记忆(recollection)。② 一致看法建立了友谊或和谐的共同体,从日常生活表现的各种实例中重新汇聚了善的统一。善者的和谐统一之于善行正如太阳之于生成的事物,是辩证运动的存在范式。存在范式的统一或许可以被称为存在一元体(monad)。它与被感知物体的统一或审美一元体密切相关,甚至密不可分。存在一元体的光辉通过物体闪耀,而物体的改变则作为它内在的或精神的连贯、意义、形状、或形式。这些美的景象才可能会被爱,被尊重,并且被观察,以某种方式独立于物体——像神一样。③ 因此,同质数学一元体的可见性必然发生在内在联结(articulated)审美和存在一元体的可见性之后。我们不能计算(count)看不到的东西,但我们可以看而不用计算。当我们开始思考所看到的,当然,计算就开始了;更准确地说,我们可以看到,即使在凝视着美的统一体,我们已经在暗中计算,而且我们认识到效用即时感和善之美的区别。善

---

① 这一点也可以用本金和利息的金融关系来打比方(506e6—507a6)。金钱是事物的价值的符号(ὁμοίωσις),正如言语是真理的符号(ὁμοίωσις)。而且,如果《理想国》的城邦建立在对善的产物的远见之上,那么它难道不代表真正的正义城邦吗,就像太阳代表善本身一样?关于言语作为符号,参见《克拉底鲁篇》(Cratylus)。
② 507a7:但是我必须先和你取得一致看法,让你回想一下。
③ Cf. Strauss, *The City and Man*, pp. 120—121.

第五章 善

之美吸引我们注意效用来源的统一。因此，并不是说善等同于美或效用，对此，我们已经有所了解。

有多种美的东西和多种善的东西存在；苏格拉底对二者进行了区分，并要求我们定义每一类（manifold）之下的形状，指明每一类各形状的性质，即"它是什么"。① 这种认同是可能的，因为前辩证的感知区分了个体和个体种类，即一与多。一与多之间的区别并不完全是数学的，甚至根本不是数学的，尽管听上去如此。对希腊人来说，这是计算可能性的基础，我们应该记得，一不是数字，而是度量单位。有一种集合（collecting），利用数字，但不计算：这是初级的感官-纯理行为，把握一类之内的形式统一。基于这一区别，我们可以看到，类中的一是度量单位，通过这个度量单位，我们能够回答"它是什么"这个问题。一的"所是/什么性（whatness）"是衡量多的"如此性（thatness）"的尺度。苏格拉底把"所是/什么性"称为"理式"。这个词的词源既有揭示性，又有歧义性：字面意思是"看"，因此指的是物体中异质性的主要外显。另一方面，我们从字面上看不到"什么"，许多"那个（thats）"既不是物体，也不是（在任何明显的意义上）对物体的限定，例如，数字，几何形式，美德，理论定义。"理式（Idea）"这个词表明所是/什么性（whatness），但不能被简化为有形的那个的外表；除了一对多和什么对那个（what-that）的区别之外，它还把我们的注意力引向第三个区别，即两种感知之间的区别，即我们所说的观察和思考。

上述三个区别都来自于我们对观察的思考，在柏拉图和亚里士多德看来，这在所有感官中具有优先性。② 人们可能会用如下的理由来解释这种优先性。在视觉上，我们在分辨形式时把它同物体分开。触觉可以很好地分辨形式，但只能通过直接的物体接

---

① *Republic* 507b2 ff.
② 参见我的文章 "Thought and Touch", in *Phronesis*, 4, 1961, pp. 127—137。

触,而听觉因为与物体分得太开,分辨就会受到限制。我们可以看到无声和说话的形式,触觉形式并不依赖有形物体的失真接触。除了多样性和存在感之外,视觉给予我们距离或透视。当然,人们可能会把视觉透视解释为对事物本身的主观扭曲,但苏格拉底的观点是,事物本身不是,也不能和知觉的对象一样。对 X 的视觉感知是有透视的或片面的,在某种意义上包括失真的可能性,因为视觉上感知不到"主观"和"客观"(非苏格拉底的术语)方面的差异。事物看起来如何,和事物对我们来说看起来如何是一回事。然而,即便如此,对 X 的观察,也可以从不同的视角得到补充,以及从其他感官的感知得到补充。但这不是关键。只有在思维的统一指导下,感官的合作和部分自我修正才会发生。①

人们也许会反驳,思维活动和知觉一样受透视歧义的影响。但这有根本区别:思维是反射性的,而知觉不是。思想能够"脱离"其与知觉相结合的统一结果,或者能够调节集体透视,不再依据上述感官-纯理透视的尺度或标准。例如,我们批评一组特定视角的结果不如另一组("那看起来像一个人,但这不可能,因为……"),归根结底,批评是通过某一标准展开的,这一标准不会因为无限倒退就不能被还原为另一组感觉相关的视角。反对无限倒退是不合逻辑的,而且是经验的或感性的。这是纯理批判在起作用。知觉的"集合"形式,不能像我们理解该集合的感官内容那样被理解。在观察事物的外观时,思维掌握了一种模式,即不会因为模糊、甚至否定外观,这种模式就不能被还原为外观。从知觉到逻辑或数学推理,每一个脑力劳动都是如此。"唯名论"试图将形式还原为有形个体的集合,每次尝试都失败了,原因很简单,因为集合中个体的可见性与它表面上是有形个体的事实是不同的。个体的特性不同于个体集合的特性。我再补充一点,唯名论的努力是错误的,

---

① 类似于亚里士多德《论灵魂》中的 κοινὴ αἴσθησις。

因为它对它所抨击的立场的认识是错误的。说形式不同于它的实例,不是说形式"是"或"构成"与实例相分离的独立世界,如果"分离"一词指的是空间上或时间上分离的话。

再重申一次,任何一种意向性的精神活动都被聚合在一起,表现为如其所是(as what it is),通过一种不能被还原为精神活动本身的纯理形态(更不用说"外在"的活动内容了)。这一纯理形态(不要与胡塞尔所说的主观性流动中的逼真构造相混淆)就是事物本身,或理式。当然,它并不是康德的物自体(Ding-an-sich),因为与后者不同,它表现在使其实例可见的活动上。我要强调的是:苏格拉底并没有说,思考作为一种精神活动不受透视影响。相反,他声称思考之所以有效,是因为它在每个透视(perspective)中都能理解这些透视解释的来源。① 思考是一种"看"(我们这里所强调的意义),完全不同于被看之物,而观察是一种"看",无法与被看之物区分开。谈论什么其实已经超越了观察,进入到思考的范畴。它也超越了透视,进入到我们透视性地观察到了什么。观察这些视角必然关于什么,而不是去观察它的所是。思考的透视性阻止对理式形成一个完整、确定的系统看法,但通过我们获得的视角,可以推断或预言它的必要存在。这对于那些坚持唯名论的认识论学者来说是正确的,对有透视观点的本体论学者来说也是如此。

统一原则的纯理预见之于对该原则的透视理解,犹如我们对事物统一性的看法之于对该事物的透视看法或外观。无论视觉有什么样的透视性,它在每一个视角中都承载着一种意识,即它们是一元体或统一体的视角——即我之前所说的审美一元体。物质对象的审美统一性可以被增加到善者的存在统一性中,作为处于尚未产生理式的起源中的符号。海德格尔对理式的解释是不充分

---

① 苏格拉底常常把这种理解与预言相比较,这与重拾记忆(recollection)有关。Cf. *Theaetetus* 178b2 ff., esp. 179a2。

的,如同他对善是有用的所作的解释也是不充分的。理式是我们所看之物,但它不是我们看的行为。同样,善是有用的源泉,而不是它的天赋所用于的用途。

根据苏格拉底的说法,视觉行为中有三种"类型"或元素:眼睛、颜色(物体可见的颜色)和"有一种性质特别适合这一功能的第三种类型"——光。因此,光与太阳被区分开来,而且被称为理式,将视觉和可见性连结起来。① 太阳,作为光的来源或原因,②与光不同;"理式"一词适用于光,但并不适用于太阳。换句话说,太阳作为善(至少在这一段中)与善的理式不一样。从纯理角度讲,理式之于善相当于光之于太阳:它们照亮了物体的形状,与可见物体的颜色相对应。此外,善之于心智正如太阳之于眼睛:通过第三方或连结元素(理式,阳光)作为中介,纯理感知和视觉感知都会发生,这一中介不仅与源头(source)不同,而且还将我们的注意力从源头上转移开。为了看一个物体,我们不会去看太阳或者光,而是看被照亮的物体。直视太阳会使我们失明,而光,被认为与所有可见之物分开,本身就是不可见的或同质的。如果我们从纯理领域来解释,我们就会发现太阳符号中有一个关键的限制,即通过集中它的照明能力,太阳教会我们一个重要元素——也许是必不可少的元素——在苏格拉底关于善的观点中。

在可见领域,光与颜色不一样,或者更准确地说,光与有色体不一样。因此,有色体的结构是异质的,尽管这些结构依赖于光的均质能力才能变得可见。由此可见,善之光也是均匀的。善之光的同质性是"所思之物"的纯理可见性或可理解性。因此,善之光

---

① 507d8—508a3。
② 由于译者非常重视 αἴτιος 一词,所以必须注意到,在 508a4 ff. 和 508b9 处,太阳不恰当地被用作视觉的原因。在 508e3 ff. 处,当讨论到思考时,αἴτιος 被用作正确假设的一部分;在 516b9 处,它是关于太阳与洞穴中阴影之间关系的推论;在 517c1—2 处,它是关于善与正确美好事物之间关系的推论。

并不指定思想领域的纯理异质性,而且本身也不是该异质性的起因。善不会在实例中引起事物或存在者,善是其可理解性的基础或原则。因此,理式不能完全独立于事物或存在者,无论善有多么不同或独立。异质性存在于事物本身。仅仅让"所思之物"得以理解,不等于说,所思之物完全独立于我们所思考的事物或存在者。正如柏拉图在《巴门尼德篇》所指出的那样,这毫无意义。

现在我们可以把苏格拉底本人的发现当作他关于善的总结:

> 我说:"因此,你可能会说这是我关于善的产物的言论,善创造了那个很像它的东西。该产物在可见领域里面与视觉和所见之物的关系,正好像在纯理领域里面善本身与心智和所思之物的关系一样。""何以是这样的呢?"格劳孔问道。"请你再给我解释一下。"①

我们注意到,其实是苏格拉底,而不是善,用他的逻各斯创造了太阳符号。太阳在眼睛中生成视力,而眼睛是视觉之"母";同样,心智或心灵是可理解性之"母"。心灵区别于所有其他存在者,与善保持一种特殊关系,就像眼睛是"最像太阳"的身体器官一样。此外,正如太阳不生成眼睛(但太阳是促其产生的最重要原则),所以这里不谈及心智的起源。说心智因善之光能看得见并不是说心智是由善产生的。最后,照亮的力量不等于生成的力量。在可见领域,太阳以同样方式照亮有生命的和无生命的事物,它们是因为可见性被关联到一起的,而不是因为共同的起源。在纯理领域也是如此,种类的差异(异质性)不等于共同的可理解性。

善"独立于"或"超越"可见世界的事物,并不是剥夺事物或可见世界的善或价值。相反,这是善显现的必要条件。正如《理想

---

① 508b12—c3.

国》所表明的,善照射到言语和行为的世界,就像阳光从太阳照射到物体的有色表面。同质的光照亮了物体的异质性,却不会造成异质性的产生。同样,因为形状各异的事物,善之光可见:事物"联结"(articulate)光,而光只有以具体的可理解形式即什么(what),或以各种什么(whats)的模式,才可见。如果善要是某种什么或理式,就像是一个人、一匹马或正义那样的理式,那么它就会是一个确定的形状或形式,与其他的理式相比是异质的;那么也就无法解释,这样一个确定的理式是如何将可理解性传递给其他理式的。善不是确定的形式,而是理式所共有的可理解性,只有在这一意义上,我们才能说善"高于"理式。如果"存在"被指定为理式,那么善就是"高于存在"。① 另外,善被当作可理解性,它具有某种反射的可见性、形状或外观,在这个意义上,可以被称为理式。这就是苏格拉底使用术语时的摇摆不定。

因此,世界之善,取决于善的原因或理由与世界上的美好事物之间的差别。人们可能会这样解释苏格拉底的观点,他与胡塞尔和海德格尔一样,人根本就是在世的存在(a being-in-the-world)。人的这一信条等于否认除时间意义外的任何超越,以同样的力量反对世界本身存在的意义的地位,换言之,反对存在(Being)的地位。因此,它把存在的意义与一种主观的或纯理的活动统一起来,而这种活动完全是世俗的,具有起源的缺陷属性,也就是现在所说的历史性。关于苏格拉底的善,我们能说得最少的也许是最多的,就是它保留了世界作为世界存在的永恒可理解性的意义。苏格拉底一如既往地认为,"在"(to be)就是可理解的。矛盾的是,可理解性本身是不确定的,这使得它可以被异质的形式所共有,这也使得它像心智一样,不具有确定的能力

---

① 在509b6 ff.处,善(并非善之理式)被称为 ἐπέκεινα τῆς οὐσίας。我后面很快会再讲到这句话。

去看、去假设所有形式定论。因此,智力和可理解性都"高于"存在,因为二者都包含着非存在(nonbeing)或"他性",就像在《智者篇》中伊利亚学派的陌生人所说的。但是理式并不高于存在,因为"在"(to be)就是成为理式。

六

到目前为止,我们已经对《理想国》中一小部分内容进行了相当深入的文本细读,这一小部分大概是斯特凡努斯(Stephanus)版本中的三页。我相信这部分内容体现了苏格拉底关于善的学说的精髓。接下来,我们会仔细研究其中的一部分内容,进一步阐述和澄清,虽然还有很大一部分内容是对柏拉图思想的详尽研究,毫无疑问也非常重要,但我们出于自己的目的只会进行简单地总结。苏格拉底重新表述了对善的言论。当我们的眼睛看着夜晚照亮的东西时,眼睛很快就会变得迟钝而且几乎失明,就好像它们根本没有纯粹的视力。然而,眼睛能够清楚地看到太阳所照亮的东西,说明纯粹的视力本身是显在的。心灵也同样如此:"当它注视被真理和存在所照耀的对象时,便能知道它们了解它们,显然是有了理性。"①有意思的是,真理和存在的统一处于已知事物之中,就像纯理观念(vision)和知识的统一处于精神活动之中。"真理+存在"取代太阳作为照明的来源,字里行间表明不能将"真理"等同为命题和理式之间的对应。如果"在"(to be)是可理解的,那么存在的来源也必须是真理的来源。因此,命题的"真理"并不是存在的真理,而是它的符号或反映。把黑暗看成是"稍纵即逝",苏格拉底继

---

① 508c3—d10. 参见 518c9 处, τὸ ὄν καί τοῦ ὄντος τὸ φανότατον 意味着这里所说的 ἀλήθειά τε καί τὸ ὄν。我觉得 τοῦ ὄντος τὸ φανότατον 指的是真理,而不是像太阳一样的特殊存在物,因为比其他的存在物更亮,所以能够照亮它们。

续说道:"它将真理呈现给已知事物,并将认知的力量给予知识的主体,这就是善之理式。"①除了用"善之理式"代替"善",这句话的主要特点是把"真理+存在"浓缩为"真理"。毫无疑问,根据苏格拉底的说法,真理,存在,可理解的可见性,善,在他的比喻中几乎是等同的。

我们发现,ὁμοίωσις 这个词适用于符号(icon)和纯理存在物(noetic beings)之间的关系。"真理"与存在不是对应关系,而(从根本上说)是存在本身。人类"反映"真理获得真理所凭借的主要符号是"推理思维"或推理言语——逻各斯。如果逻各斯反映或展示了真理和存在的统一,那么它就是"真实的"。如果我们指向的是逻各斯中的镜像,而不是它所反映的东西,那我们可能会说镜像与原物(original)相"对应",②是"正确的"(或正确性)。"正确性"是一个次要术语,指的是推理符号的真理,是"真实副本"。③ 在前面所使用的术语中,理式的"外观"和"观察"理式的行为是有区别的。在确立了真理与存在的基本统一之后,苏格拉底首次使用 ὀρθῶς("正确")这个词来说明善④:"它乃是知识和真理的原因。真理和知识都是美的,但善之理式比这两者更美,你承认这点是不会错的。"⑤

这句话,除了开头外,是对格劳孔无法掌握早期的隐晦表述的一种适应。正确的推理假设不同于对真理的纯理理解。这种适应也体现在把美丽或高尚归因于推理假设。美是以幻相方式重新呈现真理的一种特征,或者是依赖于被观察事物的外观所具有的一

---

① 508e1—3;我觉得这两个动词的区别是这样的:太阳把存在给予已知事物,而不是给予心智。相反,它通过呈现可见性来恢复先前静止的认知力量。
② "镜像"的影像含有倒影的问题。对应似乎是本体论意义上的真理倒影。
③ 这一区别遭到海德格尔抵制,他把"正确视力(vision)"作为柏拉图真理观的核心: *Platons Lehre*, pp. 41—42。
④ 在 506c8 处,ὀρθῶς 用于描述盲人在通往 δόξα 路上的旅程。
⑤ 508e3。

种属性。如果真像苏格拉底所说,有一种美之理式,那么它本身肯定不美,肯定不像理式的推理表现形式那样美(同样也适用于其他理式:理式不是"自述的[self-predicative]")。存在作为真理显现自身为其所是,但向人类心灵的显现则充当对美、正义、效用等推理判断的可靠基础。人们不能单凭前者推断出后者,但前者并不只是显现自身,还向心灵显现。因此,只有当我们同时考虑到理式和心灵两个因素时,"价值"才是可理解的。价值来自于人类对理式的看法,或来自于这一看法对欲望的衡量,不仅仅来自于心智和存在的协调,还来自于二者的差异。换句话说,从理论到实践的转变是可理解的,不仅基于理式,而且基于理论和实践精神的统一。理式所提供的不是心灵差异活动的统一,而是心灵差异活动的尺度。

格劳孔对刚刚分析的句子的反应表明了美的歧义状态。他把美的超越归因于善的正确假设,指向善本身,这导致他怀疑善可能并不是快乐。"不要亵渎",苏格拉底回答说,"还是请你再用这种方式来观察一下[善]的比喻吧"。① 苏格拉底提醒格劳孔,推理视觉(vision)是一种比喻(icon),不是善本身。这种亵渎源于对二者的混淆,而不是将美与快乐联系在一起。美与可理解性之间的联系根植于身体与心灵的统一;由于这种统一需要一种与知觉相结合的思维方式,因此推理思维是幻相,从视觉这个比喻来看,这显而易见。与物体相连的幻相之美,一定是令人愉悦的。苏格拉底的观点是,通过对推理思维的反思,不可避免地要运用推理思维本身,我们可以预见或推测推理思维发生时所"通过"或"凭借"的纯理基础。这种纯理基础并不令人愉悦,在任何日常意义上都不是美的,因为它既不是言语,也不是言说者,既不是物质的,也不是精神的。我们可以谈论它,但我们不能证明它。不过,苏格拉底和

---

① 509a6—10.

早期维特根斯坦的区别在于,苏格拉底认为推理思维足以完成言说不可言说之物这一任务——通过用神话补充推理逻各斯。这样的言语就是一些柏拉图式对话录中的梦幻经历或严肃游戏。

再看一看苏格拉底代表格劳孔所使用的善的比喻(icon),很明显是对澄清的澄清。一开始,苏格拉底就认为,太阳为可见之物提供可见性、起源、成长和营养,尽管它本身不是起源。在格劳孔隐约同意这一点之后,苏格拉底补充道:

> 同样,你也会说,知识的对象不仅从善得到它们的可知性,而且从善得到它们自己的在场和所是/什么性(whatness),虽然善本身不是所是/什么性,而是在地位和能力上都高于所是/什么性。①

对此,格劳孔开玩笑地把太阳和阿波罗等同起来,表明他并不真正理解什么是对澄清的澄清。的确,苏格拉底的语言在这里比在最初的表述中要晦涩得多。第一次听到的时候,人们可能需要阿波罗的预言能力才能理解其中的意思。

之前,苏格拉底用善取代真理和存在。现在,他说,善,或者说真理+存在,是可知事物中在场+所是的来源。这里出现了两个困难。让我们一个一个来解决这些问题。首先,为什么要用分词形式"being"(ὄν)来表示善或来源的本质,而用抽象名词"whatness"(οὐσία)来指定被照亮形状的逼真结构?与逼真后果相比,善

---

① 509b2—10:我把 ὄν 翻译成"being",因此更喜欢用不同的词表示 οὐσία 和 εἶναι。前者表明任何存在具有认识自身的形式能力,或者充当其实例的衡量标准:我称之为"所是/什么性(whatness)"。εἶναι 是 ὄν "呈现"自身为其"所是(what it is)"的方式,这要多亏 οὐσία。不用说,柏拉图在使用术语时并不一致,但他在表达不同意义的细微差别上绝对是准确的。请注意,οὐσία 取代了 ἔστιν,后者是在 507b7 处使用的初步表述。

是主动而且具体的。所谓"具体",我的意思是说,善作为美好事物的来源,必须以某种方式包含所有美好的事物;它是无差别的善,而理式作为一种确定的什么,从具体中抽象出来,通过与所有其他的确定物区分开来确定自己的身份。① 另一方面,τὸ ὄν 主要指的是"这一事物",即特定的事物,也是确定的什么的一个例子。我的看法是,苏格拉底利用 ὄν 的模糊性,在个体事物的现象世界中来突出善的终极统一性,尽管后者不是每一个具体的所是/什么性。时空世界的栩栩如生是存在的绽放,正如亚里士多德所说,快乐是活力的绽放;而这种绽放是善在世界中存在的显现,即使不是作为在世的存在(a being-in-the-world)。换言之,我认为亚里士多德对 ἐνέργεια 的概念,即对"起作用存在(being-at-work)"的概念,阐明了柏拉图使用分词 ὄν 的含义。

如果可以接受这一观点,那么将强化已经建立在其他理由上的观点,即柏拉图并没有把善从现象世界清空。第二个困难是把"在场"而不是"真理"归属于逼真结构。为了试图消除这一困难,我们可以从海德格尔那里得到启示。如果"真理"意味着"去蔽"或"揭示",那么很明显,善通过光照,揭示或发现显现于光中的东西。事物显现的真理起源于善,从这个意义上讲,它主要属于善。在活动和无差别具体性方面,它与分词 ὄν 是相对应的。我们再次证明了之前所得出的结论:逻各斯的真理是在言语中与行为和事物的逼真性类同。它是存在的绽放或显现,是事物的揭示或发现,通过所是/什么性或可理解的形状作为中介。因此,苏格拉底之所以专注于对"所是/什么性"的论述,或对理式的定

---

① 逼真一元体(eidetic monad)的分离性与在无差别善与心智中的非存在(nonbeing)是一样的吗?我不这么认为。在我看来,我只是顺便一提,前者的分离性是对物质理式中逼真一元体的反映,也就是说,形式确实是处于世界中的事物的形式。我想说的是,柏拉图对形式和心智之间差异的忠诚导致了另一种他性和非存在的平行差异。这在对话录中从未被充分讨论过,除了理式本身之外。

论,并不是因为他遗忘了存在,而是因为他在哲学道路上以两种不同的方式行进。推理方式,吸引了具有认识论倾向的读者几乎全部的注意力,涉及所是/什么性,或者话语上可描述、可理解的模式。纯理方式不能通过话语逻各斯来进行,因为它试图展示言语的条件。它只能通过符号来实现,先由苏格拉底在整个对话录的戏剧结构中明确地标记,再由柏拉图来修饰。

因此,善超越 οὐσία 或所是/什么性,因为它是我们所看到的"任何事物"的可见性。它显现于纯理世界中,却没有将自己界定为所有事物(whats)的类别,或特定的事物(what),就像太阳显现于起源的世界中,本身却不是起源(苏格拉底的说法),或不是经历起源的成分。在苏格拉底对善的描述中,没有任何文字可以证实这一解读,包括传统上被引用来证明可见领域与纯理彻底分离的段落。一般来说,两个影像符号的情况也适用于上述说法,这里就不详细研究了。分界线是一个连续的幅度;太多读者被它内在的分节分散了注意力,没有注意到它们由线的连续性统一起来(而线的无限可分性似乎既影响着可理解领域,也影响着可感知领域)。也许造成这种分心的主要原因是错误地认为线的重要性与这条线在太阳和洞穴之间的位置无关,并把它作为关于善的全部讨论的关键,不止在柏拉图整个学说中。换言之,太阳照耀着地球表明,洞穴是同一个地球的"内部"。光,或照明能力,无论洞穴的火光比太阳光微弱多少,都是同质的。

我无意贬低分界线本身的功能或重要性,只是把这条分界线看成认识论或数学上的符号,旨在帮助格劳孔理解太阳的本体论符号。从 506d2 到 509c6 的回答可以看出,格劳孔并不理解这个符号。① 当苏格拉底一引入分割线时,他就开始说"我明白了",在

---

① 他在这一节给出的最肯定的回答是 507e5, Ἀληθῆ... λέγεις 这意味着光对于视觉过程来说是必要的;他从来没有这样自信地回答关于纯理过程的问题或论断。

第六卷中，他的最后一句话也是以这个词开头的。① 数学的教育力量已经反映在格劳孔的这些回答中。另外，洞穴意象既不是本体论的，也不是认识论的符号，而是教育学的，正如苏格拉底明确指出的那样。② 总的来说，这一教育学符号的作用是展示潜在哲学家的心灵从前哲学意见"皈依"到追求辩证法的可能性和必要性。③ 也就是说，它让我们准备好去寻找一种技术，通过这种技术，拥有自然良好视力的心灵可以被训练或转向良好的哲学视力。④ 这种技术不同于辩证法，它就是数学。对于当代数学爱好者来说，分界线更大的可理解性标志着其较低的哲学地位，这一点令人震惊。正如我在第三节开始时建议的，分界线实际上更靠近洞穴，而不是太阳。（苏格拉底所称的）数学是让我们走出洞穴的必要条件，但它不足以让我们看到太阳。⑤

在我看来，这有助于阐明苏格拉底对自己年轻时的研究所作的解释，我在别处已经讨论过了。可以对整个讨论作简要说明。年轻的苏格拉底或"前苏格拉底时期"的苏格拉底通过研究数学物理走出了意见的洞穴，但具有讽刺意味的是，他认为巴门尼德、狄奥提玛和阿斯帕西亚给了他指示，他才意识到他的出走并没有真正或完全实现。他有必要返回洞穴，或者把哲学从天堂带到人间，以便发现一个完整的辩证方法，以实现把善作为正义和

---

① 510a4, d4; 511a2, b1, c3, and e5. Cf. also 510a7 and b1. 在 510b10，他"没有充分理解"苏格拉底关于分界对应辩证法的第一个论述；让格劳孔困惑的是假设的方法，而不是对分界线的分类。同样出现在 511c3。

② 514a1: Μετὰ ταῦτα δή, εἶπον, ἀπείκασον τοιούτῳ πάθει τὴν ἡμετέραν φύσιν καὶ ἀπαιδευσίας πέρι καί ἀπαιδευσίας. 格劳孔一开始以为它是 ἄτοπον εἰκόνα (515a4)，但他很快就适应了。参见 517c6，在苏格拉底总结重申洞穴符号和 τοῖς ἔμπροσθεν λεγομένοις (517b1) 之间的联系后，格劳孔说，Συνοίομαι ... καὶ ἐγώ, ὅν γε δὴ τρόπον δύναμαι.

③ 518d3 ff., 521c1 ff.

④ 518c4—d1, d3—7.

⑤ 521c10—522c8. Cf. 533b1 ff.: 数学的功能是把我们的注意力从起源中移开；然而，它本身只是一个关于存在的梦。

美以及真理之源的观点。为了避免虚无主义,哲学家必须从洞穴中出来,然后返回洞穴。然而,有必要指出,正如数学不足以实现辩证法一样,洞穴中的生命本质无法解释潜在的哲学家是如何从锁链中被释放,并且"立即被迫站起来并转动他的头";这就是苏格拉底所谓的"自然发生"。① 如果数学是用来净化穴居人视觉的艺术,那么也有一种约束必须被应用到被释放的学生身上,他不仅被迫站起来并转身,而且被"强行"拉到阳光下。② 这种约束显然代表了守卫者的政治艺术,最终,它是苏格拉底的哲学立法,他的学说建立了正义城邦。这门艺术不能从数学推导出来。哲学启蒙的源头既不在分界线中,也不在洞穴中,而是在太阳中。③

七

我现在已经完成了本章的主要任务,只需要再总结一下这些研究结果及其与我们之前研究阶段的联系。当代虚无主义本质上是一种对西方欧洲理性主义传统的厌倦情绪。它产生于一种倾向,即现代反对古典希腊理性观的革命,它在尼采和海德格尔对"柏拉图主义"的存在主义和本体论的抨击中是显而易见的,它也以当代各种伪装激发了马克思主义和实证主义反对形而上学甚至反对哲学的教义。虚无主义作为一种政治或文化现象,是两个方面的哲学后果。首先,它是自然和永恒转化为历史和时间性的一个后果,从根本上促进人类的掌控、自由、自主或创造力,

---

① 515c4 ff.
② 515e6 ff. 参见 516a4;释放是瞬间的,但没有真正看到善。正如 516e5 所暗示的那样,看到善之后返回洞穴也是瞬间的。
③ 520b2,据说,哲学家自动在腐败民主政体中($αὐτόματοι\ γάρ\ ἐμφύονται$),例如历史政体,成长,也就是说,像阳光下的植物。

都是这方面最重要的相关术语。其次,这是这场革命部分失败的一个后果。对自然和永恒的破坏或排斥,意图为了人类的占有而重新获得这个世界中隐含的价值,并错误地将其异化或投射到另一个超感的、超越历史的世界中,结果却导致了价值在具体历史世界中的消解。对过去的破坏,远远没有使我们的创造性意志解放出来,进入一个积极的人类或超人存在的新阶段,而似乎更意味着对当下的破坏。

无论我们对未来的希望是什么,无论我们多么赞同让人自由的现代计划,或是对自己劳动成果的掌控,这些都无助于人性,因为我们看不到现代理性观这朵玫瑰中的刺。在本书的前几章,我试着把刺暴露出来,却从未坚持要扔掉玫瑰。我对柏拉图的讨论是由于当代虚无主义的逻辑,或者更确切地说,是当代哲学的逻辑,而不是由于对过去的反动偏好。我无意为柏拉图的学说提供一个完整的辩护,或解读。我的目的是要确定,以海德格尔为首把柏拉图作为虚无主义之父进行极端批评是否有效。以此类推,我想通过驳斥这种具体的批评,来证明柏拉图如何为我们配备防御系统以抵制虚无主义的出现。在总结讨论的结果之前,让我再补充一句。柏拉图的理性观是对虚无主义出现的一种防御,而不是一种绝对有效的预防或治疗。虚无主义是人类生存的根本危险。我将在下一章中讨论这个问题。

海德格尔指责柏拉图将自然划分为理式和现象(历史)世界两个领域。柏拉图没有意识到真理与存在的统一是开放性的显现,而是把事物的"表象"误认为是事物的存在,把与表象对应的命题误认为是真理,从而掩盖了照明过程。他把善,即理式的原因或事物的表象,理解为效用原则——是什么塑造了事物,使其容易获得或对人类有用。因此,技术、数学和逻辑的重要性在于:通过这些工具,人类能够操纵存在者,将自己的透视意图和计算强加于存在过程。因此,这种对存在的遮蔽或遗忘伴随着把理式的拟人世界创造为真理以及价值的表面场所。人类对存在的解读被误认为是存在本身,这一解释从人类实际生存的世界中抹去了意义。柏拉图是对人类生存的去人性化、去价值化或"具象化"的源头,这主要归功于他的理性数学观,即从计算、功利主义操纵或事物的角度来看待人,而不是把人作为存在显现的场所。

在本章的前几页,我试着指出,海德格尔的指控,基于他自己分析的文本,不仅没有根据,而且是错误的。我间接地表明,所有追随他谴责"柏拉图主义"的人对他们所谴责的理论缺乏准确的理解。苏格拉底明确地指出真理和存在,在某种程度上,类似于海德格尔的学说,尽管并不完全相同。他仔细区分了事物的"表象"和我们"看"事物的活动。命题是事物存在的推理符号;因此,言语与事物之间的对应关系是真理作为去蔽或可理解性的影像,而不是真理本身。善不是人格化意义上的效用原则,而是作为世界的可见性或可理解性,是效用的提供者、给予者。在推理言语中,它可以被称为"原因",但仅仅作为猜测或推理。① 技术和数学有助于净化我们对效用的前哲学认识,但它们本身不能实现辩证法的系统看法,或海德格尔所说的"真正的"或"基础的思维"。当然,柏拉图并没有把存在理解为一个过程,而是,如果有的话,理解为一种世界的可理解性,作为"所是/什么性"显现在超越历史的形态中,理解为智慧,表现为"心灵",掌控世界。② 理式世界不是另一个独立的世界,而是这个世界的所是/什么性。逼真一元体用来衡量言语和欲望,因此为价值和真理提供基础,逼真一元体的可见性之所以是可思考的,是因为可见性的他性来自于它的任何或

---

① 参见本书第 164 页注释②。
② 关于视觉和纯理思维之间对比的总结参见 532a1 ff. 辩证法赋予逻各斯 ἐπ' αὐτὸ ὃ ἔστιν ἕκαστον,而 νοήσει λάβῃ 何为善本身。

所有特定的确定。他性不会导致生成两个世界,而是作为把二者联系在一起的纽带,从而解释了一个自然世界的出现,同时被理解为 οὐσία 和 γένεσις。纯理的地方和可见的地方都是这个世界上的地方。善的超越性,尽管无法用话语描述或充分反映,却类似于海德格尔所说的存在与存在者之间的区别,只不过有一个关键条件,即善既无感知力,也无历史性。作为可理解性的来源,它不包含也不解释心灵的起源。因此,柏拉图没有"存在"概念,没有与海德格尔对等的概念,后者包括心智和形式,只是对自然、宇宙或整体概念不完整的分析。我认为,把内在不连续的自然统一在存在的原则中,这对哲学来说是不可能的,因为生命与形式是不同的。一个人可以谈论生命和形式的"整体",但绝不能给出一个逻各斯来展示二者的起源基础。这是宗教试图完成的任务。

对于柏拉图来说,自然的差异中统一(unity-within-difference)象征性地表现在美好生活或美好品格的生存统一性中,表现在世界事物的审美统一性中,以及表现在哲学的辩证统一性。自然的统一中差异(difference-within-unity)完全可以通过上述形式与心智或心灵的区别来体现,但它也出现在人自身中,出现在心智和欲望、思想和身体的区别之中。更准确地说,生命现象本身体现了一种内在的二元论,即静止与运动,沉着与激动,言语与行为,忘我与我执。柏拉图从未试图在自然的统一中压制这些差异;他否定一切形式的一元论,认为它对现象而言是错误的,最终无法言说。人作为自然的符号而存在,同时存在于统一性和差异性之中。作为一个缩影,人类拥有通过统一"超越"差异的能力,但这种超越不断被它所包含的差异所抑制。成为人,就是不断地分开,然后又汇集在一起。这意味着虚无主义是一种永久的危险,根植于使言语、思想和完整性成为可能的各种区分之中。因此,我们不可能通过理解现代哲学的错误(这里我只关心它的错误,而不是它的优点)或驳斥当代对柏拉图的解释来克服虚无主义。相反,我们希望获得理论工具来研究人类心灵的辩证本质。在最后一章,我将对辩证法进行概述。

第六章　智　慧

一

人们很有可能认为,虚无主义并非源于真理的缺失,而是源于真理的乏味。人是善变的生物,喜欢新奇多于真理,因此喜欢诗歌多于哲学。哲学家最终学会了不要因为去年的真理是今年的陈词滥调而感到不安。① 尽管我们可能会读去年的诗,有时也会欣赏它们,但如果我们只是一味地重复它们,我们就不再是诗人了。不过,如果我们喜欢诗歌胜过哲学会让我们把哲学都变成诗歌,如果连新奇的真理都需要通过诗意的眼睛去观察,或者本身被理解为一首诗,那么我们就会对持久之物失去耐心,剥夺它的魅力,最终全盘否定它的动力,甚至是它的真理。新奇的真理没有变得不真实,而是变得不新奇。② 这一现象显然不是当代所特有的。古往今来,有识之士都遭受过"厌世"之苦,或因无休止的重复而丧失兴

---

① Cf. Xenophon, *Memorabilia* IV. iv, 6 ff. with Plato, *Republic* 557c7—9, *Laws* 658a4ff. and Nietzsche, *Jenseits*, ed. Schlechta, 2, 604(43).

② "变化是乏味的对立面,即便乏味的变化也算是对乏味的补救或缓解……相反,同一变化的持续却是极度乏味"(Leopardi, *Zibaldone*, 1, 78), Cf. *Either/Or*, New York, Anchor Books, 1959, 1, 36, pp. 282—287.

趣。善恶知识之树的果实会随着时间的流逝而腐烂。然而,当时间被转化为历史的复杂性,或共同的老年体验时,腐烂的过程就会加速。历史意识一旦成熟,就会成为一位对诗歌和诗情画意感到厌倦的诗人。在这种情况下,问题不在于诗歌是否为"真",甚至也不在于它是否为"善",而在于我们是否还能理解诗歌"善"或"恶"的意义所在。

试图将历史衰退转化为人类创造力的两位最重要的人物是尼采和马克思。尽管他们之间有许多不同之处,但两人都受到人类精神(Geist)本质上神学视角的启发,即自由和创造力是同义词。两人都努力通过倡导回归作为原动力所在的身体来解放精神。两人都以自己的方式试图通过自然作为物质起源的概念来塑造或牵制历史。两人都没有解决精神与身体在生成中的关系问题;也就是说,两人都没有成功地区分自然和历史。我们已经在尼采的例子中研究了这些困难:自然和历史的同一性使得每一瞬间都是独一无二且永恒确定。人的"自由创造"则是永恒的历史奴役的一种表达;价值创造被创造基础的无价值所否定。① 如果没有分辨创造高低贵贱的标准,那么对创造力的倡导本身就被贬低了。尼采将标准视为创造,并从生理学或物质起源的角度来看待创造,因此他在"力量"或"生命强化"方面将高贵与低贱区分开来。因为精神力量的根源是身体,所以优雅从一开始就被兽性所中和。因此,尼采的贵族品味和推导出品味的原则是互相矛盾的。他最亲近的信徒仍然保留着大师的品味,但是他们向下一代发出的讯息是显而易见的。尼采式的创造者不可避免地从思想的无形性转变为肉体的有形性;用纪德的话说,"感觉总是真诚的;它是我们情感本真性的唯一保证;我

---

① 尼采的自由观中有斯宾诺莎的影子;参见他于 1881 年 6 月 30 日写给奥弗尔贝克(Overbeck)的信(Schlechta, 3, 1171)。

们的情感由生理反应来保证"。①

　　生理情感的本真性并不会导致贵族式的唯美主义,而是导致平等主义的民主——这恰恰与尼采的意图相反。一个人的感觉和另一个人的一样"真诚";用身体代替教会,就是用身体制造教会。于是,一个自由人的崇拜就等同于他对自己生理欲望的崇拜。马克思理论中的困难也是极为相似。创造力依赖于一种自然,而这种自然本身就是人类创造力的产物。在1844年的手稿中,马克思将自然定义为真实物质对象的"感官外部世界",其中包括人。②因此,人生活"在"自然或劳动中,作为维系自身这一持续过程的一部分。③但是自然中存在着二元论,表现为人与外部世界的区分。无论外部世界的客观性如何,人都创造了他自己的自然,进而创造了他从事自然劳动的客观社会世界。人不仅以性的方式,更以精神的方式生成自身:他的劳动产生了作为政治或社会历史的人性。④

　　　　历史本身是自然史的——即自然成为人这一过程的——一个现实部分……人是自然科学的直接对象;因为直接的感性自然界,对人说来直接地就是人的感性(这是同一个说法),直接地就是另一个对他来说感性地存在着的人;因为他自己

---

① *Journals*(August 8, 1905), tr. J. O'Brien, New York, A. A. Knopf, 1949, *1*, 146. Cf. D. H. Lawrence, *Women in Love*, New York, Compass Books, 1966, p. 72:"纯粹的感官文化,身体意识的文化,真正的终极身体意识,无意识的,完全感官。它是如此的肉欲,以至于成为最终的、至高的。"尼采相关的文本,参见 *Der Wille zur Macht*, p. 47, par. 54; *Jenseits*, pp. 569(3), 571(6); *Antichrist*, Schlechta, *2*, 1164(2):"什么是善? 凡是增强我们人类权利感……的东西,都是善。"

② *Ökonomisch-philosophische Manuskripte*, in *Werke*, ed. Lieber and Furth, 1, Darmstadt, Wissenschaftliche Buchgesellschaft, 1963, pp. 562, 650.

③ Ibid., pp. 566, 568.

④ Ibid., pp. 600, 607, 652.

的感性,只有通过另一个人,才对他本身说来是人的感性。①

在这段发人深省的文字中,马克思认为自然本身是历史性的。人首先通过认识人性来接近自然,而人性又通过另一个人的存在得以揭示。自然通过政治历史人性被感知,并最终被政治历史人性客观化。尽管马克思谈及的是社会劳动,而不是独特的创造力,但他与尼采的相似之处毋庸置疑。二者的矛盾同样明显:如果自然客观性是政治经济劳动的产物,那么它就和康德的物自体一样难以接近。事实上,人从无中创造出自身。由于这种创造依赖于社会,或另一个人的感知,马克思必须解释在感知所产生的社会劳动之前,人何以为人,并且何以互相感知对方为人。②

基于马克思的分析,人不可能形成,因为人必须首先存在,才能创造自己。另一方面,如果人类物种是永恒的,那么人并没有创造自己,充其量只是在亚里士多德的意义上实现他的本性。马克思认为,人从表面上客观、外在的自然创造自身,但实际上,这一自然不可企及,因此相当于虚无。马克思不可能克服人与自然之间的二元论或矛盾,因为他没有把人文主义当作劳动高于自然的结论;而是以此为起点。③ 如果自然是人类劳动的产物,即思想或言语的产物,那么自然就不能作为人类语言的原则、标准或客观尺度。马克思认为,精神是语言,是"思维本身的要素,思想的生命表现的要素,即语言,是感性的自然界"。④ 于是精神从满足物质需要的商品交换中产生;但是物质需要依赖于感性世界,感性世界本

---

① Ibid., p. 604.
② 科耶夫(A. Kojeve)对黑格尔所作的马克思主义诠释也没有解决同样的问题。科耶夫没有解释动物的欲望如何最先变成人类的欲望。从表面上看,动物冒着生命危险来获得认可,从而变成人类,但只有在它已经是人类的情况下,它才会愿意这么做,参见 Introduction à la lecture de Hegel, p. 14.
③ Manuskripte, pp. 593—594.
④ Manuskripte, p. 605; Die Deutsche Ideologie, Berlin, Dietz Verlag,1960, p. 27.

身就是工业和社会条件的产物,即语言的产物。① 对于马克思和尼采而言,事物被解释为言语,而言语又自相矛盾地由物质欲望创造。两人都在本体-诗性历史主义(onto-poetic historicism)和实证唯物主义之间摇摆不定,其结果不是连贯的言语,而是沉默。两者都把自然理解为身体,又把身体的意义归为一首历史诗。对二者来说,把人变成神的愿望与承认人是无中生有的创造相矛盾。无法区分自然和历史,或上帝和起源,反映在对人的身体和精神之间难以理解的关系中。由此,当代马克思主义者对自由和创造力在历史唯物主义领域中的地位也是前后矛盾的。

因此,在我们这个时代区分本体论的虚无主义和马克思主义的虚无主义几乎是不可能的。马克思主义者准备通过否定过去来摧毁现在,以对未来的希望为基础,这种希望不允许理性的表述。然而,马克思主义与存在主义本体论之间的区别在于:前者与从柏拉图至黑格尔的欧洲理性主义传统休戚相关,尽管理论上并不连贯。马克思的优点主要继承自黑格尔;他的不连贯源于错误地认为自己对黑格尔的学说进行了理论上的扬弃(Aughebung)或优化。事实上,马克思跟克尔凯郭尔、费尔巴哈、尼采一样,是后黑格尔主义,其思想从根本上收窄了黑格尔的眼界,即对历史的接受和对智慧的否定。换句话说,后黑格尔主义者用实践取代理论,而不是调和二者。这在克尔凯郭尔和尼采身上比在马克思身上更为明显,马克思更接近黑格尔。马克思关于通过劳动主宰自然的观念,以及后来提出的自由人类精神的观念,应该终结于一个关于世界(不仅仅是数学的普遍数学)的完全理性的论述,在论述中,人与自然(异化)的表面差异被克服。尽管马克思从物质欲望中循环地衍生出精神,但他理解人类的劳动从根本上是理性的或推理的。奇怪的是,他似乎不明白,精神和身体在自然中的区分是无法克服

---

① *Deutsche Ideologie*, pp. 17, 24, 27, 41.

的,除非重塑一元论,不管它被叫作唯心主义,还是唯物主义。在这里,我们再次看到第三章讨论过的两个运动的问题。举例来说,卢梭把历史看作是自然的结果,而马克思却认为自然无法独立于历史,因此无法独立于人类创造。于是任何言语都无法克服人与自然的异化,因为马克思的自然永远不能独立于人。

如果经济生产方式是理解人的历史性的关键,那么经济生产方式必须从属于人的生物性,并只能对后历史世界产生偶然的影响。我们在这里看到的问题与在尼采和海德格尔那里发现的问题一样——时间维度的错位或分离。马克思认为,后历史世界是未来,生物性的物理世界是过去,经济历史的世界是现在。或许,我们在当下,通过对过去的创造性转变,朝着未来前进。不过,这也就是说,生物性远不能解释欲望如何产生现在,而生物性被认为是现在叠加到过去的延伸。过去实际上是一种论述,比如生物科学,只有作为人类精神的产品才能获得解释,因此需要用到经济术语。过去本身并不存在:它是虚无;但未来不再具有内在的稳固性,它只是基于当下的愿望或预测,因此又是对当下的投射。这是一种无声的投射,因为经济解释的范畴并不适用于后革命、后历史的人,因为他们不受异化的干扰,而是自主发挥创造力。正如尼采无法描述超人的诞生,海德格尔无法描述存在历史下一个阶段的天赋,马克思也同样无法描述未来。① 马克思的历史哲学可以归结为对现在的一种解释,也就是我们所说的"经济一元体(monad)"。这种解释的有效性,与诗歌或历史意识的投射,具有完全相同的地位。这是一种自我证明或自我肯定——是权力意志的体现。

马克思主义的自我肯定缺乏黑格尔的说服力,因为它是一种对智慧的主张,表现为对历史的一种解释,否定了历史的终结,从而否定了智慧的可能性。然而,作为关于完整性的诗,它比逻辑认

---

① 除了对共产主义者无所不能的浪漫预言:Cf. *Die Deutsche Ideologie*, p. 30。

识论乏味而片段的诗或存在本体论的神秘史诗更可取。在本章剩下的部分,我将讨论虚无主义现象,它是人类心灵辩证地追求完整性的一部分,以及这种追求能够在何种意义上实现其目标。细心的读者会注意到,我对这一辩证过程的讨论,本身就是柏拉图式的智慧观与黑格尔式的智慧观之间的辩证对抗。我对虚无主义的研究,从整体来看,可以作为一个引言,让读者自己去审视古代和现代最严肃的争论——关于美好生活的选择。

二

马克思批评黑格尔把生命简化为抽象的辩证法或思想。因为抽象本身是不自知的,我们必须回归自然,才能发现执行这些抽象的自然人。① 这一批评原则上与谢林和克尔凯郭尔对黑格尔提出的批评如出一辙,也就是说,存在的个体,即思想和形式统一的真正来源,不能从逻辑的普遍范畴中被推导出来。无论马克思本人的自然观有什么缺陷,其批判意义在某些重要方面非常接近于柏拉图-亚里士多德的学说。对于柏拉图和亚里士多德来说,不可能通过对可理解形式的逻辑分析或辩证分析来推导生命现象。然而,无论是在本体论,还是科学的意义上,不可能简单地从存在个体的事实开始,因为"自然的"个体不管对于自己,还是他人来说,都不容易直接理解。柏拉图和亚里士多德所说的"直接"不是自然(当然也不是知觉),而是意见。哲学始于区分自然和惯例,或对自然的意见。如果不以这种方式开始,就有危险,我们将用一种意见来取代自然,我们对人类存在的本体论分析将产生对人类存在的意见在某个历史阶段的分析。从这里,我们得以瞥见人类存在的意义是意见问题,或者说,人类根本上是历史动物。

---

① *Manuskripte*, pp. 655—660.

黑格尔对这一困难的回答是,可以通过辩证地研究一切基本意见来确定真理,这些基本意见在某种意义上同哲学史相一致,在另一种意义上又同人类历史或世界历史相一致。这一方法引出的众多问题中,我只提及两个:第一,需要证明关于世界的每一个基本意见实际上都已得到体现,从而历史(在黑格尔的特殊意义上)基本上是完整的。黑格尔派哲学家无法提供关于智慧的意见,甚至神话,作为意见的基本完整性;他必须用一种完美的、因而不言自明的语言来展示他的智慧。第二个问题是第一个问题的推论:在把智慧视为包含各种意见的语言的过程中,自然已经被历史取代。正如我们在马克思那里看到的,黑格尔学派从一个假设出发,即自然只有通过意见或精神上的修正才能被理解。这与苏格拉底的论点不同,尽管乍看上去二者相同,苏格拉底认为事物在言语中对人可见。不同之处在于苏格拉底声称可以获得到纯理实体,既不是(口语意义上的)东西,也不是关于东西的言论。苏格拉底认为,言语只有在沉默的基础上才是可能的,而且言语可以间接地获得沉默。黑格尔认为,沉默对于思想来说是不可能的,或者苏格拉底的纯理实体实际上是原始的、历史上发育不良的言论,只有在他自己的逻辑中才实现了清晰的表达。

黑格尔不仅试图从言语中衍生出存在的个体,而且想要从更根本的意义上让每一种可能的言语都从言语这一事实中衍生出来,当言语事实充分发展,就成为了绝对精神。黑格尔的理论中没有纯理,只有完全的推理。这一主张面临形式上或辩证上的严峻困难,我将在本章后面详细讨论。现在,我想说明,黑格尔还有另一条论证路线,来源于苏格拉底的厄洛斯概念和亚里士多德的"起作用性存在"学说,后来被马克思修正和发展。我指的是人类欲望的论点,这和黑格尔将劳动理解为否定有关。顺便说一句,我发现苏格拉底和他的学生,没有指涉历史,而是把城邦视为人类意见(至少间接地包括那些超越城邦的意见)的非正式结构。人的政治

第六章 智 慧

性基于他是一个会说话的动物这一事实:人的欲望只有通过言说（διὰ λόγου:本意指人的"辩证"性）才可能得到满足。对政治言论的反思使我们能够区分自然和意见,这并不取决于每个意见的存在,而是取决于欲望事实的逻辑后果。简而言之,人对事物的欲望只有通过言语作为中介才能得到满足。欲望以其最典型的人类形式很快就从（外在的、客观的）事物转向关于事物的论述,最终转向关于言语的言语。

虚无主义是对人类处境的永恒危险,因为否定或沉默存在于欲望与事物的区别中,存在于我们渴望完整言语的相关问题中。黑格尔和马克思在劳动的消极性上是正确的,但认为劳动在言语或行为中的完成会否定消极性,这是错误的。错误的实质是话语性的:他们无法为言语找到自然的终点或尺度,因为他们使言语的范围无所不包。如果缺少一个完整的言语,我们就只剩下片面的、相互矛盾的言论,而没有衡量这些言论相对价值的标准。智者似乎与诡辩者也无从分辨。柏拉图也许会说,诡辩者和智者混为一谈,因为两者都无法逃避非存在的必要性。因此,我们必须找到一种言语,在缺少一个完整言语的情况下,仍然有助于区分哲学和诡辩。我们的探索将从人类欲望开始,这部分归功于黑格尔,但更多归功于柏拉图。我们所需要的那种言语,只有通过对心灵的辩证性的思考才能获得。

每一种欲望,无论多么渺小,除了直接对象外,还暗含着保证对象可及性的条件。在大多数情况下,我们对此只有一种模糊的意识;欲望的含义并不是我意识到我想要 X。不过,即使是在日常经验中,我们也经常通过问一些问题来分析我们的欲望或让其更明确,例如,为了获得 X,我必须做什么? 同样,在大多数情况下,这些反思都只占很小一部分,无论是因为对象很容易获得,还是因为各种欲望几乎没有留下多少时间反思,或者出于其他原因。一言以蔽之,只要一丁点的满足,反思就会被压下去,但是生活很快教导我们，即使不能从教训中获益，充分满足对 X 的渴望所依赖的条件是多种多样的。我们了解到，一个欲望会导致另一个欲望，一个欲望的满足紧接着它之前的欲望，满足的体验本身就是对新的和更复杂的欲望的刺激。先前可接受的最低程度的满足迟早会变得不可接受；针对追求适度所依赖的许多意外事件，即使节制的人也要被迫考虑或要求保障。对无欲望的欲望仍然是一种欲望，它最终牵扯到全部体验，就像对欲望的欲望一样。对 X 的渴望总是对 Y 的渴望；只有完全满足欲望，才能避免无限回归。如果欲望满足于它的直接对象，那么它会保持沉默，但也因此不再有人性，更不用说完全满足了。但是，如果欲望通过言语对满足的条件进行反思或者通过言语来调解它的对象，那么它必然会有屈折变化，不是想要这个或那个对象，而是想要关于欲望的言语。对 X 直接的、沉默的渴望就是对关于整体的言语的渴望。

我们可以把欲望这种自我超越的特征称为理性本质。我这里谈论的不是个人的欲望、激情，从欲望的语境中被完全剥离出来，从而割断或剥夺了它们的基本原理。我指的也不是断续多样的个体欲望，缺乏反思性的联系，人们不能按照优先或欲望等级安排活动。一个单独的欲望，从其本身来看，并不比一个公理或论点更合理(或更不合理)。断续多样的欲望与单独的欲望是无法区分的，因为区分的原则，欲望的一致性，如何提供最终或完全的满足或言语都不存在。当然，我们可能会说，"我想要 X，我想要 Y，我想要 Z"，但是如果我们无法说明 X 和 Z 之间的关系，或者为什么 Z 更接近关于欲望的终极渴望的言语就比 Y 更好，那么我们就说不出任何值得说的话，只能保持沉默。最后，我并不是说，欲望的理性能够完全合理地用直接方式来试图满足每一个单独的欲望。个人的欲望或激情，如果所有人都随心所欲，很快就会彼此冲突，从而阻止所有人的满足，或者完全违背满足的本质。事实上，关于"满足"一词，如果认识不到欲望指向完整性，或者看不到在智者的完

第六章 智 慧

整言语中所起的理性作用,都会变得没有意义。

欲望,虽然与言语不同,但却由言语完成;完全满足的欲望需要完整的言语。然而,言语的完成和欲望的完全满足定义了神,而不是人。要获得神性,就要停止做人,不要说话,而要保持沉默。关键在于,几乎不可能区分神和兽(或某种不太明确的自然"力量")。我们只有通过要求所谓的神展示其神性,也就是说,通过与神对话,才能作出这种区分。不论神是以行为,还是言语回应我们的问题,都无关紧要。因为以行为回应言语,就相当于言语;言说的神不再是神,而成为人。更进一步地说,神如果不能压制神性与兽性之间的差异,就不能保持沉默。神唯一能证明自己神性的证据就是言语或者包括言语,这是他人性的证据。换言之,没有完整的言语(因为它将与沉默相同,或与沉默不可区分),只有关于完整言语的言语,可以清晰表述欲望,使欲望可理解,并伴随欲望。同样,这并不意味着欲望和言语是一样的,而是意味着欲望是理性的,即能够通过言语来解释。欲望是不完美的标志;"满足"不会,也不能简单地指"实现这个或那个欲望",只有在实现整体欲望时满足才有意义。因此,当欲望干扰到完全满足的目标时,它可以被定义为"低级";当欲望推进目标时,它可以被定义为"高级"。一个低级欲望与每一个欲望的最终目标,以及它自身,都存在着本质的矛盾。不过,正确地区分低级欲望和高级欲望,就如同形成对整体欲望的自我意识一样困难,或者如同对完整的言语进行适当的表述一样困难,因此很难区分哲学家和诡辩者。哲学家的言语是对圣人或神的完整或循环言语的一种预期,并非与之相同;单单作为一种预期,它很容易与诡辩者的喋喋不休混淆。

总之,我们可以说哲学和诡辩一样危险,或者说,从所有实际目的来看,哲学与诡辩无法区分,这就是说言语和沉默一样危险,或者说,人的自然状态就是虚无主义。允许的言语标准就是对言语危险的警告。不过,正如我们所看到的,这种警告如果被视为一种对沉默的召唤,是毫无意义的,因为它与对兽性的召唤无法区分,或无法满足我们人类的欲望。我们最多可以说:人的本性永远介于言语和沉默之间。因此,他必须通过介入中间或适度的言语来顺应自己的本性,这种言语足以保护他的人性,但又不至于混淆人与神之间的差异。通过认识到人与神之间的差异而保护人与兽之间的差异的言语是祈祷,或宗教的言语。虚无主义,如常人所言,可以被理解为是由于传统"价值观"的崩溃,或者本质上是由于哲学家的傲慢导致了宗教信仰的坍塌。如果我们必须有哲学,至少让它私下发生,闭门造车;公共话语必须适应通俗的理解,即为了神祇的主权而适应政治需要。

但是,将哲学排除在集市之外,能够遏制虚无主义吗?宗教方面的解决办法,其根本缺陷可以很容易归结为伪先知的问题。人类的自然多样性不可避免地导致祈祷的正确版本有分歧,或圣经的真正解释有分歧。因为神只能通过言语(如果有的话)与人交流,所以原则上,言语的含义向各种解释开放,因为在与神的对话中有许多人类的伙伴。当然,至少在某一段时间内,一种解释可能会强加给一个群体的所有成员;但强迫执行就意味着承认解释的失败,承认言语的失败。承认无法用言语解决神性差异的意义,就是承认沉默(因此,强迫是一种沉默的、非适度的言语,以其过度否定自身)的可取之处,而非适度言语的可取之处。然而,这可能在某种意义上保持政治稳定,在另一个更深层的意义上取消政治稳定;只有人类才能生活在政治稳定中,但人类的特征是言语,而不是沉默。稳定的城市不再是一个人类之城,借用柏拉图的说法,它是一个猪群市府。通过祈祷来满足欲望的尝试,如果一直遵循,会压制它所要保持的差异。为了保卫人性,人们必须允许伪先知的声音被听到;也就是说,人们必须与他辩论,从而不断地把圣言交给人类去解读。如果人们不想被假虔诚所欺骗,接受对传统学说的伪劣辩护,或者实际上把沉默(以及兽性)误认为是言语,那么人

第六章 智慧

们就必须把那些埋头研究的哲学家召集起来,让他们张开嘴,或让最流利的演说家参与到对信仰的考验中。如果不能达到对信仰的最完美、最流畅的考验,就会让人沦为伪先知的牺牲品。然而,为了与伪先知作斗争,我们必须让祈祷屈服于哲学,或让神之语屈服于人之语。必然转向对信仰的哲学辩护,其必然结果难道不是信仰的毁灭?因为,抛开哲学家的骄傲不谈,拥有信仰的普通人又怎么能够把哲学家和诡辩者区分开来呢?

无论我们说的是伪先知,还是低级欲望,似乎人类注定要走向虚无主义,这不仅因为要面对虚无或沉默,更因为言语本身的性质。人类通过言语来保护自己的人性;然而,在言谈间,他又破坏了人性。也许未经审视的生活真的不值得过,但很明显,经过审视的生活也是如此。我们似乎已经达到了人类困境的现代表述:欲望是对言语的欲望,但言语使我们"疏远"了欲望。不管我们能不能说完话,我们都面临着无聊的危险,因此我们所说的真相可能会随时变得无关紧要。如果我们被喋喋不休的哲学解释和神学解释弄得晕头转向,通过回归人间来摆脱虚无主义,这本身难道不是诉诸于消极的解释?对死亡的恐惧,自我保护的本能,间或的高兴和快乐,无论是肉体上的,还是精神上的,都只不过是诉诸沉默,或忘记了自己的人性。在沉默的维度中,人类保留了足够多的人性,用对完全兽性的欲望代替对完整性的欲望,但人甚至不是野兽,野兽拥有连贯性或完整性,这是天生有限欲望的标志。人类的欲望是无限的;当言语被抑制时,欲望就变得不连贯和不连续。从言语的异化逃到欲望中,就变成了欲望与自身的异化。没有言语,人无法分辨欲望的在场与缺席,欲望取代意识成为人性的本质。虚无主义再次表现为言语与欲望的分离。虚无主义表达了人类完美的不可能性,但我们如何才能避免得出这样的结论:它也表达了成为人的不可能性?

虚无主义的危险与言语的本质密不可分,因为言语是不完美的标志。人之所以言说是因为他们部分地与事物脱节,并试图用语言的桥梁来克服这种分离。我已经概括地说明,言语具有清晰表达欲望的功能,因此也具有明确承认脱节或分离的功能。因为不管词语多么明显易懂,都不是事物,两者之间的分离永远无法完全克服。词语的显著性吸引我们远离事物(正如数字和符号的显著性吸引我们远离词语),远离被渴望的统一,进入到不受事物约束的言语的辉煌中,或诗歌中。因此,为了对抗人类的唯我论倾向,必须承认欲望。是欲望,而不是言语,将我们与事物联系在一起,并提供了一种媒介,给予语言以实质,无论我们称之为厄洛斯、希望、奇迹或别的名字。同时,一个人仅仅与事物联系在一起是不够的,在不受限制的欲望中逃避言语的恐惧也是不够的,因为结果可能会是消除欲望,或者把人变成物。欲望,为了保持其本质或实现其意图,需要言语为其提供与事物足够的"距离",在此距离内,欲望可能开始奉行满足欲望所依赖的差别、约束或评价。

人类存在是欲望与言语的和谐,是与事物的结合与分离的和谐。这不一定意味着过多的言语会消解和谐,但意味着虚无主义是两种不和谐的结果。从两个主要"理论"错误中,产生了对情绪的"实际"抹杀,即虚无主义。要么我们假设言语独立于欲望,要么我们假设欲望独立于言语;结果是一样的,同样具有灾难性。我把这些错误称为"理论"错误,是因为它们只发生在相当多的经验或对经验的反思之后,而且主要是通过言语。这些错误最激进的形式发生在对老年经验的特殊反思之后,产生了现代意义上的"历史"或"历史意识"。我刚才提到的我们与事物的分离也是人类时间性的起源:我们把时间体验为在话语思想中"追逐"事物的活动。当对话语的追求被认为是徒劳的(因为理论上脱离了欲望),其结果就是历史性,最终就是虚无主义。虚无主义者不受理性的影响,因为正是理性使他对自己的"超然"或厌烦负责。因此,我们可以说虚无主义者不会也不能通过言语来理解自己的困境;如果他真的被彻底治愈,那可能是因为心情,因为欲望的激动,因为修辞而非逻辑,因为魔术而非科学。

三

自然给人以欲望,但也给人以言语或满足欲望的手段,使其不断地受到灭绝的威胁。人就是这样自相矛盾的存在,独一无二,力争完美,一旦达到完美又会完全丧失本性。人类处境中存在的尊严,在于认识到生存不仅处于死亡的危险中,而且处于作为厌烦的危险中。通过追求这一认识冲击所带来的影响来我们维护自己的尊严,受到自然的帮助,也受到自然的阻碍,并且在寻求战胜自我的同时也保护我们自己。话语思维就像火一样:它净化,但也毁灭。凤凰的传说实际上是人的传说。至少到目前为止,人类从自焚的灰烬中一次次地重生。重生的过程被称为"历史":从字面上来说,是对人类行为和言语的探究。然而,当人与事物脱离,或在言语中迷失时,他开始认为自己是一个完全彻底的历史存在,一个自我探究或自我解释的存在。不过,逻辑唯我论除了提供逻辑规则之外,没有提供任何评价言语的标准。当言语只有在形式标准(例如艺术风格)上才能区分时,就其内容而言,言语是无法区分的。我们说什么不再重要,只要我们说得"正确"。从最基本的方面说,欲望不再清晰。起初,这种缺乏区分被认为是自由:每一种欲望都是被允许的(这就是为什么"道德实验"总是伴随形式主义或风格主义的过分强调)。但正如我们所看到的,在这个意义上的自由会导致不连贯或自我否定,从而导致欲望的缺失或异化——虚无主义。

于是,刚刚定义过的"历史"(后黑格尔的"历史性"概念)不是简单的改变,不仅仅是过程,甚至不是最基本的行动,而是自我解释的言语。① 历史始于对过去的记忆,或者作为"传统"的自我解释。然而,传统本身只是潜在的历史,需要通过对传统的批判或重新解释而实现。我之前把这个过程称为伪先知的问题,很容易看出这与哲学问题是一致的。对于这个问题,我们所谓的"保守"的解决办法是区分私人言语和公共言语,并非完全压制哲学,使其远离集市,为祈祷而保留,包括最明显的"政治"形式,爱国主义。不过,这并不是无解的,因为祈祷和哲学一样多种多样。仅仅因为这个原因,一个明智或清晰的保守主义不断地(如果缓慢地)转变为"激进主义"。如果它过度地削弱了这一过程,保守主义就不再清晰,并退化成兽性。然而,明智的保守主义者准确地感知到言语的危险;他的缺陷在于不知道如何应对这种危险。因此,他倾向于在被讽刺遮蔽的言语隐私中摇摆不定,正如黑格尔明察秋毫,讽刺包含着绝对的否定性,②或者,正如我们所说,与它试图避免的虚无主义过于接近了。

激进分子对伪先知问题的回应是"百花齐放",或者,用一个更恰当的比喻来说,是建立文坛,但文坛并不仅仅是将言语从自身中解放出来;它是一个"纯粹文字"的共和国,与事物以及根植于事物的欲望相分离。文坛的空虚是激进分子过度加速自我解释过程造成的后果。激进派正确地认识到,人作为一种会说话的动物,只有通过继续说话才能保持人性,或者说,言语的目标是完整性,即完全的自我解释。然而,他们没有认识到不断说话的危险,这当然是因为他们没有完全领会沉默的危险已经隐含在完整言语的目标中。激进派的特点带有大胆或兴奋的情绪,与其说是关于行为,不如说是关于行为的言语或解释。当他通过过度的言语迷恋行为之

---

① "诠释学"因此在海德格尔的追随者中很受欢迎,参见 H. G. Gadamer, *Wahrheit und Methode*, Tübingen, J. C. B. Mohr, 1960, e. g. pp. 323 ff.。

② *Ästhetik*, ed. F. Bassenge, Frankfurt, Europäische Verlagsanstalt, 1955, Bd. I, pp. 73—74, 161.

第六章 智慧

外的词语时,他的兴奋就会开始退化为厌烦。如果退化进程在进入最后阶段前被中止(有时即使没有),激进分子就会慢慢地转变为保守分子。归根结底,激进主义和保守主义几乎没有什么区别,这一点在当代政治领域尤其明显,在这个领域,"激进主义"往往意味着斯大林主义和无政府主义的结合。无论是激进派,还是保守派,都不能代表人性对立统一的充分对抗。两者都不充分,因为每一个都是单独项,脱离了得以发现自身意义的对立统一。除开对立统一,激进派和保守派是无法区分的,因为同样无意义,同样碎片化,同样狂热。两者都试图将简单的解决办法强加于复杂的问题。两者都是在一个完全不充分的连贯性和完整性模型下运作的。

在简述保守派和激进派之间的对立统一时,我并没有暗示解决人类问题的方案在于趋向二者相结合的共同进化或发展过程。当然,在特定情况下,为了缓解特定的困难,人们可能不得不采取更保守的行动,或者更激进的行动。但我所说的一切都是为了表明,人类问题不可能有任何最终的解决办法,人类是一个问题(或悖论),无论对常识来说多么渺小,要"解决"这个问题就必须要消解人类。这种消解,或虚无主义,恰恰产生于一种夸大的企图,即强制执行一个简单的解决办法,将复杂性简化为统一,对立于或多或少不稳定的和谐。统一,或者说非联结一元体,不可言说,不可思考。因此,为了生存,人必须成功地将保守主义和激进主义的特征结合起来,而不是将它们统一起来。人同时是激进派和保守派,而不是非此即彼。在这种情况下,说人是对立的和谐是有道理的。这样,针对其目的和不完整性,人就可以得知自身的真理,但由于真理的性质,他不能对真理有一个"系统的"或"完整的"描述。事实是,人类不必解决自己的问题,从而招致"最终解决办法"的灾难,而是必须在无限接近的永恒过程中、在时而冒进时而谨慎的审时度势的调适过程中,与自身和解;但无限接近不是指向无限遥远、不可企及的渐进完美的目标，因为这相当于根本就没有目标，因此也就相当于什么都没有接近，即虚无主义。目标可以企及，但不可实现；人能够明白，他的本性会在完全理性的言语中得到实现，满足自身的欲望，除非这样的言语一旦完成，就会破坏他的本性。

言语之为言语是不完整的，或证明了人与事物相分离（尽管与之相关）的事实，人必须通过这些事物并在这些事物中找到自身的完整性，前提是他能够同时保持自己，也就是说，意识到自己和事物之间的差异，并可以说出这种差异。为了完整性，人必须同时具有局部性。如果这是不可能的，那么他仍然可以得到有关完整性的模仿或替代形式，也就是说，根据完整性来谈论完整性。真正关于完整性的言语，而不是关于其他别的东西，就是哲学：也就是说，它抓住人性的真理，在完美理想的指引下，以健康或理智的方式表达欲望，但出于这个原因，它避免施加任何超出其承受能力范围之外的元素，或以理想为指导，避免一切不平衡的尝试。其他的言语模式，如艺术和科学，有合理之处，也有不合理之处，因此有"好"有"坏"，正如它们有或没有在真正意义上参与哲学。因此，从艺术、科学、政治意识形态或任何其他次要（因为独立）的言语形式来评判哲学是毫无意义的，这本身就意味着事先的哲学决定，不管说话者是否知道。哲学只能交由自身来评判，它当然不能服从于自我放纵或骄傲，而是服从于事物、欲望的标准，从根本上来说，它服从于对事物、欲望和言语或其本身进行完整解释的欲望。

那么，言说就是在进行哲学思考，虽然我们把"哲学家"这个名字保留给那些懂得并因此能说明言语本质的人。哲学家就是可以谈论完整言语的人（与之相对的是语言学理论家，他们把完整言语作为数学的一种抽象形式来谈论，而不是谈论完整言语所表达的内容）。如果完整言语不是有关或指向我们言说的内容，我们就不是哲学家；如果我们的言语是完整的言语，那么我们就不是人，这等于是说我们并没有在言说。准确地说，并没有几个或无限多个

"哲学"或"哲学观念",而是只有一个。然而,有无限多的哲学言语被刚才提到的标准证明是哲学的,之所以无限多是因为它们与人类存在同延,或与通俗意义上的"历史"同延。哲学总是相同的,但环境却不断地变化着,这是由于它们的时间性,以及记忆和遗忘之间的辩证性造成的。每一个新的环境都需要一个新的哲学言语,但正如记忆为环境提供了连续的线索,欲望和言语的本质也为哲学提供了连续的双重线索。那些善于遗忘的人,打破了连续性的线索、环境的线索,以及言语的线索。言语变成了没完没了的喋喋不休,因为分析的原则本身就是不连续的言语,不管分析多么熟练,多么美丽,就像断了线的珍珠散落满地。

如果从激进角度理解的言语是哲学,那么当人们停止或试图停止哲学思考时,就丢失了自己的根。我们这个时代的非哲学和虚无主义情绪,在最近哲学发言人的反哲学言论中表现得最为明显。这源于历史的发展,或者更确切地说,源于现代意义上的"历史"的发展,作为不满言论。就本章而言,我们可以说不满言论基本上有两种形式:唯我主义和共产主义。没有必要再重申一遍对立统一,这在保守派和激进派的观点中已经勾勒出来。同样,唯我主义和共产主义,由于代表着两个独立的元素,其意义取决于它们在整体中的位置,所以最终无法区分彼此。当然,在当下的日常生活中,没有"纯粹"的唯我主义者或共产主义者,就像没有"纯粹"的保守派或激进派一样。我清理了这些类型,便于理解当其中某个类型获得支配地位时,决定个体性格的动机。这些类型对应于言语中的孤立行为(唯我主义),也对应于行为中的自我丧失和言语丧失(共产主义)。

为了降到更直接性的水平,这两种类型都倾向于过度言说,因此都会迅速恶化为意识形态,无论是学界的,还是市场的。人们可能会怀疑,当哲学从市场转移到学界时,哲学会退化为唯我主义的意识形态,这是政治意识形态的相反形式,它在市场中出现,以填补哲学离开所留下的空白。这一观察必须通过进一步的评论加以修改,因为学界的意识形态更能流畅地表达人作为说话的动物的本性,而市场的意识形态源于对正义的热爱,就像数学(对环境的抽象和对平等或重复的渴望)和一种相对沉默,学者们常常被市场的行为(并非言语,或言语的不连贯)再次激起欲望。为了使他们口头的唯我主义适应共产主义的相对沉默,共产主义有意地指向无法言说的、无法联结的一元体,学者们只能通过结合来成功加强两种独立的虚无主义倾向。结果可能(就与尼采和海德格尔的情况一样)比非政治"逻辑学家"的乏味言语有趣得多,但是,由于这个原因,从长远来看也危险得多。逻辑主义的意识形态会迅速地变得无聊,以至于很容易被学术化市场的意识形态所吸收。这种吸收的具体方式,以及学术化市场的意识形态的具体模型,显然会因时代和国家的不同而有所不同。一旦掌握了过程的要点,就相对容易理解和描述这些变化。

四

对事物的欲望驱使人说话;劳动的否定性在更深层次上是一场反对世界沉默的战争,通过劳动的否定性,人们占有了自己的物质环境。然而,正如我们所看到的,言语本身就充满了与之斗争的沉默。人类的声音似乎被帕斯卡提出的两种无限性的沉默消音了。一个人既不需要神秘,也不需要浪漫,就能感受到沉默的压力,有时甚至对沉默的需要。沉默,我们模棱两可的敌人,似乎常常能治愈无用的喋喋不休所带来的创伤。在这些情况下,我们所经历的解脱是一种终极沉默的象征,完整的言语将会终结在这种沉默中。但这是一种虚假的解药,以我们与生俱来的权利为代价。沉默不是人们想要的解释,而是对解释的否定。在可理解性方面,沉默从属于言语,因为言语指出沉默,指出自身中的沉默。没有言语,沉默是不可见的;这就是无,即使我们的目标等同于虚无,完全的自我消解,我们只有先在话语思维中定义它,然后通过话语思维进而否定每一个让我们成为某物的逻辑决定,这样我们就可以实现否定的条件。"无"只有与某物相对照才能被理解,或者只有当它是"存在"时才能被理解。① 存在＝无的可理解性取决于(否定)特征的表现,而只有通过思考这些特征的(否定)形式,(否定)特征才能与自身(不是他人)交流。然而,对否定形式的思考就是肯定地、具体地思考,即通过复制来思考内容;这种形式复制是逻辑的,或者从极端的意义上,是口头的。尽管如此,不想思考仍然是思考,对完全否定性的思考也仍然是把我们的目标确定为某物,通过并借由言语来确定沉默。

在前面两部分,我讨论了作为完整性的智慧的本质,或每个有限的人类欲望得到满足的意图。因此,哲学是关于智慧的言语,作为完整言语的必要模式在形式上或理想上是可见的,一切事物在完整言语中都可以从根本上得到解释,在完整言语中,哲学上的片面言语与非哲学上的片面言语是有区别的。智慧的理想可见性既是哲学的起点,也是哲学的终点。因此,哲学言语作为智慧的反映,必须既是考古学的,又是目的论的。② 局部的本源和目的照亮了局部在整体中的位置,而整体本身就是起点和终点的结构,就是身份。局部的可理解性,或片面言语的可理解性,不可能与局部之为片面相同,因为如果这样的话,可理解性的原则就会和局部部分一样多,这将是自相矛盾的。极端的片面就是不可理解,甚至都不是可识别的"局部"。例如,在某种正式语言中,句子的可理解性来自于该语言原则的系统或有序的整体结构。对于日常语言或自然

---

① 尽管黑格尔把抽象的存在等同于无,但在《小逻辑》中,他的讨论是以存在而不是无开始的。

② Cf. Aristotle, *Metaphysics* 981a30—982a4, 982b5, 1050a8.

语言中的句子也是如此:言语本身也是如此。一个人不可能"漫无目的地"喋喋不休(也就是说,没有目的,否认目的论),而又明确针对可理解的无穷无尽的理想条件,这些理想条件是可理解的,但本身又不可无穷无尽。这还不包括对句法的屈从,甚至是喋喋不休。换句话说,把语言简单地看作是无穷无尽的人造系统,而且每一个系统都是片面的,这是对哲学的否定。因为任何一个局部系统,如果不能使可理解性原则变得无限的、不确定的、不可理解的或相互矛盾的,就不可能与可理解性原则相同。

因此,在我看来,要么每个部分原则上都不可理解(因此仅仅是名义上的部分),以至于我们随时能想到的可理解的事物仅仅是局部的迷信,一种认识论上的爱国主义,要么任何部分的可理解性,即使是最普通的部分,都是整体的可及性或可理解性的表现,即局部可理解性的理想条件的可能表现,这个理想条件在每个部分中都是明显的、可推断的,但又独立于每个部分。① 这一条件就是指导哲学言语的本源和目的。至于第一选择,否认可理解性暗示了激进的怀疑主义或系统的不可知论,这不仅在形式上是自相矛盾的,因为它依赖于可理解性的理想,而且可能是形而上学或神秘主义一种更直接更简单的不必要的复杂形式,它否认直接获得形式上的异质现象,即直接形式的经验。我们不应该相信从外在多样性推断出内在统一性的尝试,这必然导致外在多样性的毁灭。由于每一个论证的出发点都是可理解的多样性,因此任何论证都不能否定其自身可理解性的开始(和结束)条件。这不管对表面上"现实主义"的怀疑论者还是"一元论的支持者"来说都是正确的。

经验最初的异质性作为哲学的给定必要条件被理解为"何为存在(being)"这个问题,这意味着该问题的答案也必须是异质的。作为一个关于何为异质性的问题,哲学探究整体中的每一个元素。

---

① Cf. ibid., 1025bff., 1061b4ff.

如果问题的结构是完全可见的,那么它将完全展现整体的结构;因此,它与答案是一致的,或者是无法区分的。换句话说,那些把哲学定义为对基本问题的理解的人面临着与黑格尔同样的困难。认为哲学知道基本问题却不知道基本答案,这就相当于说,一个人热爱智慧,但不知智慧为何物。同样,我们怎么可能知道基本问题却又不知道它们的基本结构呢?如果我们知道这一点,我们怎么能说不知道这些问题的基本结构呢?如果我们不能知道要问什么,除非我们知道我们要问的那个问题,那么要么我们是明智的,所以不应该问问题而应该给答案,要么我们是如此无知,以至于我们不能问这些问题:我们不能区分基本问题和偶然问题。因此,我们可以问任何具有同等合法性或缺乏合法性的问题,也就是说,哲学被简化为一个无限的疑问式的喋喋不休。

但是,无限的疑问式的喋喋不休是可能的吗?我不这样认为,原因如下。对单个或有限问题的理解取决于对问题是否可理解的标准的理解,这些标准与问题本身是分开的,因此标准本身是不可质疑的。如果标准可质疑,我们就不能识别一个问题是确定的,或者与其他问题区别开来,无论该问题是否可理解;因此,我们也就无法了解这个问题本身。所有的问题都会变得含混不清,我们有的不是喋喋不休,而是噪音或沉默。如果一个问题的意义本身是不可理解的,那么我们就不知道我们问了什么,这就等于说我们其实什么都没问。此外,我们必须拥有不容置疑的理由,知道一切都是可质疑的,或者原则上,无休止的提问程序永远不会因回答而被暂时地或永久地终止。我们必须知道问题的答案,为什么我们除了提问什么都不能做?无论这个问题的答案是什么,一旦回答这个问题,我们就终止了纯粹的提问;我们已经限定了提问的范围。我们拥有一种提问的理想,它规范我们的问题,使之合理化,易于理解,但它本身并不是一个问题,本身也不容置疑。

因此,如果作为喋喋不休的言语概念,无论是疑问,还是陈述,都是自相矛盾的，我们被迫得出这样的结论：整体至少是局部上可理解的，这是可能理解任何问题或任何答案的必要条件。这一结论确立了柏拉图所说的"善"的有效性，并为那些获得理性的人提供了反驳虚无主义的基础（尽管它在对抗虚无主义情绪方面可能毫无价值）。我们再看一个例子。假设哲学和智慧的区别是：哲学家既知道基本问题，也知道这些问题的可能答案或基本答案，而只有聪明人才能知道每个基本问题的众多可能答案中哪个是正确的答案。这一立场仅仅是对"哲学知道基本问题"这一观点的更完整陈述。到目前为止，应该很明显，如果不知道反映在基本问题结构中的基础、开始和结束，我们不可能知道一个问题是基本的，我们也不可能知道我们知道那个（或全部）基本问题，对于这些问题的可能答案，情况也是如此。除非它们"回应"基础，否则它们不能成为基本答案，但更"根本"地说，我们不知道可能的答案实际上是全面的，它们穷尽了基础存在的所有可能方式，却没有限定这些基础，例如，否定基础不可能存在的所有方式，或表面上可能但实际上不可能存在的基础方式。除了根据基础本身去比较和评估，还有什么别的方式可以比较和评估可能的答案？因此，如果我们知道基本问题或者知道基本问题和答案，那么我们就必须知道基础；而且如果知道这些基础，那么我们便拥有了智慧，不需要问问题。

基于以上原因，加上本章前几节所提出的理由，我得出两点结论。首先，哲学是理性言语的必然结果；每一种证明言语是非理性的努力都必然以自相矛盾或以自我消解而告终。其次，哲学的不可避免意味着智慧的可及性或可理解性（但不一定是成就）。也就是说，哲学"始于"对整体的可及性或可理解性的认识，我们只是整体中的一部分，然而，这一部分不仅是对整体的"开放"，而且在某种意义上是对整体的限定或反映。我们限定整体的意义本身反映在对整体的确定结构的不同概念中。这些概念之间的差异是可理解性，即每一个确定概念的共同属性，通过这些属性，每一个概念都是可见的或可理解的,关于这些概念的理性论证是可能的。未能认识到这种差异的力量(与"本体论差异"无关;见第二章和第三章)就会导致一些思想家形成激进甚至不相容的学说,世界观,即因为不可辩驳而开始的非理性,每一个都不同于并排斥其他人,不可能进行真正的哲学对话。这一学说,即便以"历史主义"的形式也与现代认识论的出现有着密切的关系,起因是人们普遍忘记,如果我们拒绝或不能讨论我们的预设,就会使这些预设既不可靠,也不可妥议。如果我们能够识别我们的预设,并将它们与其他的预设区分开来,那么在分歧发生的地方一定有一个可理解的共同场域。我们一定能够理解我们的预设和其他思想家的预设之间的差异,而对差异的理解本身不同于任何讨论中的预设。也就是说,对差异的理解独立于对任何特定预设的接受。否则,如果我们只能从内部看到这些差异,因而只能按照我们自己的预设来解释,那么我们认为我们的预设不同于其他预设这一信念将是站不住脚的。每一个表面上不同于我们的预设,都只是一个由我们自己的预设所确定的对象,因此也就是一个我们自己的预设的对象。作为这样一个对象,每一个"其他"预设都可以从我们自己的基本预设角度进行明智的辩论和评估,但这就意味着,我们的预设与其他假设之间没有根本差异,以至于互相之间不能进行理性的对话。因此,在我们的预设与其他预设(世界观)截然不同的意义上,我们的预设并不是世界观,而是一个可理解的普遍场域,在这一场域中,预设(世界观)是被区分的,是被区别对待的。这种区别对待必然是对预设的评价或理性论证,只要它能决定哪些预设实际上是相同的世界观。

如果我们不能同时使预设的结果不合理,我们就不能坚持说我们的预设不合理。这样一来,我们的对手就有可能不经考虑就拒绝我们的世界观。如果这不合理,他为什么要这么做?如果我们说的任何话都不理性,那么我们当然可以说任何我们想说的话,包括只有我们自己是理性的。从这样的观点来看，假装否认理性的人绝对是荒谬的。如果我们有任何理由这样思考，那么这个理由本身必须是合理的：它必须是可以理解的。但是，如果它是可以理解的，人们就可以理性地讨论它，也就是说，它的可理解性的条件不受自己管辖。如果不是这样，那么每个世界观都会定义可理解性，可理解性的概念就会像世界观一样多。结果就是，这些概念会相互矛盾（因为对于每个 A，都会假定一个非 A)，或者彼此沦为沉默、混沌或虚无。鉴于可理解性概念的无限数量，我没有理由只接受自己的概念，但这意味着我无法知道我的概念是可理解的。它对我来说是不可理解的，除非我首先理解并拒绝所有矛盾的概念；因此，与其说这是一种世界观，不如说这是一种对无知的坦白。它没有照亮（我的）世界，而是使它陷入黑暗。因此，世界观之间的不可调和要么是可理解的，要么是不可理解的。如果它是可理解的，那么这个理论就是错的，因为这种可理解性必须为所有世界观所共有，进而必须与每个世界观相分离（如柏拉图的"善"）。如果它是不可理解的，那么在世界观与世界观之间就没有理性的区别，说它们不可调和或存在差异是没有意义的；既然它们不能被明确地说成是不可调和，这个理论还是错的。

五

欲望导致言语，言语是对完整性的渴望。我现在想要说明，言语如何，准确地说是局部的，允许智慧表现为言语的目的。整体，因为在局部中且通过局部得以理解，所以是部分可理解的。这并不是因为历史的不完整性，而是因为理性言语的基本性质。如果言语可以"衡量"其对象的形式或结构（无论是在"符合"还是"揭示"的意义上)，那么它就是理性的。因此，有必要看看言语是否正确地衡量了这种形式。假设我们相信言语 X 是总言语,是智慧完全成熟的概念或陈述。然后,我们再假设已经看到了 X',即人们可以谈论的可理解的基本形式或部分的总和。然而,X 被包含在 X' 中,因为总言语必须是关于自身的。它不仅要解释对象,而且要把自身解释为所有对象的解释。也就是说,包含在 X' 的 X,是言语得以可能的对象。它确实是最重要的对象;因此,我们必须先看到它的形式,然后才能谈论它,才能说出我们所看到的。然而,如果 X 是总言语本身,这是不可能的,因为言语直到它完成之后才构成一个整体。人不能在谈论某个确定对象或局部对象的意义上去谈论总言语。因此,X 不可能包含在 X' 中。另外,如果 X 与 X' 截然不同,那么两者之间的对应关系必须是可见的,于是"第三者"的悖论就产生了(X 就相当于一个超感的彼岸[Jenseits],即 X' 的"异化"本质)。① 如果 X 与 X' 完全相同,那么有必要置身事外看看它是否是一个整体;但是,如果我们能够置身事外,那么它就不是一个整体。在第一个假设(X 在 X' 内)中,在说出我们所看到的之前,我们看不到 X。在第二个假设(X 与 X' 截然不同)中,抛开"第三者"论点,X 与 X' 之间的根本差异意味着 X 不是 X' 的解释,而且(既然所谓的根本差异无关紧要)X 也不能解释自身与 X' 之间的差异。因此,它不是总言语(X' 可以用 Y 来表示,也许应该用 Y 说明它与 X 的明显不同)。在第三个假设(X 与 X' 完全相同)中,出现了与第一个假设相同的困难,只是形式略有不同。X = X' 不得不在它自身完全成熟之前被看到(既然根据假设 X = X' 是完整言语)。除了前面提到的困难,任何言说者都不可能知道 X = X' 的完整性。没有人是明智的,因为言语与言语对象的同一意味着无法区分二者,所以这里不是二者,而是一个整体。因此,实际上,言

---

① 试图通过让言语成为存在的化身(揭示)来消除这一困难,导致了前几章所讨论的困难,不可能区分人与存在。

等同于沉默:这是基本本体论的一元论。因此,完整言语的概念本身就是自我否定的。①

总之,X 和 X'(这个')之间的差异永远不能被简化为 X= X',除非同时破坏这个'的存在和可理解性。我们不可能得到同一性,最多得到等价性,它基于差异,并基于不同于任何一方的立场使差异的等价性得以表达。如果说,话语思维是从形式角度通过限制来区分,那么思维(以及言语)总是不完整的,但这种不完整性依赖于完整性或整体,或者说,使完整性或整体可见。每一次消除不完整性和完整性之间鸿沟的尝试,都成功地摧毁了可理解性。因为鸿沟本身就是两者之间和谐的表现。完整性或智慧仅仅是可理解的,因此只能被不完整性、哲学或理性言语接近。智慧理想可以被理解为关于一切事物的原则和原因,或起点和终点的完整言语,它的可理解性取决于言语;每一种言语的可理解性,取决于其自身的不完整性。不完整性确实是由其自身的可理解性"完成";完成不可完成之物就是摧毁它或使它不可见。换句话说,哲学是由其自身的可能性"完成",这种可能性取决于整体的现实可理解性。整体原则上是可知的,尽管我们永远不能完全知道它。如果它原则上不可知,因此,没有一种言语是哲学性的,它否认可理解性,否认把整体理解成异质联结的结构,在这一结构中并通过这一结构,每一部分都是可理解的。哲学家总是各执一词,只要哲学存在,他们会永远各执一词,但是他们不能对他们异议的可理解性各执一词,除非他们停止哲学思考。在这个意义上,异议、异化和否定都是善的象征。因此,或许有些匪夷所思,在某种意义上,一个人必须先拥有智慧,然后才能热爱智慧。

在这个研究中,我试图说明哲学与智慧脱节的虚无主义后果,以及智慧被重新解读的虚无主义后果,智慧先被解释为数学的确

---

① Cf. *Sophist* 244d3 ff.

定性,然后被解释为历史性的经验。数理逻辑的悖论象征着历史主义的不连贯,或对理性言语本质的误解。言语只有在保持自身与意志或欲望之间的连续性时才是理性的。虚无主义的基本特征是断续性,特别是在努力以瞬时性的兴奋或象征性的抽象取代言语的过程中,尤为明显。时间的两个时刻或阶段,即缘起和缘灭,就像记忆和遗忘一样,是彼此分离的。我再简单谈谈时下"创造力"的核心体验,为此作最后的说明。人只有忘记过去的权威才能创造;同时,人必须记住如何去创造,记住作为一个创造者意味着什么,因此,对过去的某种记忆是必不可少的。在一个健康的或非虚无主义的社会中,记忆和遗忘的断续性可以被传统所克服。传统是从过去到现在的"传承",是向未来投射的基础;在时间变换的基础上,时间性,也就是创造力本身,向完全理性言语的理想"投降",作为创造性地操纵时间的永恒基础。只有通过这一双重转换,只有在哲学是精神活动的命脉的地方,一个活的传统才有可能存在;否则,之前提到的断续就会发生。我们不仅在所谓的形式结构的消解中,这似乎是当代艺术的特征,而且在用"发生"的自发性来中止或完全取代形式的尝试中,都可以见到这一点。①

　　从绘画中举一个更具体的例子,立体派、超现实主义、达达主义,甚至抽象表现主义可能都以某种方式扭曲了传统形式,让我们大多数人很难发现与过去的连续性,看不到从永恒到瞬间的意义转变。不过,连续性仍然存在,在极端情况下,要是艺术家想通过更有效的形式矩阵来重新表述每一种感知的话。抽象地表达一种情绪或知觉,就是坚守智慧连贯性的概念,这不仅出现在艺术家的意识中,而且表现在他所经历的世界中。至少在所谓的抽象艺术的某些阶段,我们可以发现几何感知以及数学直觉相关模式的影

---

① 对真诚的追求是不可能的,甚至是虚伪的,从"发生"是有计划或设定好的这一事实中可以清楚地看到这一点。

响,甚至是过度影响。断续性的元素,即所谓的量子跳跃,可能正处于流行的过程中,例如,转向数学感知的过程中对自然感知的主导。不过,连续性并未受到抑制。艺术家可能在传达一种无序的感知,但他这样做是参照秩序的标准,秩序本身可以被视为就在艺术作品的边界之外,参与到对它的定义中。然而,完全不同的是,对秩序和组织的否定或漠视,相反也被对无序的连贯描述反映出来。人类不能被简单地归结为事物,人类事物也不能被简单地归结为事物的偶然关系。事物本身被"拆解"或被剥夺了因果联系,因而失去了任何理性的意义。①

  用一个卖鞋匠代替王子成为一个引人注目的英雄是一回事,而去掉所有可以分辨二者差异的视角又是另外一回事。当然,提倡艺术是自生自发的人会说,理当如此,创造意图在艺术家对间断事件的选择和技术表现中起作用,他把当代世界描绘成原本的样子,或者描绘成被开明的(或至少是最新的)感悟力所体验到的样子,或者摆脱了腐朽传统的虚伪,但这不过是在强调艺术家的虚无主义,要么是他个人意志的投射,要么是当代境况的默许。在主动或被动接受虚无主义的过程中,世界被"聚合在一起",只有人类拒绝或无法从中找到价值。也许有人争辩,这种姿态,如果严格坚持的话,和我们的日常倾向截然相反,以至于在自身中构成高度抽象的经验形式化。我个人认为,在知识分子"所采纳"的虚无主义中,我们看到了一种类似于机器崇拜的性变态。从某种程度上说,任何一方都有激情,但至少我们仍然会发现对秩序的低级品味。

  然而,艺术家或知识分子并没有把虚无主义姿态作为一种特殊的或深奥的情绪来呈现,除非是为了回应或防御流行的或全球性的虚无主义。在过去的岁月,那些遭受厌世之苦的人被自身处境束缚,从而与正常运转的社会相分离。仅仅在过去的100年间,

---

① 这让人联想到休谟否认我们感知因果关系,并与之相关。

第六章 智　慧

在全球范围内流行这样一种说法:正常运转是不正常的。当然,哲学家和预言家总是批评日常生活、政治生活或"资产阶级"生活,而且总是用更高的眼光。这就是说,在不同程度上,他们积极地回应了一直存在的积极虚无主义的威胁。甚至在陀思妥耶夫斯基的作品中,虚无主义的主人公不是以英雄人物呈现的,也不是反英雄人物,而是一个受害者——一个失去传统理想活力而残疾的人。虚无主义的解药总是显而易见:恢复已丧失的活力,而不是默许这种丧失带来的后果。经过衰落的稳定期,我们已经达到了这样一种现状:虚无主义的主人公显示为一种规范(甚至看上去有些古怪或"黑色幽默"),一种应对间断现实的范式或理想类型。

现实的间断,记忆与遗忘的非理性波动;对荒谬的默许和美化;对肉体爱欲极为细致的关注,以所有能想到的方式,首先,作为对精神爱欲消失的一种安慰,然后作为一种技术主义反心智的应用力学;总体而言,对技术的痴迷,无论是应用于肉体,还是应用于逻辑和数学的空洞形式系统;对醉酒和清醒的赞美,作为混乱的不连续或不可分的表现;这些都是当代虚无主义图景中容易识别的特征;但反过来,它们只能被理解为人类心灵永恒的辩证法中一种特别不相称的结果,即通过言语表达的欲望。我们可以通过人与自然的不连续这一说法来描述这种不相称,只要再补充一点,即不连续性由自然本身赋予。诚然,从本质上讲,言语或理性与欲望是不同的。然而,试图抑制这种差异是错的,也是现代世界从一开始就犯的错误。首先,抑制采取的形式是将自然和欲望等同起来,自由被理解为理性的自由,放纵于最高级的欲望中。不幸的是,自然和欲望的等同导致无法区分高级欲望和低级欲望。然后,它被重新解释为人类理性的根本自由或自治,或人类劳动对自然的取代,这样可以重新建立高低之间的差异。理性摆脱外部秩序所获得的东西被劳动中隐含的否定性克服,或者更根本地说,被时间克服,就像克罗诺斯的神话一样,时间吞噬了自己的孩子。

现代对自由的追求导致了在劳动方面对人类进行重新定义，用最新的术语，就是在创造力方面，但这反过来又导致了对人类作为极端的历史个体的认同。劳动的动力是否定；人类劳动果实依赖于时间性，由于存在条件，它的稳定性和重要性被剥夺。劳动者，或历史个体，脱离了对其基本条件具有重要意义的不变条件，可能具有黑格尔所称的"苦恼意识"的特征，我们或许可以将其重新表述为在不连续意义上伴随自由而来的忧郁症。黑格尔还将这种情况与"上帝已死"的认识联系起来；虽然他没有使用这个词，但我们不难理解我们正处在虚无主义面前。在黑格尔的论述中，从信仰上帝复活到哲学智慧的绝对知识，这一发展克服了复杂的、怀疑的个体的自我异化和自我贬低，个体的苦恼仅仅是其喜剧意识的对立面和完成面。① 换言之，对虚无主义的压制，就等于对人类的历史个人主义或独特性的压制。在理性知识的意义上，只有通过完整性才能弥补时间性的不连续。

黑格尔对虚无主义的分析，虽然依赖于从古代思想中提取的元素，但却被赋予一种彻底的现代表述。实际上，人们可以说，黑格尔把对虚无主义的压制建立在狂妄自大上，即对人成为神的愿望的认可。换句话说，黑格尔通过对永恒和时间的认识，克服了人的时间性的缺陷。我已经解释过为什么我认为这是一个错误的解决方案。它的不稳定性，退一步说，在黑格尔之后130余年的哲学发展过程中得到了强有力的证实。苦恼意识，在经历过生存恐惧的谷底之后，似乎已经丧失了意识，或者至少已经退化到喜剧意识的肤浅，变成了当代的"黑色幽默"，或者自嘲地接受自己的卑贱和粗俗。在这种情况下，人们势必会想到黑格尔自己的观察：黑暗中，所有的牛都是黑色的。

---

① *Phänomenologie*, ed. Hoffmeister, pp. 523 ff.

索 引

（本索引所注页码为原书页码）

A

Adams, H. 亚当斯 112, 114
Adeimantus 阿德曼图 164, 172 n., 174
Adkins, A. W. H. 阿德金斯 161 n.
Alienation 异化 xv, 远离 76 f., 疏离 90 f., 异化 212, 异化 214
Anaxagoras 阿那克萨戈拉 149
Aristophanes 阿里斯托芬 145 f., 155
Aristotle 亚里士多德：and Wittgenstein 与维特根斯坦 8, 15; and ontology 与本体论 44, 46, 53 ff., 59, 221 n.; and Descartes 与笛卡尔 75; and Nietzsche 与尼采 97, 99; and Heidegger 与海德格尔 101, 114, 128; and Plato 与柏拉图 138, 162, 171, 176, 178, 189; and Marx 与马克思 205
Aristoxenus 亚里士多塞诺斯 146 n.
Auden, W. H. 奥登 20
Averroes 阿威罗伊 65, 102

B

Bacon, F. 培根 62 f., 109
Bambrough, R. 班布拉 10 n.
Beauty 美丽/美 60, 65, 81, 109, 168—188 随处可见
Being 存在：and Wittgenstein 与维特根斯坦 7, 10; and ontology 与本体论 29—55 随处可见, 221, 223, 228 n.; and Heidegger 与海德格尔 81, 86 ff., 118, 122—139; and Nietzsche 与尼采 94—101, 104, 107; and

Jünger 与荣格尔 114, 116; and Plato 与柏拉图 144—51, 159—197 随处可见

Benda, J. 班达 106 n.

Bergmann, G. 伯格曼 5

Blumenberg, H. 布鲁门伯格 60 n.

Borkenau, F. 柏克瑙 60 n.

C

Carnap, R. 卡尔纳普 51 n.

Cavell, S. 卡维尔 12 n.

Christianity 基督教: and modern philosophy 与现代哲学 xv f., 60 f., 64, 75, 80, 82 n., 91, 93, 102 ff., 106, 110, 131—134; and Heidegger 与海德格尔 100 f., 114, 131; and Plato 与柏拉图 166

Cornford, F. M. 科恩福德 155 n.

Creativity 创造/创造力: creation ex nihilo 无中生有 xiii, xvi; and speech 与言语 11, 47, 110; and Nietzsche 与尼采 42, 67, 70, 73 f., 93, 95, 104—109, 144, 193, 199; and Descartes 与笛卡尔 64; and Heidegger 与海德格尔 99, 126 f.; and history 与历史 141, 230—35; and Marx 与马克思 200 f., 203

D

Descartes, R. 笛卡尔: and modern philosophy 与现代哲学, xv f., 36, 61—70 随处可见, 75; and Nietzsche 与尼采 74 ff., 105 f., 109; and Kant 与康德 80; and Hegel 与黑格尔 89 f.; and Pascal 与帕斯卡 110; and Plato 与柏拉图 149

Desire 欲望: and speech 与言语 207—235 随处可见

Difference 差异: Wittgenstein and Aristotle 维特根斯坦与亚里士多德 52—55; Hegel and Heidegger 黑格尔与海德格尔 86 ff., 91; Wittgenstein and Heidegger 维特根斯坦与海德格尔 94 f.; and Plato 与柏拉图 196; and Weltanschauungen 与世界观 225 f.

Discontinuity 中断/断续 109, 230—35

Doing 做/实践: and ordinary language philosophy 与日常语言哲学 10, 14

Dostoievski, F. 陀思妥耶夫斯基 73, 233

Dualism 二元论: and monism 与一元论 51—55 随处可见, 66, 86 ff.,

91 f.,141,203

E

Epistemology 认识论：and modern philosophy 与现代哲学 xviii, 66,166,180 f.；and ordinary language philosophy 与日常语言哲学 14,21,28；and nihilism 与虚无主义 56 f.,122,142, 149,222,226；and Greek philosophy 与希腊哲学 157 f.,190

Ethics 伦理学：and ordinary language philosophy 与日常语言哲学 23—27

F

Facticity 事实性 xiv,5,12 n.,15,36, 69,86 f.,95,142,144

Fackenheim,E. 法肯海姆 84 n.

Favrholdt,D. 否尔霍耳特 7 n.

Faye,J.-p. 费耶 121

Feuerbach,L. 费尔巴哈 103,202

Fink,E. 芬克 73 n.

Freedom 自由：and modern philosophy 与现代哲学 61,64,67,81, 89,103,106 f.；and contemporary philosophy 与当代哲学 100,114 f.,118,129,142,193, 199,214；and Plato 与柏拉图 157

G

Gadamer,H. G. 加达默尔 215 n.

George,S. 格奥尔格 40

Gide,A. 纪德 199

Glaucon 格劳孔 174 ff.,183,188,191

God 上帝/神：and will 与意志 61, 63—66,75 f.,79 ff.,83；and Heidegger 与海德格尔 100 f., 122,131—34；and Nietzsche 与尼采 103 f.,107 f.；and history 与历史 112；and wisdom 与智慧 209 f.；and Hegel 与黑格尔 234

Goethe,I. W. 歌德 72 f.,78 n.

Good 善/好的：and reason 与理性 xiv-xx 随处可见,60 f.,65,69, 110,138,140—197 随处可见； and ordinary language philosophy 与日常语言哲学 17—27； and Kant 与康德 85；and wisdom 与智慧 198 f.

Gurwitsch,A. 顾维兹 103 n.

H

Hamlet 哈姆雷特 113 f.

Hare,R. M. 黑尔 23—27

Hegel,G. W. F. 黑格尔：and history 与历史 xvii,64,75,89—93, 103,214 f.；and Wittgenstein

与维特根斯坦 11; and ontology 与本体论 53,221 n.,223,234 f.; and modern philosophy 与现代哲学 78 n.,83,85,95,97,99, 142 f.,202,204—207; and Heidegger 与海德格尔 86 ff.,123, 127 ff.,13134; and Plato 与柏拉图 168

Heidegger,M. 海德格尔: and modern philosophy 与现代哲学 xiii, xiv n., xvii, 56, 68 f., 81; and Wittgenstein 与维特根斯坦 5, 10,29,94; and ontology 与本体论 35—41, 45, 47, 51 n., 53, 114, 117, 122—139, 151; and Nietzsche 与尼采 94—101, 106,220; and Jünger 与荣格尔 114,117 f.; and the Nazis 与纳粹 119—124; and Plato 与柏拉图 143—152,156 n.,158—162, 164 f., 167, 172 n., 181, 184, 186n.,190,193—196; and Marx 与马克思 204

Heraclitus 赫拉克利特 104,158

Herzen,A. 赫尔岑 72,105 n.

Historicism (historicity) 历史主义（历史性）: and the good 与善 xiv-xx 随处可见,140—197 随处可见; and ontology 与本体论 36,41 f.; and ordinary language philosophy 与日常语言哲学 48—55; and modern philosophy 与现代哲学 56—93 随处可见; and political nihilism 与政治虚无主义 94—139 随处可见; and wisdom 与智慧,198—235 随处可见

Hobbes,T. 霍布斯 11,80,109

Hölderlin,p. 荷尔德林 132

Homer 荷马 140,168

Hume,D. 休谟 43,59,66—69,76, 78,166,232 n.

Husserl,E. 胡塞尔 11,36,52,62, 87,97 n.,126 n.,151 t,180,184

I

Icons 影像/符号 149—52,155—64, 174 ff.,182—88 随处可见,190 ff.

Ideas 理式 Platonic 柏拉图 xv,8, 10,13 ff.,46,96 f.,116,128,147 f.,152—197 随处可见

J

Jacobi,p. H. 雅各比 78 n.

Jonas,H. 约纳斯 100 n.,133 n.

Jünger,E. 荣格尔 114—119,124, 130

K

Kant,I. 康德: and Wittgenstein 与维

特根斯坦 7, 11; and ontology 与本体论 34, 60 n.; and modern philosophy 与现代哲学 68, 73 n., 78—84, 89 f., 91, 96, 103 f., 201; and Plato 与柏拉图 168, 180

Kierkegaard, S. 克尔凯郭尔 60 n., 73, 81 n., 91 ff., 111—114, 198 n., 202, 204

Klein, J. 克莱因 150 n., 152

Kojève, A. 科耶夫 89 n., 201 n.

L

Landgrebe, L. 朗德格里比 104 n.

Lawrence, D. H. 劳伦斯 200 n.

Lehmann, K. 莱曼 101 n.

Leibniz, G. W. 莱布尼茨 7, 60, 63, 78 n.

Leopardi, G. 莱奥帕尔迪 28, 72, 111, 198 n.

Lobkowicz, N. 洛布科维奇 132 n.

Locke, J. 洛克 11, 67, 80

Logic 逻辑 7—27 随处可见, 45, 59, 110, 214, 220 ff., 230

Logos 逻各斯 46 ff., 50—53, 66, 146—152 随处可见, 171, 190

Löwith, K. 洛维特 73 n., 98, 103 n., 121 n., 122 n., 129 n.

M

Macdonald, M. 麦克唐纳 21 n.

Machiavelli, N. 马基雅维利 61, 63, 69, 104 n., 109

Malebranche, N. 马勒伯朗士 64 n.

Marx, K. 马克思 73, 75, 89—93 随处可见, 103, 112 f., 136 f., 193, 199—207

Mates, B. 梅兹 14

Mathematics 数学: and reason 与理性 xv f., xviii n., 7 f., 58—72 随处可见, 76, 102, 137, 142, 230; and ontology 与本体论 45, 48 f.; and creativity 与创造力 75, 110, 231; and modern philosophy yu 与现代哲学 80, 89 f., 105, 134, 202, 220; and Plato 与柏拉图 145 f., 149 f., 153 f., 158, 163, 171, 176—180, 191 ff., 195

Melancholia 忧郁 (anxiety 焦虑, boredom 厌倦) 67, 69, 72, 91, 107, 110 f., 117, 140, 142, 193, 198

Merleau-Ponty, M. 梅洛庞蒂 69 n.

N

National Socialism 民族社会主义 117, 119—124, 129 f., 134 f., 143

Nature 自然: and ordinary language philosophy 与日常语言哲学, 9, 12—15, 23—27, 50; and experiment 与实验, 61 f.; and Rousseau 与卢梭 77 ff.; and Kant 与康德 82 ff.; and Hegel 与海德格尔 89 f.; and history 与历史 102,106,193 f.; and Pascal 与帕斯卡 110 f.; and Heidegger 与海德格尔 126 ff.; and Plato 与柏拉图 145—156 随处可见,158; and Marx 与马克思 199—205

Neoplatonism 新柏拉图主义 38 n.

Nietzsche, F. 尼采: and ontology 与本体论 xiii,28 f.,42,56,59; and Hume 与休谟 67—72; and history 与历史 73—76, 78, 93, 103—109; and Kant 与康德 81; and Heidegger 与海德格尔 87, 94—101,121,126 f.,133,135, 138,220; and Valery 与瓦雷里 113 f.; and Jünger 与荣格尔 116; and Plato 与柏拉图 143 f., 146,148 f.,158 f.,193; and wisdom 与智慧 198 n.; and Marx 与马克思 199—203 随处可见

Noēsis and Dianoia 纯理与推理 7 ff., 38, 49, 151—58, 162, 187 f., 190,206

O

Ontology 本体论: general discussion 一般性讨论 xiv, xix, 28—55; and mathematics 与数学 xv, 146; and Nietzsche 与尼采 94—101,106,109; and Jünger 与荣格尔 116; and Heidegger 与海德格尔 119, 134 ff., 144, 149; and the good 与善 140—197; and Marxism 与马克思主义 202

Ordinary language philosophy 日常语言哲学 xviii,1—27,29 ff.,48 ff.,53,164

P

Parmenides 巴门尼德 88,131,134, 192

Pascal, B. 帕斯卡 110 f.,220

Philosophy 哲学: and history 与历史 xvi-xix,56—93; and ordinary language 与日常语言 1—27; and ontology 与本体论 27—55; and political nihilism 与政治虚无主义 94—139; and the good 与善 140—197; and wisdom 与智慧 198—235

Plato 柏拉图: and ontology 与本体论 xvi,xviii,8,36,39,44,46,51 n.,59,75; and Nietzsche 与尼采 96 f.,106 n.; and Heidegger 与海德格尔 127, 135; and Marx 与马克思 137 f.,202; and the good 与善 140—197 随处可见,

227; and wisdom 与智慧 198 n., 204 f., 207, 224
Play 游戏 40, 97
Poetry 诗歌 xvi f., 39, 104, 106, 127, 130 ff., 140, 158, 198
Pöggeler, O. 波格勒 101 n.
Politics 政治: and philosophy 与哲学 15, 21, 57, 77, 79, 160—163, 193, 206, 211, 215 ff., 219 f.; and nihilism 与虚无主义 94—139 随处可见
Private language 个人语言 15—17
Project 计划/投射 82 f.

Q

Questioning 提问 223 ff.
Quinton, A. 昆顿 6

R

Rauschning, H. 雷宁 117 n.
Reason 理性: contemporary crisis of 当代理性危机 xiii-xx; and ordinary language 与日常语言 1—27; and modern philosophy 与现代哲学 56—93; and political nihilism 与政治虚无主义 94—139; and the good 与善 140—197; and wisdom 与智慧 198—235
Richardson, W. J. 理查森 101 n., 125 n., 126 n., 130 n., 132 n.
Rintelen, F. J. von 林特伦 136 n.
Rousseau, J. -J. 卢梭 64, 74, 76—79, 81, 83, 85, 114, 118, 203
Russell, B. 罗素 7 f.
Ryle, G. 赖尔 13 f.

S

Saint Thomas 圣托马斯 60 n., 65
Sartre, J. -P. 萨特 38
Schelling, F. W. J. 谢林 111, 204
Schiller, F. 席勒 73 n.
Schopenhauer, A. 叔本华 72
Schulz, W. 舒尔茨 129 n.
Schwan, A. 施旺 121 n., 122 n., 129 n., 135 n.
Schwarz, H. -P. 施瓦茨 114 n., 117 n., 119 n.
Science 科学: and history 与历史 xiii-xx 随处可见, 66, 214; and ordinary language 与日常语言 12—15, 22 f., 50; and thinking 与思想 70 f.; and poetry 诗歌 106; and Christianity 与基督教 110 ff.; and Heidegger 与海德格尔 123; and Marxism 与马克思主义 203, 205; and philosophy 与哲学 218
Socrates 苏格拉底 xviii, 8, 59, 140—97 随处可见, 205 f.

Solipsism 唯我主义 219 f.

Sorel, G. 索雷尔 114

Speech and silence 言语与沉默: and ontology 与本体论 xiii, xix, 28—55 随处可见, 141; and ordinary language 与日常语言 1—27 随处可见; and Heidegger 与海德格尔 86 f., 96—101; and Nietzsche 与尼采 109; and Plato 与柏拉图 150—157, 170, 174; and Marx 与马克思 202 ff.; and wisdom 与智慧 207—235 随处可见

Speech continuum 言语连续体 50—55

Spengler, O. 斯宾格勒 114

Spinoza, B. 斯宾诺莎 78, 88, 134, 199 n.

Stenius, E. 斯特纽斯 7 n.

Stirner, M. 施蒂纳 112 n.

Strauss, L. 施特劳斯 102 n., 173 n., 177 n.

Strawson, p. F. 斯特劳森 8, 14

T

Thucydides 修昔底德 104

Tran Duc Thao 陈德滔 104 n.

Truth 真理: and ordinary language 与日常语言 5—27 随处可见, 164; and ontology 与本体论 32—55 随处可见, 58; and science 与科学 70 f.; and Heidegger 与海德格尔 127; and Plato 与柏拉图 147 f., 152, 177, 185 ff., 189 f., 195; and nihilism 与虚无主义 198

U

Urmson, J. 厄姆森 49 n.

Use 使用(utility 效用)8 f., 13—16, 19—27 随处可见, 148, 159, 163—173 随处可见, 177 f., 181

Utermöhlen, O. 乌特尔莫勒恩 158 n.

V

Valery, P. 瓦雷里 112 ff., 116, 136

Value 价值: and Nietzsche 与尼采 xiii, 97, 105, 144; and speech 与言语 47; and fact 与事实 59 f., 71, 166; and history 与历史 140 ff., 194; and Heidegger 与海德格尔 145; and thought 与思想 170, 187; and creativity 与创造力 199

Versényi, L. 凡尔森伊 98 n.

W

Wagner, H. 瓦格纳 104 n.

Weltanschauung 世界观 9, 13, 25,

50,68,76,128,225 ff.

Wisdom 智慧 5,57,91 f.,133,143,148,166,171,198—235

Wittgenstein, L. 维特根斯坦: and ordinary language philosophy 与日常语言哲学 xiii,127 随处可见; and ontology 与本体论 28 f.,38,47,50 ff.; and Hume 与休谟 69; and Heidegger 与海德格尔 94; and Socrates 与苏格拉底 188

X

Xenophon 色诺芬 198 n.

图书在版编目(CIP)数据

虚无主义:哲学反思/(美)斯坦利·罗森(Stanley Rosen);马津译.
--上海:华东师范大学出版社,2019
ISBN 978-7-5675-9223-0

Ⅰ.①虚… Ⅱ.①斯… ②马… Ⅲ.①哲学—研究 Ⅳ.①B·1190
中国版本图书馆 CIP 数据核字(2019)第 091287 号

华东师范大学出版社六点分社
企划人 倪为国

Nihilism: A Philosophical Essay
by Stanley Rosen
Copyright © 1969 by Yale University Press; preface to the Portuguese translation copyright © 1993 by Stanley Rosen
Simplified Chinese Translation Copyright © 2019 by East China Normal University Press Ltd
ALL RIGHTS RESERVED.
上海市版权局著作权合同登记 图字:09-2016-476 号

虚无主义:哲学反思

著　者	(美)斯坦利·罗森
译　者	马　津
责任编辑	徐海晴
封面设计	夏艺堂
出版发行	华东师范大学出版社
社　址	上海市中山北路 3663 号　邮编　200062
网　址	www.ecnupress.com.cn
电　话	021-60821666　行政传真　021-62572105
客服电话	021-62865537
门市(邮购)电话	021-62869887
地　址	上海市中山北路 3663 号华东师范大学校内先锋路口
网　店	http://hdsdcbs.tmall.com
印刷者	上海盛隆印务有限公司
开　本	890×1240　1/32
印　张	7.5
字　数	170 千字
版　次	2019 年 7 月第 1 版
印　次	2019 年 7 月第 1 次
书　号	ISBN 978-7-5675-9223-0/B·1190
定　价	58.00 元
出版人	王　焰

(如发现本版图书有印订质量问题,请寄回本社客服中心调换或电话 021-62865537 联系)